DIREITOS HUMANOS:
UMA IDÉIA, MUITAS VOZES

JOÃO BAPTISTA HERKENHOFF

DIREITOS HUMANOS:
UMA IDÉIA, MUITAS VOZES

EDITORA SANTUÁRIO
Aparecida-SP

Dados Internacionais de Catalogação na Publicação (CIP)
(Câmara Brasileira do Livro, SP, Brasil)

Herkenhoff, João Baptista
    Direitos humanos: uma idéia, muitas vozes / João Baptista Herkenhoff. — Aparecida, SP: Editora Santuário, 1998.

    Bibliografia.
    ISBN 85-7200-558-7

    1. Cidadania 2. Declaração Universal dos Direitos dos Homens 3. Direitos humanos I. Título.

98-2636   CDU-347.121.1

Índices para catálogo sistemático:
1. Direitos humanos: Direito civil 347.121.1

DIREÇÃO GERAL: Pe. Luís Rodrigues Batista, C.Ss.R.
DIREÇÃO EDITORIAL: Pe. Flávio Cavalca de Castro, C.Ss.R.
                                 Pe. Carlos Eduardo Catalfo, C.Ss.R.
COORDENAÇÃO EDITORIAL: Elizabeth dos Santos Reis
COPIDESQUE: Elizabeth dos Santos Reis
COORDENAÇÃO DE REVISÃO: Maria Isabel de Araújo
REVISÃO: Ana Lúcia de Castro Leite
COORDENAÇÃO DE DIAGRAMAÇÃO: Marcelo Antonio Sanna
DIAGRAMAÇÃO: Paulo Roberto de Castro Nogueira
CAPA: Márcio A. Mathídios

Todos os direitos reservados à **EDITORA SANTUÁRIO** — 1998

Composição, impressão e acabamento:
EDITORA SANTUÁRIO - Rua Padre Claro Monteiro, 342
Fone: (0xx12) 565-2140 — 12570-000 — Aparecida-SP.

Ano: 2002   2001
Edição: **7**   **6**   **5**   **4**   **3**

APRESENTAÇÃO DA 2ª EDIÇÃO

Pouco mais de um ano depois de lançada, esgota-se a 1ª edição deste livro. Expressivo não é apenas que se tenha esgotado a edição, num tempo curto. Mais expressivo talvez foi o acolhimento entusiasmado dos leitores. Recebi cartas, telefonemas e e-mails de todos os Estados do Brasil, sem exceção. Concedi entrevistas sobre o livro a jornais de todo o país. Fui sabatinado, a respeito da obra e de suas teses, em debates no rádio e na televisão.

Parabenizo a Editora Santuário — seus dirigentes e seus dedicados funcionários — pelo empenho com que divulgaram o livro, inclusive através da Internet. Não haveria um trabalho tão dinâmico se os servidores da Editora não estivessem cônscios de seu papel ético e cultural.

A passagem do 50º aniversário da Declaração Universal dos Direitos Humanos, ocorrido em dezembro de 1998, detonou um debate mundial em torno da Declaração. Também no Brasil fez-se sentir um crescimento do interesse público pelo texto da Declaração e pelo tema dos Direitos Humanos.

O mundo sofreu muitas mudanças de 1948 para cá.

Devido a essas mudanças sensíveis e palpáveis, uma revisão da Declaração seria razoável, numa primeira abordagem. Mas colocaria, na prática, muitas dificuldades.

Primeiro por se tratar de procedimento que passa por discussão num fórum internacional.

Segundo porque princípios estatuídos em 1948 ainda não foram inteiramente absorvidos. Basta observar que as transgressões ocorrem, freqüentemente, nos diversos níveis da sociedade humana.

Contudo, sem qualquer alteração formal do texto, o longo tempo que nos distancia da proclamação solene suscita, certamente, uma revisão no entendimento da Declaração Universal, isto é, enseja uma profunda atualização hermenêutica. A presente obra tenta fazer essa atualização.

Este livro foi publicado num momento histórico especial. Mas passado aquele instante a obra continua seu trajeto, dando uma contribuição ao estudo, à pesquisa e à compreensão do tema.

O presente volume conclui a trilogia que me propus escrever.

Integram essa trilogia os livros:
I - Gênese dos Direitos Humanos.
II - Direitos Humanos — a construção universal de uma utopia.
III - Direitos Humanos — uma idéia, muitas vozes.

O presente trabalho completa o plano geral de nossa investigação.

Este livro trata da particularização da idéia universal de Direitos Humanos, nas culturas que se espalham pelo mundo. Os Direitos Humanos, na sua enunciação geral, sofrem a influência dos espaços culturais-heterogêneos, diferenciados. A multiplicidade cultural que se observa na paisagem humana aguça nossa inteligência, estimula nossos sentidos e torna ainda mais palpitante a aventura do ser humano na caminhada da História.

A expressão particularizada dos Direitos Humanos valoriza seu sentido, sua abrangência e sua importância.

João Baptista Herkenhoff

Endereço postal, telefônico e eletrônico do autor:
Rua Constante Sodré, 1.341 - apto. 1.102
Praia do Canto
CEP 29.055-420 — Vitória-ES — Brasil
Telefone: (0xx27) 225-5661
Fax: (0xx27) 324-2742
e-mail: jbherk@interlink.com.br
home page: joaobatista.direito.net

Primeira parte
INTRODUÇÃO

Capítulo 1

Direitos humanos: um coro universal de vozes

1. Histórico da trilogia dos Direitos Humanos

Nossas pesquisas sobre Direitos Humanos, que acabaram formando uma trilogia, não nasceram como trilogia. Escrevi primeiro um texto compacto, como resultado de uma pesquisa que realizei na França.[1]

Ao compulsar o trabalho realizado, avaliei que sua publicação resultaria num volumoso e denso texto acadêmico, restrito ao interesse de especialistas.

Decidi então que desdobraria a versão inicial da pesquisa em três livros, mais simples e de leitura mais fácil.

Cada livro deveria conter uma mensagem, dar um recado, de modo que o leitor não tivesse de ler a trilogia para usufruir de algum benefício.

Pensei sobretudo nos estudantes, nos militantes de organizações de Direitos Humanos, nas pessoas leigas em Direito, porém interessadas no tema dos Direitos Humanos.

---

[1] Estive no "Centro de Pesquisas e Estudos sobre Direitos do Homem e Direito Humanitário", da Universidade de Rouen. (Centre de Recherches et d'Études sur les Droits de l'Homme et le Droit Humanitaire, de l'Université de Rouen.)

Deliberei produzir uma obra acessível ao público comum atendendo o interesse, cada dia mais acentuado, pelo estudo dos "Direitos Humanos".

Diversas faculdades (não apenas as de Direito) têm introduzido os "Direitos Humanos" no currículo. Escolas de segundo grau têm procurado ensinar aos alunos pelo menos certos princípios básicos relacionados com o tema. Cursos e treinamentos de "Direitos Humanos" têm sido promovidos por Igrejas, movimentos comunitários, governos.

Este livro, como os dois outros da trilogia, pode ir ao encontro das necessidades de escolas, universidades, cursos e treinamentos.[2]

2. A fidelidade à pesquisa original e os objetivos didáticos

Procurei conciliar duas ordens de preocupações:
• manter-me fiel à pesquisa acadêmica realizada;
• dar à obra um cunho didático.

Nas linhas fundamentais, a trilogia continua retratando a pesquisa que fiz.

Entretanto, para fins didáticos:

a) desloquei para as notas de rodapé dados e informações que interessam somente aos especialistas;

b) propus, no final de cada uma das partes do livro, questões para debate, pesquisa e revisão.

---

[2] Pude produzir a primeira versão deste livro em razão de uma bolsa de estudos que ganhei do CNPq. Essa bolsa proporcionou-me a oportunidade de pesquisar Direitos Humanos, na França.

Embora já aposentado como Professor da Universidade Federal do Espírito Santo, sinto-me comprometido com o dever de dar rendimento social à bolsa que me foi concedida. Creio que saldo esse vínculo fazendo de minha pesquisa um instrumento útil à Educação para os Direitos Humanos.

3. A dimensão poética e as vozes de línguas faladas nos mais diversos quadrantes do mundo

Neste livro, o exame de cada artigo da Declaração Universal dos Direitos Humanos é precedido de um texto poético ligado ao tema do artigo. Freqüentemente, a força da mensagem poética suplanta qualquer possibilidade de argumentação. A poesia vem assim em socorro do texto.

Também registro cada artigo da Declaração dos Direitos Humanos em uma língua estrangeira, ao lado da versão em português. Dou ao mesmo tempo uma breve informação sobre as línguas. Tento com este recurso:

a) simbolizar o caráter universal da idéia dos Direitos Humanos;

b) realçar um contraste, às vezes doloroso, mas sempre belo: a diversidade de línguas forçando a comunicação entre os homens, na linha do pensamento de François Marty.[3]

Não houve possibilidade, nem rigorosa preocupação, de abranger um grande leque das línguas faladas no mundo.

Nem mesmo têm presença na obra as línguas de todos os países que contam com expressiva imigração no Brasil.

A principal dificuldade para uma abrangência maior do que a alcançada decorreu de um problema técnico. O programa que utilizei, no computador, não produz os caracteres presentes na escrita de muitos idiomas.

Fique porém compreendido que o elenco de idiomas apresentados quer representar as vozes de todos os povos, de todas as minorias, mesmo aqueles e aquelas cujas línguas não foram registradas.

---

[3] MARTY, François. *La Bénédiction de Babel.* Paris, Editions du Cerf/La Nuit surveillée, 1990, passim.

Paul Chauchard diz que quem quer compreender e situar o homem precisa de inclinar-se sobre sua linguagem. E arremata o pensamento citando Palov. Para este a linguagem é a instância humana "que nos assegura a possibilidade de uma orientação infinita no mundo infinito, e que, no seu grau superior, cria a ciência".[4]

O texto poético e os artigos da Declaração dos Direitos Humanos em várias línguas procuram também tornar o texto mais interessante e ameno.

4. Diversas formas de utilização da obra

Este livro permite leituras distintas:

um estudante pode dispensar-se o exame das notas de rodapé, se não lhe parecerem necessárias;

um especialista não levará em consideração as questões propostas para debate, pesquisa e revisão.

Os professores que adotem esta obra como livro-texto podem selecionar os capítulos a serem estudados pelos alunos, de acordo com a carga horária disponível.

Para uma cadeira de "Direitos Humanos", em universidade ou faculdade, suponho que os três volumes escritos são úteis e necessários.

No caso de adoção de nossa obra para treinamentos de curta duração, ou em escolas de segundo grau, pode ser escolhido apenas um livro da trilogia, a critério do professor ou orientador da aprendizagem, ou os capítulos mais adequados ao propósito estabelecido.

Se eu tiver conseguido salvaguardar, ao fim da trilogia, como tentei, a pesquisa acadêmica rigorosa e o texto de

---

[4] CHAUCHARD, Paul. *A Linguagem e o Pensamento*. Tradução de Carlos Ortiz. São Paulo, Difusão Européia do Livro, 1967, p. 13.

endereço didático, terei realizado os objetivos que me determinei atingir.[5]

5. Significado da obra

Julgo que este livro, como os dois outros da trilogia, tem sua importância justificada nos seguintes fundamentos:
• na relevância que a luta pelos Direitos Humanos atingiu, contemporaneamente;
• na contribuição que a trilogia, no seu conjunto, e cada livro, em particular, pode dar no sentido da valorização da idéia de Direitos Humanos;
• na utilização da obra em programas de Educação para a Cidadania e os Direitos Humanos.

Dentro dessa tríplice visão, parece-me que a conclusão da trilogia no cinqüentenário da Declaração Universal dos Direitos Humanos assume especial destaque.

6. Um coro universal

O cinqüentenário é momento oportuno para que ocorra, em todos os quadrantes do mundo, a atualização, ampliação e aprofundamento dessa tábua de valores, princípios e prescrições de Direito. A Declaração Universal dos Direitos Humanos e os que lutam pelos ideais por ela simbolizados têm diante de si o desafio de enfrentar os dramas da Humanidade neste final de milênio. Na discussão ampla, que o

---

[5] Nas citações de livros e de artigos publicados em revistas e jornais registro, em primeiro lugar, o último sobrenome do autor, seguido do prenome e de sobrenomes, além do último, se for o caso. Depois, menciono o nome da obra ou o título do artigo e o nome da publicação onde o artigo foi estampado, com a indicação da página, sempre que cabível. Registro depois a cidade da publicação, nome da editora e ano da publicação.

cinqüentenário impõe, longe estamos de supor ficasse o debate restrito aos Estados que se encontram representados na ONU. Nações que lutam pela autonomia política, minorias de toda ordem dispersas pelo mundo, os excluídos, os órfãos de Direito, todos devem falar e bradar, de modo que um coro universal de vozes se faça ouvir.

Passado o cinqüentenário, o debate, obviamente, deve prosseguir.

Capítulo 2

Enfoques da pesquisa

1. Localização científica

A pesquisa que realizamos está nos domínios da Ciência do Direito, dentro de uma disciplina jurídica que vem alcançando autonomia científica, autonomia didática, importância social e política. Trata-se dos "Direitos Humanos" ou "Direito Internacional dos Direitos Humanos".

A autonomia científica e didática dos "Direitos Humanos", como disciplina jurídica, é uma conseqüência do progresso deste conhecimento, bem como de sua crescente relevância.

Não obstante defenda, com ênfase, a autonomia do "Direito Internacional dos Direitos Humanos", Antônio Augusto Cançado Trindade pondera que elementos históricos, jurídicos e políticos revelam, sem dúvida, a emergência, formação e consolidação do Direito Internacional dos Direitos Humanos, como disciplina com autonomia e especificidade própria. Contudo, nota Antônio Augusto Cançado Trindade que o Direito Internacional dos Direitos Humanos requer

"maior elaboração e articulação, a partir de uma sólida fundamentação jurídico-conceitual e do conhecimento da realidade social e da identificação das necessidades de proteção".[6]

As diretrizes metodológicas que adotamos obriga que o texto se posicione numa perspectiva multidisciplinar.[7]

2. Hipóteses de trabalho

Formulamos cinco hipóteses de trabalho para a pesquisa que fizemos e da qual resultaram três livros.[8]

O primeiro livro da trilogia foi publicado com o título "Gênese dos Direitos Humanos".[9]

Nesse livro ficou provada a primeira hipótese que formulamos, como guia de trabalho, no trajeto de nossa investigação. Essa primeira hipótese foi assim redigida:

"O que hoje se entende por Direitos Humanos não foi obra exclusiva de um grupo restrito de povos e culturas, especialmente, como se propala com vigor, fruto do pensamento norte-americano e europeu. A maioria dos artigos da Declaração Universal dos Direitos Humanos foi verdadeira construção da Humanidade, de uma imensa multiplicidade

---

[6] TRINDADE, Antônio Augusto Cançado. *Tratado de Direito Internacional dos Direitos Humanos - Volume I*. Porto Alegre, Sergio Antonio Fabris Editor, 1997, p. 27 e s.

[7] Conseqüentemente, a pesquisa se abre para diversos saberes: História do Direito, História das Idéias Políticas, Antropologia do Dircito, Filosofia do Direito, Sociologia do Direito etc.

[8] Nossa pesquisa foi realizada na França, na Universidade de Rouen *(Centre de Recherches et d'Études sur les Droits de l'Homme et le Droit Humanitaire)*, como já mencionei em nota de rodapé anterior. Em concurso nacional, fui selecionado dentro de um programa de bolsas de pós-doutoramento no Exterior, patrocinado pelo CNPq, em convênio com instituições internacionais.

Devido a um acidente com o computador, no qual realizei meu trabalho, tive de restaurar um longo texto involuntariamente anulado. Essa restauração eu a fiz no Brasil.

[9] HERKENHOFF, João Baptista. *Gênese dos Direitos Humanos*. São Paulo, Editora Acadêmica, 1994.

de culturas, inclusive aquelas que não integram o bloco hegemônico do mundo".[10]

O segundo livro da trilogia recebeu o seguinte título: "Direitos Humanos — a construção universal de uma utopia".[11]

Nesse segundo livro comprovamos mais três hipóteses formuladas originariamente — a segunda, a terceira e a quinta:

"Os Direitos Humanos não são estáticos, não ficaram estabilizados na Declaração Universal proclamada em 1948. Continuaram e continuam sendo elaborados e construídos no processo dialético da História. O entendimento dos Direitos Humanos suplanta hoje o texto de 1948" (Segunda hipótese).

"Nessa construção contínua dos Direitos Humanos foi e continua sendo relevante a contribuição dos povos e culturas considerados periféricos sob a ótica das nações poderosas" (Terceira hipótese).

"A ampliação da idéia de Direitos Humanos, que se operou, quer no campo da teoria, quer no campo da prática desses Direitos, aconselha a incorporação das conquistas ao texto da Declaração Universal" (Quinta hipótese).

Finalmente, o presente livro, que é o terceiro da trilogia, tentará provar a quarta hipótese da pesquisa:

---

[10] A preocupação de destacar a universal pluralidade, no tempo e no espaço, da afirmação do "direito de ser homem" foi sentida pela UNESCO quando patrocinou o recolhimento de textos das mais diversas tradições e épocas e que, na sua diversidade, marcassem a singularidade dessa busca da condição humana. Uma equipe coordenada por Jeanne Hersch desincumbiu-se da tarefa produzindo o livro "Le droit d'être un homme". A obra foi primorosamente traduzida para o português por Homero de Castro Jobim. Tanto o original francês, quanto a tradução em português, são diversas vezes citadas na presente obra.
[11] HERKENHOFF, João Baptista. *Direitos Humanos — a construção universal de uma utopia.* Aparecida (SP), Editora Santuário, 1997.

"Não obstante haja um núcleo comum de Direitos Humanos, estes são percebidos, de forma diferente, no discurso dos dominantes e no discurso dos dominados; há outrossim uma percepção diferenciada das enunciações, segundo a posição de classe, cultura, nacionalidade ou lugar social, em sentido amplo, do destinatário, decodificador ou receptor da mensagem".

Questões para debate, pesquisa e revisão (individual e/ou em grupo), relacionadas com a Primeira Parte deste livro

1. Por que diz o autor que as diretrizes metodológicas, que o livro segue, obrigam a adoção de uma perspectiva multidisciplinar?

2. Que matéria abordada nesta Primeira Parte do livro pareceu-lhe mais interessante ou relevante? Fazer sobre essa matéria um debate ou pequeno seminário, ou redigir um texto crítico centrado nessa matéria ou ponto.

3. A educação para os Direitos Humanos e sua importância: desenvolver este tema.

Segunda parte
LINHAS DEFINIDORAS DO TRABALHO

Plano da obra. Diretrizes que orientam o desenvolvimento do trabalho. Como este livro vai estudar o preâmbulo e os artigos que compõem a Declaração Universal dos Direitos Humanos.

Capítulo 3
Plano da obra

1. Finalidade deste capítulo

Este capítulo busca traçar o plano da obra, de modo que o leitor, antes do conhecimento particularizado dos assuntos, tenha uma visão de conjunto.

2. Divisão do livro em partes

Dividi o presente livro em 15 partes. Cada parte procura aglutinar matérias semelhantes, de modo a facilitar a compreensão e assimilação do texto.

3. A primeira parte

A primeira parte é a introdução. Compõe-se de dois capítulos:
• o primeiro, que procurou:
a) situar o leitor diante das questões que serão abordadas no livro;

b) mostrar a pertença do livro a uma trilogia;
c) justificar a importância do tema e do trabalho realizado;
d) dar algumas explicações preliminares;
• o segundo, que:
a) localiza o campo científico da investigação levada a cabo;
b) reporta-se às hipóteses de trabalho da trilogia e à hipótese de trabalho específica deste livro.

4. A segunda parte

A segunda parte, que é esta, apresenta o plano da obra, indica a diretriz que será adotada no desenvolvimento do trabalho e mostra como este livro vai estudar o preâmbulo e os artigos da Declaração Universal dos Direitos Humanos.

5. A terceira parte

Na terceira parte, dou uma explicação introdutória sobre a Declaração Universal dos Direitos Humanos, sua estrutura e seu título. Trato de pontos gerais e prévios que devem anteceder o desenvolvimento da obra. Essas questões preliminares ajudam a compreender melhor a particularização da idéia universal de Direitos Humanos dentro da pluralidade de culturas, que é o propósito fundamental da obra.

6. Da quarta à nona parte

Cada parte, a partir da quarta, sempre se inicia por uma explicação a respeito dos temas por ela abrangidos. Estudo pormenorizadamente os considerandos e cada artigo da Declaração Universal dos Direitos Humanos, dentro da ótica metodológica estabelecida. Tento dar uma noção prévia que procura aclarar os dispositivos sob exame. Em seguida, há um desenvolvimento dos temas. Na parte central do trabalho, busco entender a percepção, pelos diferentes destinatários, das idéias presentes no grupo temático que está sendo estudado. Verifico a eventual compreensão diferenciada dos artigos (ou considerandos), segundo a cultura, nacionalidade ou lugar social, em sentido amplo, do destinatário, decodificador ou receptor do comando.

Outrossim, tento contribuir no oferecimento de reflexões para o entendimento dos Direitos Humanos, como um núcleo de idéias básicas enunciadas por uma pluralidade de vozes.

7. Da décima à décima terceira parte

A décima parte e seguintes (décima primeira, décima segunda e décima terceira) cuidam dos artigos que integram o documento. Os artigos são estudados pela ordem em que aparecem na Declaração Universal dos Direitos Humanos. Cada parte abrange um grupo de artigos, pela semelhança da matéria tratada pelos mesmos.

8. Décima quarta parte

Na décima quarta parte, tento enfrentar a questão dos Direitos Humanos sob a ótica dos países do Hemisfério Sul, o hemisfério dos pobres. Examino os mecanismos injustos do comércio exterior e as conseqüentes desvantagens sofridas pelos países do Terceiro Mundo, nesse comércio.[1]

---

[1] Sabemos que alguns autores rejeitam a designação Terceiro Mundo porque o termo advinha da bipolaridade "países capitalistas" e "países socialistas". Com o esfacelamento da União Soviética, já não haveria um Segundo Mundo, para

9. Décima quinta parte

Na décima quinta parte, retomo a visão teórica aberta pela parte introdutória. Busco verificar a contribuição da pesquisa sob o ângulo da proposta original.

---

justificar a existência de um Terceiro. Mantemos em alguns trechos do livro a denominação tradicional porque o sentido fundamental permanece: países do Terceiro Mundo sempre foram os países pobres, os países explorados. Com esta conotação, o termo ainda tem valia.

Capítulo 4

Diretrizes que serão adotadas no desenvolvimento do trabalho

1. "Direitos humanos — uma idéia, muitas vozes": o que isto quer dizer?

Fundamentalmente, este livro desenvolve a afirmação sugerida pelo seu título: "Direitos humanos — uma idéia, muitas vozes".

Ou seja, os Direitos Humanos, num primeiro momento, podem ser compreendidos como *uma idéia,* no singular. Dizendo com outras palavras: há um núcleo comum de Direitos Humanos que perpassa as mais diversas culturas e civilizações.

Mas o título do livro acrescenta ao primeiro termo um segundo termo: *muitas vozes.* Os Direitos Humanos expressam-se por um coro de vozes, por vozes diferenciadas. Os Direitos Humanos são percebidos de maneira diferente no discurso dos dominantes e no discurso dos dominados. As enunciações sofrem, no seu entendimento, a influência dos destinatários, em razão de variáveis como classe social, cultura, nacionalidade ou lugar social em sentido amplo.

Tentar desvendar essa plurissignificação dos Direitos Humanos é a grande empreitada que este livro procurará enfrentar.[2]

2. A recepção da idéia de Direitos Humanos pela Constituição do Brasil

Especial cuidado mereceu compreender a maneira como a Constituição da República Federativa do Brasil, votada em 1988, acolheu a idéia de Direitos Humanos. Constituição que foi elaborada com ampla participação popular, ganha especial interesse, no arcabouço desta obra, verificar como em seu texto tiveram entrada as idéias pertinentes aos Direitos Humanos.

Com este propósito, fizemos o cotejo de todos os artigos da Declaração Universal dos Direitos Humanos com as disposições da vigente Constituição Federal brasileira.

---

[2] Como já tivemos ocasião de observar, este livro, como os dois outros da trilogia, pode ser lido separadamente, com proveito. Entretanto, não obstante esse fato, a trilogia guarda uma coerência interna. O livro *"Gênese dos Direitos Humanos"* volta-se para o passado, mergulha nas raízes da cultura humana, busca descobrir a genealogia dos princípios que embasam a doutrina dos Direitos Humanos. O livro *"Direitos Humanos — a Construção Universal de uma Utopia"* tem um sentido dinâmico, mostra a evolução das idéias, apresenta os avanços do pensamento, no processo dialético da História, e deixa claro que a Declaração Universal não deve ser entendida como um documento cristalizado, mas, ao contrário, como um documento aberto ao vir-a-ser, ao progresso do ser humano na sua busca de superação. Ainda este segundo livro da trilogia tenta, dentro do possível, descobrir e revelar pistas, contribuir para o debate, mostrar acréscimos possíveis, decorrentes da experiência histórica, acréscimos que podem permitir que se ultrapassem as conquistas da Declaração Universal dos Direitos Humanos, formulada há 50 anos. Este livro — *"Direitos Humanos — uma idéia, muitas vozes"* (o último da trilogia) — está sempre de antenas ligadas às diferentes culturas humanas, à individualidade dos povos, à sinfonia universal das vozes que cantam, cada uma a seu modo, os sonhos, as angústias e as esperanças humanas.

3. A explicação do núcleo de cada artigo e dos considerandos da Declaração Universal dos Direitos Humanos

Não seria possível atingir os objetivos deste trabalho, sem que oferecêssemos à reflexão do leitor uma explicação prévia sobre cada artigo que integra a Declaração, bem assim sobre os considerandos que precedem os artigos.

É a partir do "núcleo comum", a que nos referimos no item 1, deste capítulo, que poderemos alcançar a pluralidade dos discursos a que tentaremos nos abrir, no desenvolvimento da obra.

4. A Declaração, sua estrutura e seu título. A Carta Internacional de Direitos Humanos, os pactos e outros documentos reguladores das questões de Direitos Humanos

O tema referido neste item 4 dá continuação aos propósitos manifestados no item anterior.

O conjunto das matérias, a que estamos nos referindo aqui, constitui requisito para compreender a particularização da idéia universal dos Direitos Humanos, nas culturas diferenciadas, objetivo máximo deste livro.

Esta é a razão pela qual os pontos enunciados neste item foram amplamente abordados na Terceira Parte desta obra.

Capítulo 5

Estudo do preâmbulo e de cada um dos artigos da Declaração Universal

1. O critério adotado por este livro para o estudo dos Direitos Humanos: a ordem de enumeração dos artigos, na Declaração, e o agrupamento pela semelhança temática

A *Declaração Universal dos Direitos Humanos* é aberta por um preâmbulo, ao qual se seguem os 30 artigos que compõem o documento.

Tanto o preâmbulo quanto os artigos serão estudados sob o ângulo metodológico adotado nesta obra.

Os artigos são agrupados, segundo um critério de semelhança temática, sem fugir, entretanto, à ordem em que foram colocados no documento.

2. A semelhança temática a partir das idéias centrais dos dispositivos

Pareceu-nos que a semelhança temática deve ser identificada pelas idéias fundamentais que dão embasamento aos diversos artigos.

Seguindo esse critério, a semelhança temática nos aconselhou a dividir os artigos da seguinte maneira:

a) artigos que consagram a igualdade de todos os homens, a liberdade e a fraternidade (os de números 1 e 2);

b) artigos que asseguram o direito à vida, à liberdade e à segurança pessoal e que proíbem a escravidão, a servidão e o tráfico de escravos (os de números 3 e 4);

c) artigos que proscrevem a tortura, o tratamento e castigo cruel, desumano ou degradante e que asseguram o direito de todo ser humano ser reconhecido como pessoa (os de números 5 e 6);

d) artigos que asseguram a igualdade perante a lei, o direito de igual proteção da lei, o direito de acesso aos tribunais (os de números 7 e 8);

e) artigos relacionados com as garantias judiciais e processuais: exigência de que os tribunais sejam independentes e imparciais, presunção de inocência, direito de ampla defesa, proibição da prisão arbitrária e da condenação por crime não previamente definido e com pena previamente estabelecida (os de números 9 a 11);

f) artigos que defendem a privacidade, a liberdade de locomoção e residência, o asilo, a nacionalidade, o casamento e a propriedade (os de números 12 a 17);

g) artigos que se ocupam da liberdade de opinião, expressão, reunião, associação, participação na vida política e origem popular do poder (os de números 18 a 21);

h) artigos relacionados com a segurança social, os direitos econômicos e culturais, a proteção do trabalho e do trabalhador e a garantia de um padrão de vida adequado (os de números 22 a 25);

i) artigos que cuidam do direito à instrução e participação na vida cultural, a uma ordem social e internacional que assegure a efetiva vigência dos Direitos Humanos, bem como dos deveres para com a comunidade e finalmente aquele que estabelece cláusula proibitiva da invocação da Declaração Universal para fraude a ela própria (os de números 26 a 30).

Capítulo 6

Conteúdo do preâmbulo e dos artigos. Explicitação dos fundamentos para a divisão temática adotada

1. O estudo do preâmbulo e da proclamação solene

O preâmbulo, constituído pelos seus sete considerandos e pela proclamação solene da Declaração Universal dos Direitos Humanos, integra, no plano geral do livro, a sua Quarta Parte.

2. A liberdade, a igualdade e a fraternidade

Os 2 primeiros artigos formam a Quinta Parte deste livro. São artigos que proclamam a liberdade, a igualdade de todos os seres humanos, sem exceção, e o princípio da fraternidade. Rechaçam as discriminações, não apenas aquelas expressamente enumeradas, como quaisquer outras que possam existir.

3. O direito à vida, à liberdade e à segurança pessoal. A repulsa à escravidão, à servidão e ao tráfico de escravos, em quaisquer de suas formas

A Sexta Parte engloba os dois artigos que se seguem, ou sejam, o III e o IV, na numeração romana adotada.

(Seriam os artigos 3 e 4, se tivesse havido preferência pela numeração arábica, mais comum no Brasil.)

Esses dois artigos defendem a vida, a liberdade, a segurança da pessoa e proscrevem formas intoleráveis de opressão e esmagamento do ser humano: a escravidão, a servidão, o tráfico de escravos em qualquer forma ou modalidade.

4. A tortura é intolerável. Ser homem é ser pessoa

A Sétima Parte trata de dois artigos — V e VI — que consagram a coesão absoluta entre ser homem e ser pessoa.

Essa coesão é intrínseca à condição humana, universal, desconhece fronteiras, não admite nenhuma espécie de restrição.

A tortura cinde a condição humana.

Daí, a nosso ver, a profunda ligação existente entre os artigos 5 e 6.

5. A igualdade perante a lei, o direito de igual proteção da lei e o direito ao socorro da Justiça

Os artigos VII e VIII (Oitava Parte) tratam da igualdade perante a lei, do direito de igual proteção da lei e de um outro direito complementar a este: a faculdade de receber dos tribunais socorro contra os atos violadores de direitos reconhecidos.

6. O direito a uma Justiça justa

A Nona Parte cuida de um grupo de artigos ligados por um traço comum: o direito à Justiça, como instituição e como valor, com todas as implicações e conseqüências decorrentes dessa franquia essencial à condição humana. Esses artigos complementam os dois anteriores.

O direito a uma Justiça imparcial, eficiente e presente e o direito a um tratamento justo perante os tribunais compreende:

a) a garantia de não ser preso, detido ou exilado de maneira arbitrária;

b) o direito a justa e pública audiência de tribunal independente, quer para decidir sobre direitos pendentes, quer para pronunciar sentença em caso de acusação criminal;

c) a presunção de inocência e o direito de ampla defesa;

d) a exigência de que não haja crime que não tenha sido previamente definido como tal;

e) a proibição de ser aplicada a um crime pena mais rigorosa do que aquela prevista no momento em que o crime foi cometido.

Esses artigos são os de números IX a XI.

7. A privacidade e a inviolabilidade do ser humano

A Décima Parte compreende os artigos XII (ou 12, em algarismos arábicos) a XVII (17).

São artigos que defendem um conjunto de direitos muito importantes para a individualidade da pessoa: a privacidade, o recato da família e do lar, a inviolabilidade da correspondência, a sacralidade da honra e da reputação, a liberdade de locomoção e residência, o direito de mudar de país, o direito de asilo em caso de perseguição, o direito à nacionalidade, o direito ao casamento e à constituição da família e o direito de todos à propriedade, com proibição de seu confisco arbitrário.

8. Liberdade de pensamento, consciência, religião, expressão pública de crenças e idéias, reunião e associação

Na Décima Primeira Parte também agrupei um conjunto de artigos que guardam correspondência entre si. São artigos que preservam a ampla liberdade de pensamento, opinião, consciência e religião, não apenas no foro interno, mas também através da expressão pública, da pregação, do proselitismo. São artigos que garantem o direito de reunião e de associação pacífica, de participação do indivíduo na vida política de seu país e também o acesso ao serviço público. Finalmente, esse grupo de artigos estatui o princípio da origem popular como a base legítima do poder político. Os artigos reunidos nessa Décima Primeira Parte são os de número XVIII a XXI (18 a 21).

9. Segurança social, direitos econômicos, direitos culturais

A Décima Segunda Parte reúne os artigos que se estendem do número XXII (22) a XXV (25). São os artigos que garantem a segurança social e os direitos econômicos, sociais e culturais indispensáveis à dignidade e ao desenvolvimento da personalidade humana. Afirmam o direito ao trabalho e exigem condições justas e favoráveis para sua realização, de modo que esteja endereçado à dignificação do trabalhador. Prescrevem a proteção social, a defesa contra o desemprego e a livre escolha do trabalho. Rezam que são direitos do trabalhador o repouso, o lazer e a limitação razoável das horas de trabalho. Definem a organização de sindicatos como um direito universal. Afirmam como direito de todos os homens ter um padrão de vida adequado para si e para sua família, saúde, bem-estar, alimentação, vestuário, habitação, cuidados médicos, proteção na doença, na invalidez, na viuvez, na velhice, nas situações de perda, por qualquer razão, dos meios de subsistência. Finalmente, neste grupo de artigos, são defendidas a maternidade e infância, como credoras de assistência especial. Ordena-se que as crianças tenham igual proteção social, nascidas dentro ou fora do matrimônio.

10. Instrução como direito de todos, orientada para o pleno desenvolvimento da personalidade e o fortalecimento dos Direitos Humanos

A Décima Terceira Parte, nesta divisão que julgamos adequado adotar nesta obra, abrange os 5 últimos artigos da Declaração (artigos XXVI a XXX).

Nesta parte final da Declaração, define-se a instrução como direito de todos os seres humanos. Afirma-se que ela deve ser orientada no sentido do pleno desenvolvimento da personalidade humana e no fortalecimento do respeito aos Direitos Humanos. A instrução, doutrina a Declaração, deve promover a compreensão, a tolerância e a amizade entre todas as Nações, grupos raciais e religiosos. É definido como direito de todos os seres humanos participar da vida cultural da comunidade, fruir das artes, beneficiar-se do progresso científico. Afirma-se que todo homem tem direito a uma ordem social e internacional que permita a efetiva realização dos direitos estabelecidos pela Declaração. Diz-se que todo homem tem deveres para com a comunidade e inclui-se uma cláusula de salvaguarda para impedir a invocação de supostos direitos visando justamente a fraudar a própria Declaração e os seus postulados.

11. A Décima Quarta e a Décima Quinta Parte

A Décima Quarta Parte não se refere, especificamente, a qualquer artigo. Paira sobre o conjunto da Declaração.

Não é possível a vigência universal dos Direitos Humanos se as relações econômicas entre os países não for baseada em critérios de Justiça e Solidariedade. A Décima Quinta Parte é a conclusão da obra. Reata a linha teórica que orientou o trabalho. Faz um balanço dos resultados da busca científica empreendida por este livro.[3]

---

[3] Há outras classificações possíveis, classificações temáticas sem aprisionamento à ordem dos artigos na Declaração.

A classificação que adotamos, neste livro, não é a única possível. O próprio autor, numa palestra, em vias de redação final, pensou numa outra forma de agrupamento temático.

Essa classificação tem por finalidade identificar uma linha de relação que assemelha ou torna próximas determinadas enunciações, com liberdade completa em face da ordem enumerativa do documento.

Nessa perspectiva, podemos destacar:

a) artigos que se referem a direitos nitidamente individuais, quais sejam os artigos 1, 3, 5, 6, 7, 8, 9, 10, 11, 12, 13, 14 e 15;

b) artigos nos quais há um timbre coletivo, isto é, os de número 2, 4, 16, 18, 19 e 20;

c) artigos que consagram direitos sociais, econômicos e culturais, como sejam os de número 17, 22, 23, 24, 25, 26, 27 e 28;

d) artigo que cuida de direitos políticos, que é o de número 21;

e) artigos que tratam de deveres — os de número 1 (parte final), 29 e 30.

Os artigos referidos na letra "a" são centrados na proteção da pessoa humana, individualmente considerada.

Nos artigos da letra "b" prepondera a visão do coletivo, como se passa a demonstrar:

— condenação de discriminações que penalizam a raça, a cor, o sexo, a língua, a religião, a opinião política, a origem nacional ou social, o nascimento, a condição jurídica ou política de determinado país ou território, enfim discriminações que inferiorizam coletividades humanas (artigo 2);

— repúdio à escravidão e à servidão que historicamente também vitimam, na grande maioria dos casos, grupos humanos e não pessoas isoladas (artigo 4);

— recusa de restrições fundadas em raça, nacionalidade e religião e proteção à família como núcleo social (artigo 16);

— direito de manifestação, prática e culto público ou coletivo de crença, bem como de propaganda religiosa (artigo 18);

— direito de recebimento e transmissão de informações e idéias por quaisquer meios e independentemente de fronteiras (artigo 19);

— liberdade de reunião e associação pacíficas (artigo 20).

Questões para debate, pesquisa e revisão (individual e/ou em grupo), relacionadas com a Segunda Parte deste livro

1. Que matéria abordada nesta Segunda Parte do livro pareceu-lhe mais interessante ou relevante? Fazer sobre essa matéria um debate ou pequeno seminário, ou redigir um texto crítico centrado nessa matéria ou ponto.

2. "Direitos humanos — uma idéia, muitas vozes." Tente explicitar o significado dado ao título deste livro, completando o que foi dito nesta Segunda Parte.

3. O plano desta obra, a seu ver, foi bem estruturado? Há omissões? Quais? Que pontos positivos e que pontos negativos mereceriam ser assinalados relativamente a esse plano?

Uma classificação bastante acolhida divide os artigos em 4 grupos, obedecendo também à ordem de apresentação das disposições:

a) os artigos que enunciam o princípio fundamental segundo o qual os direitos formulados na Declaração são direitos universais (I e II);

b) os artigos que enumeram os direitos civis e políticos (III a XXI);

c) os artigos que tratam dos direitos econômicos, sociais e culturais (XXII a XXVIII);

d) os artigos que sublinham que o indivíduo não tem apenas direitos, mas também deveres, e definem os casos nos quais o exercício dos direitos podem estar submetidos a certas limitações (XXIX e XXX).

Terceira parte

OS GRANDES DOCUMENTOS DE DIREITOS HUMANOS

A Declaração Universal dos Direitos Humanos, sua estrutura e seu título. A Carta Internacional dos Direitos Humanos. O prestígio da Declaração Universal dos Direitos Humanos. Os pactos de Direitos Humanos. Outros documentos reguladores da questão dos Direitos Humanos. Conferências internacionais. Órgãos gestores das questões de Direitos Humanos.

Capítulo 7

A Declaração Universal dos Direitos Humanos e sua estrutura geral. Declaração Universal dos Direitos Humanos ou Declaração Universal dos Direitos do Homem?

1. A Declaração Universal dos Direitos Humanos e sua aprovação pela ONU

A Carta das Nações Unidas, que criou a ONU, estabeleceu como um dos propósitos desse organismo internacional promover e estimular o respeito aos Direitos Humanos.[1]

---

[1] Temos muitas reservas a recentes decisões da ONU, autorizando e decretando intervenções militares em diversos países. Essa política tem sido adotada sob pressão das potências que detêm a hegemonia econômica, política e militar nes-

Em atendimento a esse objetivo, o Conselho Econômico e Social, órgão responsável por esta matéria no seio da ONU, criou a Comissão de Direitos Humanos.

A Comissão de Direitos Humanos, como sua primeira empreitada, discutiu e votou a Declaração Universal dos Direitos Humanos, submetida depois à Assembléia Geral. A Assembléia Geral da ONU aprovou e proclamou solenemente a Declaração no dia 10 de dezembro de 1948.

2. Estrutura geral da Declaração

O documento é aberto por um preâmbulo ao qual se seguem os 30 artigos que compõem o texto da Declaração.

O preâmbulo é formado de duas partes:

— os considerandos;

— o longo parágrafo que expressa a proclamação solene dos Direitos Humanos, pela Assembléia Geral da ONU.

Os artigos são numerados em algarismos romanos, de I a XXX.

Nas hipóteses em que o artigo tem mais de um parágrafo, os parágrafos são numerados em algarismos arábicos. O artigo XXIII, por exemplo, tem quatro parágrafos, numerados de 1 a 4.

---

te final de milênio. O procedimento da ONU não tem respaldo unânime, na opinião pública mundial. Muitas críticas têm sido feitas à face militarista de uma organização que nasceu sob o signo da Paz. A discussão desta matéria foge aos objetivos e plano deste livro. Contudo, o registro de nossa opinião evita o equívoco que poderia resultar da omissão de nossa palavra. Exaltamos os esforços da ONU, em prol dos Direitos Humanos, no decorrer destes 50 anos de sua existência, especialmente através de sua Assembléia Geral e das agências especializadas. Contudo, não obscurecemos as falhas e impropriedades que marcam certas posições adotadas por esse organismo internacional, ao aprovar a geografia do poder presentemente reinante e o instrumento bélico de sua imposição a todos os povos do mundo.

3. Declaração Universal dos Direitos Humanos ou Declaração Universal dos Direitos do Homem?

A Declaração é denominada "Declaração Universal dos Direitos do Homem" ou "Declaração Universal dos Direitos Humanos", não só em português como em outras línguas.

Nas traduções oficiais aparecem as duas formas, como por exemplo: Declaratión Universal de Derechos Humanos (em espanhol), Universal Declaration of Human Rights (em inglês); Déclaration Universelle des Droits de l'Homme (em francês), Dichiarazione Universale dei Diritti dell'Uomo (em italiano).

Na tradução oficial em língua portuguesa, constam as duas denominações: Direitos Humanos (no título de rosto) e Direitos do Homem (nas menções subseqüentes).

Achamos que, em português, deve ser afastada a designação "Declaração Universal dos Direitos do Homem". A designação "Declaração Universal dos Direitos Humanos" é, a nosso ver, mais apropriada e abrangente.

A denominação "Direitos do Homem" é restritiva, por 4 razões fundamentais, segundo pensamos:

1º) em "Direitos do Homem" é preciso dar ao vocábulo "homem" um sentido ampliado para abranger "direitos do homem" e "direitos da mulher";

2º) a forma "Direitos do Homem" acentua uma conotação individualista desses direitos: direitos do homem, direitos de cada homem. Contrariamente a esse sentido individualista, os "Direitos Humanos" devem ser entendidos dentro de um contexto coletivo para alcançarem todo o sentido ético e político de sua conceituação;

3º) a expressão "Direitos do Homem" abstrai os "Direitos dos Povos", cujo respeito é essencial para que vigorem os "Direitos Humanos";

4º) a expressão "Direitos Humanos" significa "direitos da pessoa humana" — a pessoa humana homem, a pessoa humana mulher, a pessoa humana individualmente considerada, a pessoa humana na sua dimensão coletiva, a pessoa humana referida à cultura e ao povo de que faz parte e que integra.

Capítulo 8

A Declaração Universal dos Direitos Humanos e a Carta Internacional dos Direitos Humanos

1. A Declaração Universal dos Direitos Humanos e a Carta Internacional dos Direitos Humanos

A Declaração Universal dos Direitos Humanos é o instrumento jurídico mais conhecido, em matéria de Direitos Humanos, no mundo. Entretanto, não é o único documento que regula essa questão, dentro da comunidade internacional.

Sob o patrocínio da ONU, há um grupo de documentos conhecidos pela denominação coletiva de "Carta Internacional dos Direitos Humanos".

São os textos básicos que tratam dos Direitos Humanos, no âmbito das Nações Unidas.

A Carta Internacional dos Direitos Humanos é formada pelos seguintes documentos:

a) Declaração Universal dos Direitos Humanos;
b) Pacto Internacional de Direitos Econômicos, Sociais e Culturais;
c) Pacto Internacional de Direitos Civis e Políticos e seu Protocolo Facultativo.

A Declaração Universal dos Direitos Humanos é o documento básico do Direito Internacional em matéria de Direitos Humanos.

37

2. Os Pactos de Direitos Humanos

Os Pactos relativos aos Direitos Humanos destinam-se a vincular os Estados ao cumprimento obrigatório dos postulados jurídicos que decorrem da Declaração Universal dos Direitos Humanos.

O Pacto é um acordo firmado entre os Estados signatários. É um acordo celebrado entre os Estados soberanos que o aceitam. Esses Estados assinam o Pacto através de seus representantes legais.

Ao ratificar um Pacto, o Estado adere expressamente ao que ele estatui e aceita uma restrição a sua soberania, em homenagem à soberania do Direito.

Na década de 1940, Pedro Estellita Carneiro Lins defendia a soberania do Direito no livro "A Civilização e sua Soberania". Essa obra defende a prevalência da Civilização e o império da Justiça, como condição da Paz.[2]

A assinatura dos pactos que efetivam a vigência dos Direitos Humanos não representa diminuição de soberania. Se assim fosse, nós estaríamos consagrando uma pretensa soberania, unilateralmente considerada.

Longe de significar abdicação de soberania, a adesão a esses pactos assegura ao Estado signatário o seu direito de ingresso no grupo de Nações que se podem definir como minimamente civilizadas.

Mas, independente de adesão expressa, as normas que, na comunidade internacional, asseguram o primado dos Direitos Humanos obrigam todas as Nações do Globo.

---

[2] Cf. LINS, Pedro Estellita Carneiro. *A Civilização e sua Soberania*. Joinville, Typ. Boehm, s/ ano, passim.

Quando criança, datilografei em parte os originais deste livro. Seu autor era o meu avô materno. Impressionava à criança, que eu era, a figura do avô velhinho defendendo idéias que me pareciam tão belas e tão apropriadas. No meu pequeno Cachoeiro, o avô fundou, como um sonho, uma *Sociedade Internacional em Defesa da Paz*. Seguramente, na figura do avô eu encontro a gênese de minha vocação de humilde lutador no campo do Direito.

Está, sem dúvida, com razão Gustavo Sénéchal de Goffredo, professor de Direito Internacional Público na Pontifícia Universidade Católica do Rio de Janeiro. Diz o autor que o respeito aos Direitos Humanos constitui norma imperativa do Direito Internacional, independentemente da ratificação dos tratados ou adesão dos Estados aos documentos respectivos.[3]

Sem prejuízo dessa colocação, deve-se lutar pela ampliação dos Estados signatários dos Pactos. Esse procedimento permite que o princípio da vigência universal dos Direitos Humanos alcance uma aceitação mais tranqüila.

3. O Pacto Internacional de Direitos Econômicos, Sociais e Culturais

O Pacto Internacional de Direitos Econômicos, Sociais e Culturais foi aprovado e aberto a subscrição, ratificação e adesão, pela Assembléia Geral, em 16 de dezembro de 1966. Com a entrega ao Secretário Geral da ONU do 35º instrumento de ratificação e adesão, entrou em vigor, segundo estabelece seu artigo 27. Isto aconteceu em 3 de janeiro de 1976. Em 31 de dezembro de 1987, 21 anos após sua aprovação pela Assembléia Geral, 91 Estados já haviam aderido a ele.[4] Novas adesões continuaram e continuam acontecendo.

O Pacto Internacional de Direitos Econômicos, Sociais e Culturais contém 31 artigos, além do preâmbulo.

---

[3] Cf. GOFFREDO, Gustavo Sénéchal de. "Direitos Humanos e Nova Ordem Econômica Internacional: a Trajetória do Terceiro Mundo". In: *Direitos Humanos — um Debate Necessário*. Antônio Carlos Ribeiro Fester & outros. São Paulo, Editora Brasiliense, 1989, vol. II, p. 89.
[4] Centro de Derechos Humanos de la Oficina de las Naciones Unidas en Ginebra. *Carta Internacional de Derechos Humanos*. Printed at United Nations, Geneva, July 1988, p. 14/15.

Seu primeiro artigo estabelece que todos os povos têm direito à autodeterminação. Em conseqüência, têm o direito de determinar livremente seu estatuto político e de livremente buscar seu desenvolvimento econômico, social e cultural. Para alcançar seus fins, todos os povos podem dispor livremente de suas riquezas e recursos naturais, sem prejuízo das obrigações que derivam da cooperação internacional, baseada no princípio do benefício recíproco e no Direito Internacional.

No artigo 2, firmam os Estados signatários do Pacto o compromisso de adotar medidas, quer separadamente, quer mediante a cooperação internacional, dentro do máximo de recursos de que dispõem, para obter progressivamente a plena efetividade dos direitos reconhecidos no próprio Pacto.

Depois, através de sucessivas disposições, o Pacto estabelece medidas para a efetivação dos diversos direitos econômicos, sociais e culturais proclamados na Declaração Universal dos Direitos Humanos.[5]

Como observa Antônio Augusto Cançado Trindade, "se nos voltarmos às décadas passadas, não há como ne-gar os avanços tanto no plano doutrinário como na implementação dos direitos econômicos, sociais e culturais".[6]

4. O Pacto Internacional de Direitos Civis e Políticos e seu Protocolo Facultativo

O Pacto Internacional de Direitos Civis e Políticos, também aprovado pela Assembléia Geral da ONU em 16 de dezembro de 1966, entrou em vigor em 23 de março de 1976,

---

[5] Publicação citada na nota anterior, p. 28 e ss.
[6] TRINDADE, Antônio Augusto Cançado. *Tratado de Direito Internacional dos Direitos Humanos*. Porto Alegre, Sergio Antonio Fabris Editor, 1997, volume I, p. 391.

quando o 35º instrumento de ratificação era depositado em mãos do Secretário Geral (Artigo 49 do Pacto).

Em 31 de dezembro de 1987, também 21 anos após sua aprovação, 87 Estados já haviam ratificado o Pacto ou aderido a ele.[7] Novas ratificações têm aumentado o seu raio de aceitação, contemporaneamente.

O Pacto Internacional de Direitos Civis e Políticos é formado por um preâmbulo e por 53 artigos.

Da mesma forma que o Pacto Internacional de Direitos Econômicos, Sociais e Culturais busca instrumentos para efetivar os direitos econômicos, sociais e culturais presentes na Declaração Universal dos Direitos Humanos, o Pacto Internacional de Direitos Civis e Políticos destina-se a viabilizar os direitos civis e políticos consagrados pela mesma Declaração Universal.

O artigo 4 do Pacto Internacional de Direitos Civis e Políticos reconhece que existem situações excepcionais que põem em perigo a vida de uma nação. Em virtude dessas situações, proclamadas oficialmente, os Estados signatários do Pacto podem adotar medidas, estritamente limitadas às exigências da situação, que suspendam as obrigações contraídas em virtude do Pacto. Mas, mesmo nessas situações excepcionais, os Estados signatários não estão autorizados a suspender as disposições que asseguram certos direitos mínimos. Tais são: o artigo que protege a vida e impede a pena de morte arbitrária, ou aplicada contra menores de 18 anos e mulheres grávidas; o que proíbe a tortura e as penas ou tratamentos cruéis, desumanos ou degradantes; o que proíbe a escravidão ou servidão; o que proíbe a prisão civil; o que impede a condenação de alguém, sem prévia definição do crime e prévia cominação da pena; o direito de todo ser huma-

---

[7] Publicação citada na nota anterior, p. 15 e 16.

no ao reconhecimento de sua personalidade jurídica; a liberdade de pensamento, consciência e religião.

A nosso ver, esse artigo 4 está aquém do que seria desejável. Mesmo em situações de excepcionalidade política, um eixo bem maior de franquias deveria ter sido salvaguardado pelo Pacto Internacional de Direitos Civis e Políticos. É justamente nessas situações de anormalidade política que os Direitos Humanos mais sagrados são pisoteados.

Mesmo nas situações de excepcionalidade política, cremos que as prisões deveriam estar abertas à fiscalização da Justiça e o preso deveria estar à disposição do juiz. É sobretudo nas fases de excepcionalidade político-social que mais se faz necessária a proteção da pessoa humana pela Justiça.

O Protocolo Facultativo do Pacto Internacional de Direitos Civis e Políticos entrou em vigor simultaneamente com o Pacto, por haver recebido o número de assinaturas necessário. Em 31 de dezembro de 1987, 40 Estados-Partes do Pacto Internacional de Direitos Civis e Políticos já tinham também firmado o Protocolo Facultativo.[8] Seguiram-se adesões mais recentes.

O Protocolo Facultativo do Pacto Internacional de Direitos Civis e Políticos também tem um preâmbulo, ao qual se seguem 14 artigos.

Através da subscrição do Protocolo Facultativo, os Estados-Partes reconhecem ao Comitê de Direitos Humanos da ONU competência para receber e considerar reclamações de indivíduos que aleguem ser vítimas de uma violação praticada pelo respectivo Estado-Parte.[9]

---

[8] Id., ib., 16.
[9] Idem, ibidem.

5. Outros documentos reguladores da questão dos Direitos Humanos

No âmbito da Organização das Nações Unidas, há outros textos que complementam, ampliam e efetivam a "Carta Internacional dos Direitos Humanos", como, por exemplo, a "Declaração Universal dos Direitos da Criança".

Importância muito grande na formulação, no entendimento e na instauração dos Direitos Humanos tiveram as Conferências Internacionais de Direitos Humanos, quer a Primeira (Teerã, 1968), quer a Segunda (Viena, 1993).

Ambas as conferências contribuíram para a "construção de uma cultura universal dos direitos humanos", como registrou, com muito acerto, Antônio Augusto Cançado Trindade. O mesmo autor observa que da Conferência de Teerã "resultou fortalecida a universalidade dos direitos humanos, mediante sobretudo a asserção enfática da indivisibilidade destes". A Conferência de Viena avançou — é ainda Cançado Trindade quem coloca — ao reconhecer que "o tema em apreço diz respeito a todos os seres humanos e permeia todas as esferas da atividade humana".[10]

Há também documentos regionais relacionados com Direitos Humanos, como, por exemplo, a Carta Americana de Direitos e Deveres do Homem (restrita às 3 Américas), a Carta Africana dos Direitos Humanos e dos Povos (Carta do Continente Africano) e a Declaração Islâmica Universal dos Direitos do Homem (adotada pelos países muçulmanos).

---

[10] TRINDADE, Antônio Augusto Cançado. *Tratado de Direito Internacional dos Direitos Humanos*. Porto Alegre, Sergio Antonio Fabris Editor, 1997, volume I, p. 177 e ss.

Na Europa, a Convenção Européia de Direitos Humanos vem sendo implementada através dos casos submetidos à Comissão Européia de Direitos Humanos.[11]

Finalmente, há documentos que escapam, quer ao domínio da ONU, quer ao domínio dos organismos internacionais regionais, como a "Carta Universal dos Direitos dos Povos", aprovada em Argel, e a Declaração Solene dos Povos Indígenas do Mundo.

6. A Declaração Universal dos Direitos Humanos como documento portador de amplo respaldo na comunidade internacional

Quando a Declaração Universal dos Direitos Humanos foi aprovada, somente 56 Estados integravam a ONU. Desses, 48 aprovaram o texto e 8 abstiveram-se.

As abstenções foram declaradas pelos seguintes países, alfabeticamente enumerados: África do Sul, Arábia Saudita, Bielo-Rússia, Iugoslávia, Polônia, Tchecoslováquia, Ucrânia e União Soviética.

Não houve votos contrários mas abstenções, o que é expressivo.

No caso dos países socialistas, o fundamento dos votos de abstenção foi, na época, como declarado, o realce dado pela Declaração aos direitos civis, o tratamento individualista desses direitos e a pouca importância conferida aos direitos sociais.

O desenvolvimento ulterior dos fatos parece ter dado parte de razão aos países socialistas. A própria ONU procu-

---

[11] Ver: TRINDADE, Antônio Augusto Cançado. *Tratado de Direito Internacional dos Direitos Humanos*. Porto Alegre, Sergio Antonio Fabris Editor, 1997, volume I, p. 341 e ss. Ver também: TRUYOL, Antonio. Estudo preliminar. **In:** *Los Derechos Humanos — Declaraciones y Convenios Iinternacionales*. Madrid, Editorial Tecnos, 1974, p. 11 e ss.

rou corrigir o desvio atribuindo o merecido realce às questões de Justiça Social, em documentos posteriores e através da ação concreta de alguns de seus organismos.

A Arábia Saudita não assinou a Declaração por discordar da maneira como o documento da ONU tratou a questão da liberdade religiosa e a questão do casamento.[12]

É importante destacar também que o documento é oriundo da Assembléia Geral e não do Conselho de Segurança, o que o torna muito mais valioso.

Na Assembléia Geral têm assento todos os Estados que integram a ONU, presentemente 185 Estados dos 192 Estados do mundo.[13] O Conselho de Segurança é formado basicamente pelos Estados poderosos ou influentes, sendo que 5 dentre eles têm o poder de "veto".

Além disso, na Assembléia Geral as decisões são tomadas por maioria enquanto que, no Conselho de Segurança, cinco nações detêm o poder de veto: Inglaterra, Estados Unidos, Rússia, França e China. Um só desses países pode impedir que seja aprovada determinada medida.

A Assembléia Geral adota o princípio da igualdade jurídica das Nações que Rui Barbosa, como representante brasileiro, defendeu na 2ª Conferência de Paz, reunida em Haia (Holanda, 1907).[14]

Já o Conselho de Segurança consagra a desigualdade das Nações, a superioridade dos fortes, princípio contrário ao Direito e que constitui a incoerência fundamental da ONU.

De certa forma, todos os Estados que vieram a aderir à ONU, depois da fundação, à falta de afirmação expressa em contrário, implicitamente aceitaram a Declaração Univer-

---

[12] COLLANGE, Jean-François. *Théologie des Droits de l'Homme*. Paris, Les Éditions du CERF, 1989, p. 339.
[13] Almanaque Abril, edição de 1998, verbete "ONU", p. 566. Não consta o nome do redator do verbete. Lúcia Camargo, diretora de redação.
[14] MANGABEIRA, João. *Rui, o Estadista da República*. São Paulo, 1946, passim.

sal, por ser ela um dos fundamentos da Organização das Nações Unidas.

Outrossim, pactos posteriores aprovados pela Assembléia Geral, em seguimento à Declaração Universal dos Direitos Humanos e para efetivar seus postulados, já encontraram a ONU com uma face muito mais ampla do que a ONU de 1948.

O "Pacto Internacional de Direitos Econômicos, Sociais e Culturais", como já dissemos, foi aprovado e aberto a subscrição, ratificação e adesão, pela Assembléia Geral, em 1966. Em 31 de dezembro de 1987, 91 Estados já haviam aderido a ele.

O "Pacto Internacional de Direitos Civis e Políticos", também aprovado pela Assembléia Geral da ONU em 1966, tinha a adesão de 87 Estados em 31 de dezembro de 1987.

Em 31 de dezembro de 1987, 40 Estados-Partes do Pacto Internacional de Direitos Civis e Políticos já tinham também firmado o Protocolo Facultativo.

7. Órgãos gestores da questão dos Direitos Humanos no seio da Organização das Nações Unidas

As Nações Unidas não se limitam a editar documentos relacionados com os Direitos Humanos. Esse organismo internacional procura também efetivar os Direitos proclamados.

Os principais órgãos que se ocupam da matéria, no seio da ONU, são a "Assembléia Geral", o "Conselho Econômico e Social", a "Comissão dos Direitos Humanos", a "Subcomissão encarregada da luta contra medidas discriminatórias e da proteção das minorias", a "Comissão para a Eliminação da Discriminação Racial", o "Grupo de Trabalho encarregado de desaparecimentos involuntários e forçados" e a "Comissão sobre a condição da mulher".

Questões para debate, pesquisa e revisão (individual e/ou em grupo), relacionadas com a Terceira Parte deste livro

1. Que matéria abordada nesta Terceira Parte do livro pareceu-lhe mais relevante ou interessante? Fazer sobre essa matéria um debate, ou redigir um texto crítico centrado nessa matéria ou ponto.

2. Resumir esta Terceira Parte, assinalando os pontos mais importantes que contém.

3. A escolha entre a denominação "Declaração Universal dos Direitos Humanos" ou "Declaração Universal dos Direitos do Homem" tem alguma importância, alguma conseqüência teórica ou prática?

4. Qual é a finalidade dos Pactos internacionais em geral? Qual é a finalidade do Pacto Internacional de Direitos Econômicos, Sociais e Culturais?

5. Tente encontrar o texto integral de um dos Pactos, Declarações ou Cartas mencionados neste capítulo. Faça um estudo e um resumo do documento que encontrar e escolher.

6. A Declaração Universal dos Direitos Humanos é suficientemente conhecida no seu Estado, Município, Bairro ou ambiente de trabalho? Que poderia ser feito para que a Declaração Universal dos Direitos Humanos fosse mais conhecida e respeitada?

Quarta parte

O PREÂMBULO DA DECLARAÇÃO UNIVERSAL: COMPROMISSO COM VALORES ÉTICOS

O espírito da Declaração Universal dos Direitos Humanos e o preâmbulo como síntese desse espírito. Valores jurídicos e humanos presentes no corpo da declaração e no seu preâmbulo. A paz e a solidariedade universal como valores que identificam o preâmbulo da Declaração. Contribuição de diferentes culturas na formulação do valor 'paz e solidariedade universal'. A superação do conteúdo original do preâmbulo e da idéia de Direitos Humanos. A presença de culturas consideradas periféricas, nos avanços alcançados. Percepção diferenciada da idéia de Direitos Humanos e da mensagem do preâmbulo pelos diferentes destinatários.

Capítulo 9

Explicação introdutória sobre o preâmbulo e a proclamação solene da Declaração Universal dos Direitos Humanos

1. Texto integral do preâmbulo da Declaração Universal dos Direitos Humanos, na sua versão oficial em português

Declaração Universal dos Direitos Humanos

A 10 de dezembro de 1948, a Assembléia Geral das Nações Unidas adotou e proclamou a Declaração Universal dos Direitos do Homem cujo texto integral está incluído nestas páginas. Depois de tão histórica medida a Assembléia solicitou a todos os países-membros que publicassem o texto da Declaração "para que fosse disseminado, mostrado, lido e explicado principalmente nas escolas e outras instituições educacionais, sem distinção nenhuma baseada na situação política dos países ou territórios".

DECLARAÇÃO UNIVERSAL DOS DIREITOS DO HOMEM

Aprovada em Resolução da 3ª Sessão Ordinária da Assembléia Geral das Nações Unidas.

Preâmbulo:

Considerando que o reconhecimento da dignidade inerente a todos os membros da família humana e de seus direitos iguais e inalienáveis é o fundamento da liberdade, da justiça e da paz no mundo,
Considerando que o desprezo e o desrespeito pelos direitos do homem resultaram em atos bárbaros que ultrajaram a consciência da Humanidade e que o advento de um mundo em que os homens gozem de liberdade de palavra, de crença e da liberdade de viverem a salvo do temor e da necessidade foi proclamado como a mais alta aspiração do homem comum,
Considerando ser essencial que os direitos do homem sejam protegidos pelo império da lei, para que o homem não seja compelido, como último recurso, à rebelião contra a tirania e a opressão,
Considerando ser essencial promover o desenvolvimento de relações amistosas entre as Nações,
Considerando que os povos das Nações Unidas reafirmaram, na Carta, sua fé nos direitos fundamentais do homem, na dignidade e no valor da pessoa humana e na igualdade de direitos do homem e da mulher, e que decidiram promover o progresso social e melhores condições de vida em uma liberdade mais ampla,
Considerando que os Estados Membros se comprometeram a promover, em cooperação com as Nações Unidas, o respeito universal aos direitos e liberdades

fundamentais do homem e a observância desses direitos e liberdades,
Considerando *que uma compreensão comum desses direitos e liberdades é da mais alta importância para o pleno cumprimento desse compromisso,*

Agora portanto
A ASSEMBLÉIA GERAL
proclama

A PRESENTE DECLARAÇÃO UNIVERSAL DOS DIREITOS DO HOMEM como o ideal comum a ser atingido por todos os povos e todas as Nações, com o objetivo de que cada indivíduo e cada órgão da sociedade, tendo sempre em mente esta Declaração, se esforce, através do ensino e da educação, por promover o respeito a esses direitos e liberdades, e, pela adoção de medidas progressivas de caráter nacional e internacional, por assegurar o seu reconhecimento e a sua observância universais e efetivos, tanto entre os povos dos próprios Estados Membros, quanto entre os povos dos territórios sob sua jurisdição.

2. O preâmbulo na voz do poeta

"Saúdo-te, Esperança, tu que vens de longe,
inundas com teu canto os tristes corações,
tu que dás novas asas aos sonhos mais antigos,
tu que nos enches a alma de brancas ilusões.
Saúdo-te, Esperança. Tu forjarás os sonhos
naquelas solitárias desenganadas vidas,
carentes do possível de um futuro risonho,
naquelas que inda sangram as recentes feridas.
Ao teu sopro divino fugirão as dores

*como tímido bando de ninho despojado,
e uma aurora radiante, com suas belas cores,
anunciará às almas que o amor é chegado."*

(Pablo Neruda, poeta chileno.)[1]

3. Introdução ao preâmbulo da Declaração Universal dos Direitos Humanos

O texto completo e autorizado da Declaração Universal dos Direitos Humanos, não só em português, como nas demais línguas, começa com um breve histórico do próprio documento.

Esse pequeno trecho, transcrito acima, em português, registra que em 10 de dezembro de 1948 a Assembléia Geral das Nações Unidas adotou e proclamou a Declaração Universal dos Direitos do Homem.

É lembrado também, nesse tópico introdutório, que a própria Assembléia Geral pediu que todos os países membros da ONU publicassem o texto da Declaração, para que fosse disseminado, mostrado, lido e explicado, principalmente nas escolas e outras instituições educacionais.

Logo depois desse breve histórico, registra-se novamente o nome do documento, com a menção de que foi aprovado em Resolução da 3ª Sessão Ordinária da Assembléia Geral das Nações Unidas.

Em seguida aparece o subtítulo "preâmbulo".

O preâmbulo é constituído por sete períodos, todos iniciados com a palavra "considerando".

A Declaração começa com a enunciação desses sete *considerandos*.

---

[1] NERUDA, Pablo. Poema "Esperança". In: *O Rio Invisível*. Rio, Editora Bertrand, 1987, p. 19. Tradução de Rolando Roque da Silva.

Esses considerandos pretendem justificar as razões pelas quais a Assembléia Geral da ONU proclamou a Declaração Universal dos Direitos Humanos.

4. O primeiro considerando: reconhecimento da dignidade humana como fundamento da liberdade, da justiça e da paz

O primeiro considerando da Declaração Universal dos Direitos Humanos diz que a liberdade, a justiça e a paz no mundo repousam:

a) no reconhecimento da dignidade inerente a todos os membros da família humana;

b) no reconhecimento da igualdade e inalienabilidade de seus direitos.

Nesse considerando introdutório da Declaração destacam-se três valores a serem perseguidos pela Humanidade:
1º) a liberdade;
2º) a justiça;
3º) a paz.

Afirma-se que esses valores serão alcançados através de dois pressupostos:
1º) a dignidade da pessoa humana;
2º) os direitos iguais e inalienáveis de todos sem exceção.

5. O desprezo pelos Direitos Humanos resultou na barbárie, a liberdade é o sonho do homem comum

O segundo considerando afirma que o desprezo pelos Direitos Humanos e o desrespeito a eles resultaram em atos bárbaros (no curso da História, como está implícito). Diz que esses atos ultrajaram a consciência da Humanidade.

Lembra que foi proclamado, como a mais alta aspiração do homem comum, o advento de um mundo no qual vigorassem quatro liberdades:
1ª) a de palavra;
2ª) a de crença;
3ª) a de viver a salvo do medo;
4ª) a de viver livre da necessidade.

6. Os Direitos Humanos sob o império da lei

No terceiro considerando está afirmado que é essencial que os Direitos Humanos sejam protegidos pelo império da lei. O império da lei é a vigência do chamado "Estado de Direito". Essa proteção do "Estado de Direito" evita que o homem, como último recurso, seja compelido à rebelião contra a tirania e a opressão.

7. Relações amistosas entre os povos

O quarto considerando diz que é essencial promover o desenvolvimento de relações amistosas entre as Nações. Note-se que o "considerando" não coloca essas relações amistosas como uma decorrência espontânea da vida internacional. Timbra em dizer que as relações devem ser promovidas, isto é, devem ser estimuladas.

8. Valores e compromissos acolhidos pela Carta das Nações Unidas: dignidade da pessoa humana, igualdade entre homens e mulheres, progresso social

O quinto considerando recapitula valores e compromissos agasalhados pela Carta das Nações Unidas.
Como valores são lembrados:
1º) os direitos fundamentais do homem;

2º) a dignidade e o valor da pessoa humana;
3º) a igualdade de direitos do homem e da mulher.
Como compromissos foram reafirmados:
1º) o de promover o progresso social e melhores condições de vida;
2º) o de alcançar uma liberdade mais ampla.

9. O respeito aos Direitos Humanos como compromisso dos membros das Nações Unidas

O sexto considerando relembra que os Estados Membros da ONU se comprometeram, em cooperação com as Nações Unidas:
1º) a promover o respeito universal aos direitos e liberdades fundamentais do homem;
2º) a observar esses direitos e liberdades.

10. Compreensão universal dos Direitos Humanos como essencial à sua efetividade

O sétimo e último considerando observa que a compreensão comum dos direitos e liberdades é da mais alta importância para o pleno cumprimento desse compromisso.

11. A proclamação solene da Declaração Universal dos Direitos Humanos

Na estrutura adotada pela Declaração, os sete considerandos que acabamos de examinar fundamentam teoricamente o documento.

Ou dizendo em outras palavras: considerando as razões colocadas, a Assembléia Geral das Nações Unidas proclama a Declaração Universal dos Direitos Humanos.

Este é o sentido da frase que aparece depois do último considerando: "Agora portanto a Assembléia Geral proclama a presente Declaração Universal dos Direitos do Homem".

A proclamação solene da Declaração está vazada num longo parágrafo. Para que o sentido desse período seja devidamente avaliado é conveniente o seu fracionamento.

A Declaração Universal dos Direitos Humanos é colocada como ideal a ser atingido por todos os povos e todas as Nações.

Esse ideal é estabelecido com o objetivo de levar cada indivíduo e cada órgão da sociedade a se esforçar para promover o respeito aos direitos e liberdades proclamados.

Tão amplo e importante objetivo deve ser atingido:

1º) através do ensino e da educação;

2º) através da adoção de medidas de caráter nacional e internacional que busquem assegurar o reconhecimento e a observância universais e efetivos dos princípios assinalados.

A parte final do parágrafo da proclamação solene ainda se refere à observância dos Direitos Humanos, não apenas nos Estados Membros da ONU, como também nos territórios sob jurisdição desses Estados.

12. A discussão sobre o valor imperativo do preâmbulo

Os intérpretes não são unânimes quanto ao valor que atribuem a esses considerandos, bem como a outros considerandos que antecedem alguns textos constitucionais.

Alguns pensam que só os artigos têm força normativa. Nesta perspectiva, o preâmbulo teria apenas um sentido simbólico, de afirmação genérica de princípios.

Não partilhamos desta opinião. Estamos com aqueles que entendem seja o preâmbulo parte integrante da Declaração dos Direitos Humanos, como são parte integrante das Constituições os textos introdutórios semelhantes.

João Barbalho (no Brasil), Vedel, Duverger, Burdeau, Laferrière, Giese, Carl Schmitt, Nawiaski, Paolo Biscaretti di Ruffia (na doutrina estrangeira) entendem que os preâmbulos têm força imperativa.

Em posição oposta, vendo nos preâmbulos uma declaração ideológica, sem valor jurídico, temos a opinião de Hans Kelsen (na doutrina estrangeira) e a de João Celso de Melo Filho (na doutrina brasileira).

Pinto Ferreira adota uma posição intermediária. Dá força coativa aos preâmbulos quando suas diretrizes filosóficas e ideológicas são reafirmadas no texto subseqüente.[2]

Penso que a Declaração é um documento único, que não se cinde. O preâmbulo e os artigos guardam coerência.

As afirmações do preâmbulo são tão imperativas quanto as dos artigos, constituindo-se num marco do pensamento jurídico, que deve ser ultrapassado por novos avanços da civilização humana, jamais porém admitindo retrocessos.

13. Alguns preâmbulos de Declarações de Direitos anteriores à Declaração Universal dos Direitos Humanos

Há alguns preâmbulos célebres de Declarações de Direitos, que precederam a Declaração Universal dos Direitos Humanos. Devem ser citados, como sumamente expressivos, o preâmbulo da "Declaração dos Direitos do Homem e do Cidadão" (França, 1789) e a "Declaração de Direitos do Povo, dos Trabalhadores e dos Explorados" (Rússia, 1918).

O preâmbulo da Declaração dos Direitos do Homem e do Cidadão, decretada pela Assembléia Nacional Francesa, foi aprovado na sessão do dia 20 de agosto de 1789.

---

[2] FERREIRA, Pinto. *Comentários à Constituição Brasileira*. São Paulo, Saraiva, 1989, 1º vol., p. 3 e 4.

Foi redigido nos seguintes termos:

"Os representantes do Povo Francês, constituídos em Assembléia Nacional, considerando que a ignorância, o esquecimento ou o desprezo pelos Direitos do Homem são as únicas causas das desgraças públicas e da corrupção dos governos, resolveram expor, numa declaração solene, os direitos naturais, inalienáveis e sagrados do homem, a fim de que esta Declaração, constantemente presente a todos os membros do corpo social, lhes recorde permanentemente seus direitos e seus deveres; a fim de que os atos do Poder legislativo e os do Poder executivo, podendo a cada momento ser comparados com a finalidade de toda a instituição política, sejam mais respeitados; a fim de que as reclamações dos cidadãos, assentadas de ora em diante em princípios simples e incontestáveis, se voltem sempre para a mantença da Constituição e para a felicidade de todos.

Em conseqüência, a Assembléia Nacional reconhece e declara, em presença e sob os auspícios do Ser supremo, os seguintes direitos do Homem e do Cidadão".[3]

---

[3] Apud HERSCHE, Jeanne (direção na seleção dos textos). *O direito de ser homem*, ob. já citada. Tradução de Homero de Castro Jobim, p. 191.

No original francês, extraído da mesma obra (*Le droit d'être un homme*), dirigida por Jeanne Hersch, p. 201, o texto tem a seguinte redação:

"Les représentants du Peuple Français, constitués en Assemblée Nationale, considérant que l'ignorance, l'oubli ou le mépris des Droits de l'Homme sont les seules causes des malheurs publics et de la corruption des gouvernements, ont résolu d'exposer dans une déclaration solennelle les droits naturels, inaliénables et sacrés de l'homme, afin que cette Déclaration, constamment présente à tous les membres du corps social, leur rappelle sans cesse leurs droits et leurs devoirs; afin que les actes du Pouvoir législatif et ceux du Pouvoir exécutif, pouvant être à chaque instant comparés avec le but de toute institution politique, en soient plus respectés; afin que les réclamations des citoyens, fondées désormais sur des principes simples et incontestables, tournent toujours au maintien de la Constitution et au bonheur de tous.

En conséquence, l'Assemblée Nationale reconnaît et déclare, en présence et sous les auspices de lÊtre suprême, les Droits suivants de l'Homme et du Citoyen".

O preâmbulo da "Declaração dos Direitos do Povo, dos Trabalhadores e dos Explorados" foi redigida por Lenin, alguns dias antes da abertura da Assembléia Constituinte, que ocorreu em 5 de janeiro de 1918.

Seu texto em português é o seguinte:

"A Rússia é declarada República de operários, soldados e camponeses.

Todo o poder, no centro como nas províncias, pertence aos Sovietes.

A República soviética constitui-se sobre a base duma união livre de nações livres, que formam uma federação das repúblicas soviéticas nacionais.

Atribuindo a si mesma como tarefas a supressão de toda exploração do homem pelo homem, a abolição total da divisão da sociedade em classes, a repressão impiedosa da resistência dos exploradores, o estabelecimento de uma organização socialista da sociedade e a vitória do socialismo em todos os países,

A Assembléia Constituinte declara".[4]

---

[4] HERSCH, Jeanne. *O direito de ser homem*, tradução de Homero de Castro Jobim, p. 297.

Capítulo 10

Percepção diferenciada da idéia de Direitos Humanos, segundo os receptores

1. A idéia mais geral de Direitos Humanos

A idéia mais geral de Direitos Humanos tem sua gênese num amplo conjunto de culturas humanas. Essa idéia mais geral é, outrossim, muito antiga na História da Humanidade.

Em conseqüência disso, a idéia mais geral de Direitos Humanos pode também ser percebida, no seu núcleo central, como autêntico "valor universal", em face de sua aceitação por um amplíssimo leque de povos e culturas espalhados pelo mundo.

Este ponto será retomado em outras partes deste livro.

2. A particularização da idéia de Direitos Humanos

Se a idéia mais geral tem essa abrangência, a particularização da idéia é percebida de maneira bastante diferenciada, conforme sejam os receptores.

Podemos assinalar, de início, uma diferenciação:

a) a idéia de Direitos Humanos como direitos atribuídos aos seres humanos, enquanto seres humanos;

b) a idéia de Direitos Humanos como direitos dos seres humanos oponíveis perante a sociedade política.

Se o primeiro conceito é ancestral, na História da Humanidade (Código de Hamurabi, Babilônia, século XVIII a. C.; Amenófis IV, Egito, séc. XIV a. C.; Buda, Índia, séc. V a. C.; Mêncio, China, e Platão, Grécia, séc. IV, a. C., e muitos outros), o segundo apenas começou no início do século XIII, na Inglaterra, quando bispos e barões opuserem cartas de direitos ao rei João Sem Terra.[5]

A possibilidade de alegar direitos individuais perante o Estado foi, a meu ver, um avanço no pensamento jurídico. Outro avanço foi admitir a imposição ao Estado, não apenas de direitos individuais, mas também de direitos sociais.

Contudo, naquelas culturas que não acolheram a cláusula de "direitos oponíveis perante o Estado", não me parece correto dizer que, nessas culturas, nos respectivos sistemas políticos, não existem "direitos humanos". Outros mecanismos e outros freios, que não aqueles concebidos pelo Ocidente, podem assegurar o respeito à dignidade da pessoa humana.

Selim Abou abordou, magistralmente, a questão dos direitos humanos em face da relatividade das culturas, em conferências que proferiu no "Collège de France".[6]

Vivaldo Vieira Barbosa abre-nos o leque da busca do Direito dentro da multiplicidade das culturas, numa seleção criteriosa de textos.[7]

---

[5] Cf. BURNS, Edward MacNall. *História da Civilização Ocidental*. Porto Alegre, Editora Globo, 1965, vols. I e II. Cf. FILLIOZAT, Jean. *Les Philosophies de l'Inde*. Paris, Presses Universitaires de France, 1987. Cf. WING-TSIT, Chan. *A source book of Chinese Philosophy*. New York, Columbia University Press, 1963. Cf. ANDRIA, N. d'. *La démocratie athénienne, son origine, son évolution et sa constitution définitive au siècle de Périclès*. Paris, Montchrestien, 1935.
[6] ABOU, Selim. *Droits de l'homme et relativité des cultures*. Conferências pronunciadas no "Collège de France", maio de 1990.
[7] BARBOSA, Vivaldo Vieira & outros. *Tendências do Pensamento Jurídico* (Coletânea). Rio, Fundação Getúlio Vargas, 1976.

Jacques Berque rompe preconceitos para mostrar a opulência da criação do espírito muçulmano.[8]

Podemos também observar uma outra diferenciação importante:

Direitos Humanos, a partir de uma ótica individualista, próprios da visão das sociedades burguesas;

Direitos Humanos, como direitos do homem social, avanço que se deve à contribuição do pensamento socialista.

Essa diversa colocação faz com que, ainda agora, os Direitos Humanos sejam percebidos de forma diferente, na perspectiva das culturas que privilegiam o indivíduo e na perspectiva das culturas que realçam os valores coletivos. Veja-se, por exemplo, o timbre do coletivo na Carta Africana dos Direitos Humanos e dos Povos, na Declaração Islâmica Universal dos Direitos do Homem, na Declaração Solene dos Povos Indígenas do Mundo e nas diversas manifestações culturais percebidas em estudos de antropólogos e religiosos que se debruçaram sobre os povos indígenas, da África, da Ásia, da América Latina.[9]

---

[8] BERQUE, Jacques & outros. *L'Islam, la philosophie et les sciences.* Paris, Unesco, 1986.

[9] Cf. BIRKET-SMITH, Kaj. *História da Cultura.* Tradução de Oscar Mendes. São Paulo, Edições Melhoramentos, 3ª edição, s/ ano. Cf. CCFD (Comité Catholique contre la Faim et pour le Développement). *Voyage d'Immersion en Tunisie du 22 février au 3 mars 1991 - Dossier documentaire.* Paris, CCFD, 1991. Cf. CHAUNU, Pierre. *Histoire de l'Amérique Latine.* Paris, Presses Universitaires de France, 1991. Cf. COLLANGE, Jean-François. *Théologie des Droits de l'Homme.* Paris, Les Éditions du Cerf, 1989. Cf. YAMANE, Hiroko. "Bilan des approches pour la protection des Droits de l'Homme en Asie". **In:** *Droits de l'Homme - Droits des Peuples.* Alain Fenet & outros. Paris, Presses Universitaires de France, 1982. Cf. ABÉLES, Marc. "Aînesse et générations à Ochollo-Ethiopie méridionale". **In:** *Age, Pouvoir et Société en Afrique Noir.* Marc Abélès & outros. Paris, Éditions Karthala, 1985. Cf. AKROFI, C. A. *Twi Mmebusem, Twi Proverbs.* Londres, Macmillan, 1958. Cf. CHARLES, Raymond. *Le Droit Musulman.* Paris, Presses Universitaires de France, 1982. CHARLES, Raymond. *L'âme musulmane.* Paris, Flammarion, 1958. Cf. *GROUSSET, René.*

Também há uma diferença de percepção na cultura dos impérios coloniais, das economias que dominam o mundo, e na cultura dos países desrespeitados pela violência das relações internacionais. Estes países, estas Nações oprimidas buscam afirmar-se como povos e buscam Justiça nas relações econômicas internacionais. Tais fatores distinguem, no pensamento destes povos, a visão de Direitos Humanos. Veja-se, a propósito, a Declaração Universal dos Direitos dos Povos, aprovada em Argel pelo rol de países que não se sentam na mesa do pequeno clube que decide sobre os destinos do mundo.[10]

Na consciência dos Povos Indígenas do Mundo, a idéia de Direitos Humanos fundamenta-se no apelo ao direito à vida e à sobrevivência cultural, que esses Povos reclamam.[11]

Na cultura dos povos muçulmanos, os Direitos Humanos não se radicam, nem na idéia de pacto social, nem na idéia da limitação do poder do Estado pelas normas jurídicas. Na visão desses povos, os Direitos Humanos têm sua origem na própria visão religiosa que leveda a alma desses povos.[12]

Histoire de la Philosophie Orientale. Inde - Chine - Japon. Paris, Nouvelle Librairie Nationale, 1923.

[10] Ver também: FENET, Alain & outros. *Droits de l'Homme - Droits des Peuples.* Paris, Presses Universitaires de France, 1982. Ver ainda: JOUVE, Edmond. *Le Droit des Peuples.* Paris, Presses Universitaires de France, 1986. Ver: GANDHI. *Tous les hommes sont frères.* Textes choisis par Krishna Kripalani, traduis en français par Guy Vogelweith. Paris, Gallimard, 1969. (Há tradução em português, mas citamos o texo em francês porque foi o que consultamos, durante nosso período de pesquisa na França.)

[11] Cf. ARCINIEGAS, German. *L'Amérique ensevelie.* Tradução para o francês feita por Pierre Guillaumin. **In:** Magazine Littéraire. Paris, n. 296, edição de fevereiro de 1992. Cf. WACHTEL, Nathan. *La Vision des Vaincus. Les Indiens du Pérou devant la Conquête Espagnole.* Paris, Gallimard, 1971. Cf. DUVIOLS, Pierre. *La Lutte contre les Religions Autochtones dans le Pérou colonial.* Paris, Lima, 1971.

[12] KHAWAM, René. *Le Coran.* Texto integral, tradução da vulgata árabe. Paris, Maisonneuve/Larose, 1990.

Capítulo 11

O preâmbulo da Declaração Universal dos Direitos Humanos conforme a percepção dos diversos povos e culturas

1. A diversidade de povos e culturas espalhados pelo mundo reflete-se fielmente no preâmbulo das diversas declarações de direitos

A diversidade de percepções da idéia de Direitos Humanos reflete-se nos preâmbulos das Cartas de Direitos Humanos.

O preâmbulo da "Declaração Universal dos Direitos Humanos" realça os direitos do indivíduo.

Em nenhum momento se fala em "direitos dos povos", não obstante haja uma referência indireta a esses direitos quando se menciona a necessidade de "relações amistosas entre as Nações" (4º considerando). Obviamente, não pode haver tais relações amistosas entre as Nações se houver opressão de um povo sobre outro povo.

Como reação a essa omissão:

a) foi aprovada, em Argel, uma Declaração Universal dos Direitos dos Povos;[13]

---

[13] Cf. MARQUES, J. B. de Azevedo. *Democracia, Violência e Direitos Humanos*. São Paulo, Cortez Editora, 1984, p. 98 e 99.

b) as Nações do Continente Africano deram a sua carta de Direitos o nome de "Carta Africana dos Direitos Humanos e dos Povos";[14]

c) a Declaração Islâmica Universal dos Direitos do Homem realçou os "direitos dos povos";[15]

d) os Povos Indígenas do Mundo fizeram ouvir seu grito de Justiça através da "Declaração Solene" lançada à luz em Porto Alberni.[16]

Essas quatro "Cartas de Direitos", nos seus preâmbulos, diferenciam-se da "Declaração Universal dos Direitos Humanos" pelas afirmações de princípios em defesa dos "direitos dos povos".

Os preâmbulos dessas quatro Cartas também se distinguem do preâmbulo da Declaração Universal dos Direitos Humanos porque se afastaram da tônica individualista que caracteriza esta última. As quatro Cartas valorizam, no seu pórtico, o conteúdo social e coletivo dos Direitos Humanos.

2. A leitura do preâmbulo da Declaração Universal, a partir de uma concepção própria de mundo e de ser humano

Se lavraram cartas de direitos fundadas numa concepção própria de mundo e de ser humano, esses povos e essas culturas fazem a leitura do preâmbulo da Declaração Uni-

---

[14] Cf. "Charte Africaine des Droits de l'Homme et des Peuples". **In:** FENET, Alain & allii. *Droits de l'Homme - Droits des Peuples*. Paris, Presses Universitaires de France, 1982, p. 203 e ss.

[15] Cf. Déclaration Islamique Universelle des Droits de l'Homme. **In:** CCFD (Comité Catholique contre la Faim et pour le Développement). *Voyage d'Immersion en Tunisie du 22 février au 3 mars 1991 - Dossier documentaire.* Paris, CCFD, 1991, p. 353 e ss.

[16] Cf. CCFD. *Soirée de Prière. Plaquette de Carême.* Paris, CCFD, 1992.

versal dos Direitos Humanos e do conjunto de seus dispositivos, a partir de sua ótica cultural.

Isto não invalida o significado da Declaração Universal como um referencial básico, digno do maior apreço. Mas não se perca de vista o respeito que merecem os diversos povos e culturas na peculiaridade de seus sentimentos e das concepções filosóficas fundantes de sua identidade.

Capítulo 12

O preâmbulo sintetiza a filosofia da Declaração Universal dos Direitos Humanos

1. Valores jurídicos e humanos presentes na Declaração Universal dos Direitos Humanos e no seu preâmbulo

O preâmbulo da Declaração Universal dos Direitos Humanos é uma síntese do conjunto de dispositivos que integram o documento.

Podemos identificar uma tábua de valores ético-jurídicos presentes no conjunto da Declaração.

Percebemos como valores fundamentais da Carta Magna dos Direitos Humanos os seguintes:

a) o valor "paz e solidariedade universal";

b) o valor "igualdade e fraternidade";

c) o valor "liberdade, defesa da vida e segurança pessoal";

d) o valor "dignidade da pessoa humana e o conseqüente direito a seu desenvolvimento e realização integral";

e) o valor "proteção legal dos direitos";

f) o valor "Justiça";

g) o valor "democracia";

h) o valor "dignificação do trabalho".[17]

---

[17] Cf. *Gênese dos Direitos Humanos*, de nossa autoria. São Paulo, Editora Acadêmica, 1994, p. 111 e ss.

Supomos que desses valores fundamentais, que integram o conjunto da Declaração, estão presentes no preâmbulo os seguintes:
1 - o valor "igualdade e fraternidade";
2 - o valor "dignidade da pessoa humana";
3 - o valor "liberdade";
4 - o valor "Justiça";
5 - o valor "proteção legal dos direitos";
6 - o valor "paz e solidariedade universal";
7 - o valor "democracia".

Assim, o estudo aprofundado do preâmbulo, longe de ser acessório e marginal, proporciona um mergulho no próprio cerne da Declaração Universal dos Direitos Humanos.

2. A paz e a solidariedade universal como os valores que dão a tônica do preâmbulo. Contribuição de diferentes povos e culturas na formulação milenar desses valores. Percepção do mundo a partir da idéia de paz e solidariedade

A própria edição de uma "Declaração Universal de Direitos Humanos" é uma busca de solidariedade e de compreensão universal. O fim dessa busca deve ser a paz. O caminho dessa paz é a Justiça.

Se os 7 valores que enunciamos, no tópico anterior, estão presentes no "preâmbulo" da Declaração, nenhum desses valores parece, a meu ver, mais caracterizante da mensagem do "preâmbulo" que justamente "a paz e a solidariedade universal".

O reconhecimento da dignidade inerente a todos os seres humanos é o fundamento da Paz (1º considerando). O desprezo pelos direitos humanos resultou em atos bárbaros que ultrajaram a consciência da Humanidade (2º considerando), atos contrários à Justiça e negadores da Paz. O advento de um mundo em que o ser humano esteja ao abrigo do temor é uma aspiração profunda do homem comum (2º considerando). Ora, esse mundo liberto do medo é justamente um mundo de Justiça e Paz. Os direitos humanos devem ser protegidos pelo império da lei (Estado de Direito) para que o homem não seja forçado, como último recurso, à rebelião contra a tirania e a opressão (3º considerando). Em outras palavras: o Direito e a Justiça devem garantir a Paz. É essencial o desenvolvimento de relações amistosas entre as Nações (4º considerando), ou seja, é necessário promover a solidariedade internacional. O 5º considerando refere-se à fé, explicitada pelos povos das Nações Unidas, na dignidade e no valor da pessoa humana, ou seja, refere-se a um ato de vontade resultante da "solidariedade internacional". O 6º e o 7º considerandos reportam-se ao compromisso de cooperação internacional e à necessidade dessa cooperação, quer para promover o respeito universal dos direitos humanos, quer para alcançar uma compreensão comum desses direitos fundamentais.

  No desenvolvimento desta obra, teremos oportunidade de ver como diversas culturas humanas têm sua visão de mundo a partir da idéia de paz entre os povos, de solidariedade entre os homens e entre os povos.

Capítulo 13

O preâmbulo da Declaração Universal dos Direitos Humanos e o preâmbulo da Constituição da República Federativa do Brasil

1. Semelhanças entre o preâmbulo da Declaração Universal dos Direitos Humanos e o da Constituição Brasileira de 1988

O preâmbulo da Declaração Universal dos Direitos Humanos e o de nossa atual Constituição guardam muitas semelhanças.

São valores abrigados pelo preâmbulo da Declaração Universal dos Direitos Humanos, como já observamos:

1 - a igualdade e a fraternidade;
2 - a dignidade da pessoa humana;
3 - a liberdade;
4 - a Justiça;
5 - a proteção legal dos direitos;
6 - a paz e a solidariedade universal;
7 - a democracia.

São valores realçados no preâmbulo da Constituição Brasileira:

a) o Estado Democrático;
b) os direitos sociais e individuais, colocados aqueles em primeiro lugar, na ordem de enunciação;

c) a liberdade;
d) a segurança;
e) o bem-estar;
f) o desenvolvimento;
g) a igualdade;
h) a justiça;
i) o ideal de uma sociedade fraterna, pluralista e sem preconceitos, fundada na harmonia social;
j) o compromisso, na ordem interna e internacional, com a solução pacífica das controvérsias;
k) a crença na proteção de Deus.

2. A Constituição do Brasil avança, no seu preâmbulo, em relação à Declaração Universal dos Direitos Humanos

A Constituição do Brasil avança, no seu preâmbulo, em relação à Declaração Universal dos Direitos Humanos, quando realça, mais que esta, os direitos sociais e quando faz expressa referência ao desenvolvimento.

É nota bastante distintiva da Constituição Brasileira a invocação da proteção de Deus. O nome de Deus não foi mencionado expressamente na Declaração Universal dos Direitos Humanos.

A invocação do nome de Deus, no preâmbulo de nossa Carta Magna, gerou discordâncias no debate constituinte. A oposição à inclusão do nome de Deus era fundada em motivos absolutamente distintos:

para uns, o nome de Deus não cabia, em face da laicidade do Estado;

para outros, a invocação do nome de Deus era ofensiva e hipócrita, numa Constituição que consagrava a desigualdade, os privilégios e a injustiça.

Embora não fazendo parte do preâmbulo, os artigos 1º, 3º e 4º da Constituição Brasileira também agasalham princípios orientadores, esposam valores fundamentais. Esses princípios e valores completam e explicitam a tábua de opções ético-jurídicas do preâmbulo. Se considerarmos esses artigos, como é metodologicamente correto, complemento do preâmbulo, concluiremos que a enunciação de valores humanos e democráticos da Constituição do Brasil avantaja-se ao código de valores inscrito no preâmbulo da Declaração Universal dos Direitos Humanos. Vejamos esses artigos:

O artigo 1º diz que nossa República tem como fundamentos:

1) a soberania;
2) a cidadania;
3) a dignidade da pessoa humana;
4) os valores sociais do trabalho e da livre iniciativa;
5) o pluralismo político.

O artigo 3º estabelece como objetivos da República:

1) construir uma sociedade livre, justa e solidária;
2) garantir o desenvolvimento nacional;
3) erradicar a pobreza e a marginalização e reduzir as desigualdades sociais e regionais;
4) promover o bem de todos, sem preconceitos de origem, raça, sexo, cor, idade e quaisquer outras formas de discriminação.

O artigo 4º estatui que o Brasil, nas suas relações internacionais, rege-se pelos seguintes princípios:

1) independência nacional;
2) prevalência dos direitos humanos;
3) autodeterminação dos povos;
4) não-intervenção;
5) igualdade entre os Estados;
6) defesa da paz;
7) solução pacífica dos conflitos;

8) repúdio ao terrorismo e ao racismo;
9) cooperação entre os povos para o progresso da humanidade.

O ideal de uma sociedade solidária (artigo 3º, I) não está expressamente consagrado na Declaração Universal. A erradicação da pobreza e da marginalização, como projeto político (artigo 3º, III), também não integra a Carta de Direitos da ONU. O expresso repúdio a qualquer forma de discriminação (artigo 3º, IV) ultrapassa o texto internacional que está sendo examinado. Finalmente, os princípios da autodeterminação dos povos, da não-intervenção e da igualdade entre os Estados (artigo 4º, III, IV e V) não foram expressamente abrigados pela Carta Magna dos Povos. A igualdade dos Estados é, pelo contrário, desatendida pela ONU, ao estabelecer a supremacia do Conselho de Segurança sobre a Assembléia Geral.

Questões para debate, pesquisa e revisão (individual e/ou em grupo), relacionadas com a Quarta Parte deste livro

1. Que matéria abordada nesta Parte do livro pareceu-lhe mais relevante? Sobre essa matéria, redigir um texto crítico.

2. Resumir esta Quarta Parte, assinalando os pontos mais importantes que contém.

3. Redija um texto corrido que resuma o preâmbulo da Declaração Universal dos Direitos Humanos. Dê ao trabalho a contribuição de seu pensamento, o toque pessoal, isto é, a expressão de sua percepção em face do texto.

4. Diante das posições conflitantes, a favor e contra o valor imperativo do preâmbulo, emitir a própria opinião e fundamentar.

5. Dos valores enunciados no item 1, do capítulo 9, concorda que o valor "paz e solidariedade universal" seja mesmo o que está mais fortemente presente no preâmbulo da Declaração? Que dois outros valores, a seu ver, estão também profundamente enraizados no preâmbulo?

6. Faça uma comparação entre o preâmbulo da Declaração dos Direitos do Homem e do Cidadão (França, 1789), da Declaração dos Direitos do Povo, dos Trabalhadores e dos Explorados (Rússia, 1918), da Declaração Universal dos Direitos Humanos (1948) e da Constituição da República Federativa do Brasil (1988).

7. Redija um texto sobre a relação entre Direitos Humanos e Direitos dos Povos.

Quinta parte
FRATERNIDADE, LIBERDADE, IGUALDADE

A igualdade de todos os homens. A liberdade. A fraternidade (artigos I e II, da Declaração Universal dos Direitos Humanos).

Capítulo 14
Introdução ao estudo dos artigos I e II da Declaração

1. O artigo I da Declaração Universal dos Direitos Humanos, segundo a versão oficial em português

Artigo I. Todos os homens nascem livres e iguais em dignidade e direitos. São dotados de razão e consciência e devem agir em relação uns aos outros com espírito de fraternidade.

2. A fraternidade, tal como celebrada por Newton Braga

"Esta sensibilidade, que é uma antena delicadíssima, captando pedaços de todas as dores do mundo, e que me fará morrer de dores que não são minhas."

(Newton Braga, poeta brasileiro.)[1]

---

[1] BRAGA, Newton. *Poesia e Prosa*. Rio de Janeiro, Editora do Autor, s/ ano. Trecho do poema "Fraternidade", que integra o livro. Newton Braga nasceu em

3. O artigo I da Declaração Universal dos Direitos Humanos, em francês

Article premier
Tous les êtres humains naissent libres et égaux en dignité et en droits. Ils sont doués de raison et de conscience et doivent agir les uns envers les autres dans un esprit de fraternité.

4. Informação sobre a Língua Francesa

O francês é a língua oficial da França, de Benin, do Congo, da Costa do Marfim, de Gabão, da Guiné, de Mali, de Mônaco, do Níger, da República Centro-Africana, do Senegal, de Togo e do Zaire.

Ao lado do árabe, o francês é também língua oficial no Chade, em Djibuti e nas Ilhas Comores.

Com o inglês, é língua oficial no Canadá e em Camarões.

Ao lado de outras línguas, é também língua oficial: na Bélgica (onde é falado na região valã e também em Bruxelas, que é uma cidade bilíngüe, pois fala francês e flamengo); na Suíça (onde também são línguas oficiais o alemão e o italiano); em Luxemburgo (é língua oficial, junto com o alemão); em Burundi (onde o rundi é também oficial); no Haiti (língua oficial, junto com o crioulo); em Ruanda (língua oficial, junto com o quiniaruanda); em Vanuatu (junto com o inglês e o bismala).

Mesmo sem ser declarado como uma das línguas oficiais, o francês é ainda falado nos seguintes países: em Andorra (onde a língua oficial é o catalão), na Argélia (o

---

Cachoeiro de Itapemirim, no Espírito Santo. Seus conterrâneos — sou um deles — ergueram na praça principal da cidade um busto em sua homenagem, inscrevendo, no mármore, o poema "Fraternidade".

árabe é a língua oficial), no Egito (a língua oficial é o árabe), na Itália (no vale d'Aosta), no Laos (cuja língua oficial é o lao), em Maurício (é falado por uma minoria, sendo o inglês a língua oficial), na Mauritânia (o árabe é a língua oficial), em Santa Lúcia (o inglês é a língua oficial), na Tunísia (a língua oficial é o árabe).

O francês tem, segundo se estima, 100 milhões de falantes.

É uma das línguas de trabalho da ONU.

Até meados do século XX, foi a língua oficial da diplomacia. Ainda é uma língua de grande prestígio, na cultura e na ciência.

5. Explicação prévia sobre o artigo I

O primeiro artigo da Declaração Universal dos Direitos Humanos diz que:

a) todos os homens nascem livres e iguais em dignidade e direitos;

b) todos os homens são dotados de razão e consciência;

c) o espírito de fraternidade deve orientar as relações entre as pessoas.

Na primeira afirmação, o artigo consagra a liberdade. Os homens nascem livres, não nascem escravos. A liberdade é traço inerente à própria condição humana.

Os homens nascem iguais. Não há privilégios de nascimento. Proclama-se então a igualdade universal dos seres humanos.

Diz-se depois que todos os homens são dotados de razão e consciência. A razão, a consciência não é característica de uma classe, estamento ou grupo de pessoas. Em razão de sua humanidade, cada um é capaz de pensar e decidir. Não há iluminados, ou predestinados, ou escolhidos que teriam título para pensar, julgar e então dominar invocando uma pretensa superioridade.

Há pessoas que não são dotadas de razão ou têm a razão bloqueada por doença, em grau maior ou menor. Esta condição de carência ou de déficit intelectual pode ser de nascença ou sobrevir no curso da existência humana. Estas pessoas têm a mesma dignidade humana das demais, ou se quisermos ser ainda mais exatos: nestas pessoas a dignidade humana é realçada. Elas têm direito à educação especial, sagrado respeito e profundo carinho.

Finalmente diz o artigo que as pessoas devem agir umas em relação às outras com espírito de fraternidade.

6. O artigo II da Declaração Universal dos Direitos Humanos, segundo o texto oficial em português

Artigo II. 1 - Todo homem tem capacidade para gozar os direitos e as liberdades estabelecidos nesta Declaração, sem distinção de qualquer espécie, seja de raça, cor, sexo, língua, religião, opinião política ou de outra natureza, origem nacional ou social, riqueza, nascimento, ou qualquer outra condição.

2 - Não será também feita nenhuma distinção fundada na condição política, jurídica ou internacional do país ou território a que pertença uma pessoa, quer se trate de um território independente, sob tutela, sem governo próprio, quer sujeito a qualquer outra limitação de soberania.

7. A liberdade e a igualdade, no canto do poeta

Todo sujeito é capaz
de viver com liberdade.
Ninguém vale mais que o outro:
eis uma grande verdade.

Seja qual for sua raça,
sua cor, homem ou mulher,
fale que língua falar,
adore o Deus que quiser.

Seja qual for seu partido
ou a sua opinião,
seja pobre ou seja rico,
seja de qualquer nação.

Quer more num palacete
ou viva num barracão,
pertença à sociedade
ou ande de pé no chão.

Pouco importa ter nascido
num país de distinção
ou numa terra esquecida,
sem nenhuma projeção.

Seja qual for o sistema
que governa sua nação.
Quer seja de país livre
ou país em sujeição.

(Padre Jocy Rodrigues, poeta brasileiro.)[2]

---

[2] RODRIGUES, Padre Jocy. *Declaração Universal dos Direitos Humanos.* Petrópolis, Editora Vozes (imprimiu), 1978. Apresentação de D. Hélder Câmara.

8. O artigo II da Declaração Universal dos Direitos Humanos, em espanhol

Artículo 2. 1. Toda persona tiene todos los derechos y libertades proclamados en esta Declaratión, sin distinción alguna de raza, color, sexo, idioma, religión, opinión política o de cualquier otra índole, origen nacional o social, posición económica, nacimiento o cualquier otra condición.

2. Además, no se hará distinción alguna fundada en la condición política, jurídica o internacional del país o territorio de cuya jurisdicción dependa una persona, tanto si se trata de un país independiente, como de un territorio bajo administración fiduciaria, no autónomo o sometido a cualquier otra limitación de soberanía.

9. Informação sobre a Língua Espanhola

O espanhol tem cerca de 300 milhões de falantes, distribuídos pelos diversos Continentes. Fala-se espanhol:

na Europa (na Espanha, onde também se fala catalão e basco; em Andorra, ao lado do catalão, que é a língua oficial, e do francês);

nos países da América do Sul, ao lado de algumas línguas indígenas (quíchua, aimará, guarani e outras), exceto no Brasil, na Guiana, no Suriname e na Guiana Francesa;

no México, como língua oficial, ao lado de idiomas indígenas (maia e nahuati);

na América Central, como língua oficial, ao lado de algumas línguas indígenas ou do inglês (na Costa Rica, em Cuba, em El Salvador, na Guatemala, em Honduras, na Nicarágua, no Panamá, na República Dominicana) ou sem ser língua oficial (em Trinidad e Tobago e em Belize, onde a língua oficial é o inglês);

na África (na Guiné Equatorial, como língua oficial; no Marrocos, onde a língua oficial é o árabe, mas o espanhol tem falantes, ao lado do francês e do berbere);

nos Estados Unidos (a minoria hispânica e grande número de norte-americanos). Observe-se que nos Estados Unidos o espanhol é a mais importante língua estrangeira.

O espanhol é uma das línguas de trabalho da ONU.

10. Palavra introdutória sobre o artigo II

O artigo II é subdividido em dois parágrafos numerados em algarismos arábicos — 1 e 2.

O parágrafo 1 do artigo II é formado de duas estipulações que se completam.

A primeira estipulação, que é o início do parágrafo, diz que todo homem tem capacidade para gozar os direitos e liberdades estabelecidos na Declaração Universal dos Direitos Humanos, sem distinção de qualquer espécie.

A segunda estipulação, que completa a primeira, faz referência expressa às seguintes discriminações proibidas: raça; cor; sexo; língua; religião; opinião política ou de outra natureza; origem nacional ou social; riqueza; nascimento.

A enumeração realça essas discriminações mas não é exaustiva. Dizendo em outras palavras: não são rechaçadas apenas essas discriminações expressamente declaradas.

Esse entendimento decorre da interpretação filológica do artigo.

O artigo afirma, no seu início, que todo homem tem capacidade para gozar os direitos e as liberdades "sem distinção de qualquer espécie", e passa a enumerar, como exemplos, as discriminações mais comuns.

No final, o artigo fecha seu sentido com a cláusula — "ou qualquer outra condição". Vale dizer: todo homem tem capacidade para gozar os direitos e as liberdades, sem as discriminações enunciadas, ou sob pretexto de qualquer outra condição.

O artigo consagra assim a absoluta igualdade de todos os seres humanos para gozar dos direitos e das liberdades que a Declaração Universal assegura.

O artigo II, neste seu primeiro parágrafo, completa o artigo I.

O artigo I afirma que todos os homens nascem livres e iguais em dignidade e direitos. O artigo II, no seu parágrafo 1, diz que os seres humanos, nascidos livres e iguais (conforme o artigo I), têm capacidade para gozar os direitos e as liberdades proclamados na Declaração.

A afirmação do artigo II, parágrafo 1, não é uma redundância. A sua omissão poderia permitir um sofisma:

— todos os homens nascem livres e iguais sim, há uma igualdade universal do ventre. Mas termina aí a igualdade. Adiante, no desenrolar da vida, na escola, na vida adulta, no trabalho, cessa a igualdade do ventre;

— opções como a religião, a opinião política ou filosófica são posteriores ao nascimento;

— se não houvesse a enunciação do artigo II, parágrafo 1, as restrições de direitos decorrentes dessas situações não estariam proibidas.

A cláusula "sem distinção de qualquer espécie", no início do parágrafo, e a cláusula "ou qualquer outra condição", no final do parágrafo, são cláusulas generalizadoras da maior importância.

Essas cláusulas, a meu ver, proíbem todas as discriminações, mesmo aquelas não enunciadas no texto. Assim, atentam contra os Direitos Humanos as discriminações contra o homossexual, contra o aidético, contra o deficiente físico ou mental, contra o ex-presidiário, contra a prostituta, contra o apátrida, contra o analfabeto, contra o velho e quaisquer outras. Todas as discriminações, mesmo veladas, que visem a rotular pessoas afrontam os Direitos Humanos. Nenhuma exclusão ou marginalização de seres humanos pode ser tolerada.

O parágrafo 2 do artigo II é também formado de duas afirmações que se complementam.

A primeira diz que não será feita nenhuma distinção baseada na condição política, jurídica ou internacional do país ou território a que pertença uma pessoa.

A segunda afirmação enuncia as situações em que pode encontrar-se um país ou território: em situação de independência; sob tutela; sem governo próprio; ou sujeito a qualquer limitação de soberania.

Em decorrência desse parágrafo, estão sob o manto protetor dos Direitos Humanos as pessoas cujo país ou território se encontre nas mais difíceis situações políticas:

quando o país está invadido por tropas de ocupação;

quando o país tem o estatuto de colônia ou qualquer outra situação de inferioridade jurídica;

quando o país abriga um povo que está lutando pela independência e pelo conseqüente direito de constituir-se em Estado.

Ressalvando a subsistência dos "direitos da pessoa humana", nessas situações, a "Declaração Universal" não está obviamente legitimando essas situações políticas. Está apenas dizendo que, apesar delas, os "direitos da pessoa humana" continuam a vigorar.

Capítulo 15

Percepção dos artigos, segundo a peculiaridade de culturas e situações diferenciadas

1. As Cartas Africana, Islâmica, Americana, Indígena e Universal dos Povos abrigam os conteúdos dos artigos I e II da Declaração Universal, mas há nuances de percepção que devem ser compreendidas

Não há oposição entre os artigos I e II da Declaração Universal dos Direitos Humanos e as disposições da Carta Africana dos Direitos do Homem e dos Povos, da Declaração Islâmica Universal dos Direitos do Homem, da Declaração Universal dos Direitos dos Povos, da Declaração Americana de Direitos e Deveres do Homem e da Declaração Solene dos Povos Indígenas do Mundo.

Entretanto, há nuances culturais que devem ser observadas para compreendermos, corretamente, como civilizações diferentes percebem certos princípios éticos e jurídicos.

2. A percepção dos artigos I e II da Declaração Universal, segundo a ótica cultural africana

A Declaração Africana dos Direitos do Homem e dos Povos abriga, plenamente, as disposições afirmadas pelos artigos I e II da Declaração Universal dos Direitos Humanos. Mas a percepção dessas matérias, sob a ótica cultural africana, não é exatamente a mesma ótica européia ou norte-americana.

Os africanos não assumem, no seu texto, apenas a postura afirmativa da dignidade humana. Repudiam o que nega a dignidade humana, rechaçam expressamente toda forma de exploração e degradação da pessoa.

Fazem questão os africanos de afirmar a existência de valores históricos próprios dos respectivos povos, no que estão absolutamente certos, pois jamais a Europa e os Estados Unidos podem pretender a posse das chaves da Civilização e o monopólio da Cultura.

Os africanos também não percebem os Direitos Humanos dentro da tônica individualista que caracteriza a tradição liberal européia e norte-americana. À luz de suas tradições, os africanos percebem os Direitos Humanos referidos à coletividade e aos povos.

Os africanos fazem expressa referência aos deveres dos filhos para com os pais, no que consagram uma velha tradição das mais diversas culturas daquele Continente. A Declaração Universal dos Direitos Humanos é omissa, neste ponto.

No que se refere à condenação de todas as formas de discriminação e exclusão, a Declaração Africana é primorosa. Aí também recepciona princípios profundamente agasalhados na alma africana.

3. A percepção islâmica dos artigos I e II da Declaração Universal dos Direitos Humanos

Não encontramos qualquer oposição entre a Declaração Islâmica Universal dos Direitos do Homem à face dos artigos I e II da Declaração Universal dos Direitos Humanos.

O direito à liberdade, o princípio ético e jurídico da igualdade, o repúdio aos privilégios e às discriminações, o reconhecimento da dignidade humana estão presentes na Declaração Islâmica.

Entretanto, também aqui é preciso considerar, com todo respeito, as peculiaridades da visão islâmica de mundo.

Essa feição própria de ver o mundo foi muito bem apreendida por M. A. Sinaceur, num estudo que realizou sobre a Declaração Islâmica Universal dos Direitos do Homem.[3]

Na época em que o trabalho foi publicado, o autor exercia as funções de Chefe da Divisão de Filosofia da UNESCO, em Paris.

Se o homem contemporâneo aspira a reencontrar sua identidade, o muçulmano de hoje, que interpreta sua tradição dentro do contexto contemporâneo (diz o Autor), vê ressurgir nele o apelo do Islã original. Testemunha essa assertiva a *Declaração Islâmica Universal dos Direitos do Homem*. Esta não é uma afirmação de Direitos Humanos no sentido jurídico ordinário. Vale dizer, não é uma afirmação de direitos emanada de um poder constituinte qualificado. É, sem dúvida, uma Declaração de Direitos no sentido de que enuncia direitos reconhecidos solenemente como existentes. Contudo, esta proclamação de direitos não emana de um poder político ou legislativo, mas resulta de uma exigência moral.[4]

---

[3] SINACEUR, M. A. *Déclaration Islamique Universelle des Droits de l'Homme*. Présentation. **In:** FENET, Alain & outros. Droits de l'Homme - Droits des Peuples. Paris, Presses Universitaires de France, 1982, p. 221.

[4] Cf. SINACEUR, M. A., no local citado na nota anterior. Fugimos de uma tradução literal do texto. Procuramos dar-lhe a feição que, a meu ver, expressa melhor, em português, o pensamento do autor.

O texto em francês foi vazado nos seguintes termos:

"Si l'homme contemporain aspire à retrouver son identité, le musulman d'aujourd'hui qui interprète sa tradition dans le contexte contemporain voit res-

A leitura, não apenas dos artigos que estamos agora examinando, mas de todo o texto da Declaração, convence-nos do acerto da observação de M. A. Sinaceur.

Em oposição ao laicismo que caracteriza a cultura européia e norte-americana (laicismo de que está impregnada a Declaração Universal), a cultura islâmica é visceralmente marcada pelo referencial religioso.

Este traço cultural singulariza sobremaneira a Declaração Islâmica.

Dentro do contexto islâmico, os Direitos Humanos não podem ser compreendidos senão dentro dessa perspectiva tão profundamente enraizada na alma muçulmana.

Essa diferença de visão de mundo obviamente não impossibilita a plena vigência dos Direitos Humanos na cultura islâmica.

Não existe apenas um caminho para se chegar a um mundo no qual a dignidade das pessoas seja respeitada.

O Ocidente, com uma longa tradição imperialista, tem constantemente a tentação de impor, como definitivos e absolutos, determinados modelos éticos, políticos e jurídicos.

Este não será o caminho da boa convivência e da paz. Não será também o caminho para que os Direitos Humanos marquem a face da Civilização. A tolerância é um imperativo do pluralismo vigente na sociedade universal e nas sociedades nacionais modernas.

---

surgir en lui l'appel de l'Islām initial. En témoigne la "Déclaration Islāmique Universelle des Droits de l'Homme", proclamée le 19 septembre 1981, qui n'est pourtant pas une déclaration au sens juridique de l'affirmation de ces droits par une autorité constituante qualifiée. Si donc il s'agit bien d'une déclaration au sens de l'énoncé d'un certain nombre de droits, et de droits reconnus existants de façon solennelle, cet énoncé n'émane pas d'un pouvoir politique ou légIslātif, mais d'une exigence morale".

4. A percepção dos artigos I e II pelos países pobres e pelos mais pobres dos países pobres

A diferença de perspectivas religiosas e filosóficas não será talvez o desafio mais difícil para que vigore no mundo a utopia dos Direitos Humanos. A maior barreira para o florescimento desses Direitos, a meu ver, é a barreira econômica.

Não deixa de ser curioso que exista uma Declaração Americana de Direitos e Deveres do Homem, envolvendo toda a América: o Canadá e os Estados Unidos (nações ricas) e a América Latina, constituída de nações pobres.

Não é que seja impossível a vigência de determinados princípios de Direitos Humanos, numa região do mundo, mapeada por um critério exclusivo de Geografia Física.

Mas uma Declaração de Direitos dos Povos da América Latina, se vier a ser proclamada, como conviria, assumirá sem dúvida uma fisionomia bastante particular.

Certamente os princípios estatuídos nos artigos I e II da Declaração Universal dos Direitos Humanos merecem acolhimento em todas as nações, sejam ricas, sejam pobres. Mas para que esses princípios tenham efetiva e plena vigência será preciso que as nações ricas sejam menos ricas para que as nações pobres sejam menos pobres.

Este aplainamento não resultará da caridade ou da ajuda humanitária. A caridade e a ajuda humanitária apelam para a gratuidade das ações humanas. Há uma imposição mais forte, há um imperativo ético cuja vigência é absoluta. Trata-se do dever de Justiça.

Relações econômicas internacionais baseadas na Justiça eliminarão a opressão que recai sobre o Terceiro Mundo (ou Hemisfério dos Pobres). A supressão dessa opressão permitirá aos povos pobres da Terra sentir, verdadeiramente, a aragem da Liberdade, o frescor da Igualdade, o calor da Fraternidade e a pulsação febril da Dignidade Humana.

Como podemos dizer, sem hipocrisia, que todos os homens nascem livres e iguais em dignidade e direitos, se a expectativa média de vida nos países ricos é, em dobro ou em triplo, a expectativa média de vida em alguns países pobres?

Como podemos dizer, sem hipocrisia, que todos os homens nascem livres e iguais em dignidade e direitos se, mesmo no seio dos países pobres, a expectativa média de vida dos ricos da população é, em dobro ou em triplo, a expectativa média de vida dos pobres da população?

Aparecem recursos para acabar com doenças transmissíveis que, no Terceiro Mundo, ameaçam, pela contaminação mundial, a saúde dos ricos da Terra.

Por que não se tomam medidas para acabar com a fome? Por que a Humanidade terá de transpor um novo milênio carregando, nos ombros, a imoralidade e a antijuridicidade da fome?

Belo Josué de Castro, que merece estátuas modeladas em ouro, em bronze, ou simplesmente em pão, em todos os Horizontes e em todos os Continentes, inclusive na sede da ONU!

Belo profeta brasileiro que denunciou, com pioneirismo, as causas sociais da Fome.[5]

Josué de Castro mostrou a fome como "problema social". Graciliano Ramos, nos seus romances, retratou a fome como problema político. A fome não brota do céu. A fome tem causas na terra, nas injustiças imperantes. Josué e Graciliano sofreram exílio e prisão por dizer uma verdade tão óbvia.

---

[5] *"Geografia da Fome"*, sua obra mais conhecida, foi traduzida em 22 línguas. Tornou-se mundialmente conhecido. Presidiu a FAO e recebeu importantes prêmios internacionais.

No Brasil contemporâneo, a grande figura profética, na luta contra a fome, foi o sociólogo Herbert de Souza, ou simplesmente o Betinho, como ficou carinhosamente conhecido.

A fome tem pressa, disse Betinho, com extrema racionalidade.

Condenado a morrer, Betinho lutou, até o último momento, pela vida. Mas não tanto pela sua vida, lutou muito mais pela vida do povo brasileiro, dos marginalizados e oprimidos, dos que são massacrados pela injustiça brutal que é a fome.

Não poderia haver, na sociedade brasileira contemporânea, figura que pudesse simbolizar melhor esse grito contra a fome. Betinho estava predestinado para ser o líder da cruzada que empunhou.

Morto Betinho, a luta deve continuar. E deve continuar com mais vigor ainda, sob a chama da vida de Betinho, sob a inspiração deste ser humano incomum que, com muita razão, Leonardo Boff proclamou como "santo".[6]

Que se multiplique por este país, de todas as formas possíveis, o eco ao apelo que Betinho faz, em nome dos que não têm calorias nem para protestar.

A subsistência de sistemas democráticos está bastante ligada à construção de sociedades que eliminem a miséria. Nessas sociedades democráticas, florescerão os direitos referidos nos dois primeiros artigos da Declaração (liberdade, igualdade, fraternidade), desaparecerão as negações de direito mencionadas pelos artigos (as discriminações em geral) e terão acolhida os demais Direitos Humanos.

---

[6] A vida reservou-me a alegria de ter três encontros com Betinho: no Rio, na sede do IBASE, para atender uma convocação sua e escrever o livro *"Como Participar da Constituinte"*. Mais uma vez no Rio, na Universidade Santa Úrsula, para participar de um debate com ele. Finalmente, em Belo Horizonte, para comparecer ao lançamento de um livro seu.

Não é que a miséria justifique o antidireito. Nem justifica também a plataforma de ditadores que dizem pretender vencer os desafios econômicos eliminando as liberdades.

Mas a miséria degrada a condição humana. E o faz com tanta violência que torna difícil para o miserável a luta por outros direitos que não apenas o de comer.

5. A percepção dos artigos I e II da Declaração Universal pelos Povos Indígenas

As Nações Indígenas do Mundo guardam, com fidelidade, nas suas tradições seculares, os princípios da liberdade, da igualdade, da fraternidade e da dignidade humana.

Em nome desses valores, reclamam respeito a sua identidade como Povos.

Quase já totalmente dizimados, os sobreviventes do holocausto querem continuar a viver.

Certamente é difícil para os Povos Indígenas do Mundo acreditar na sinceridade da proclamação de direitos das culturas que os oprimiram e os vitimaram.

O que minora talvez a culpa desta Civilização de algozes é que, no meio deles, sempre houve quem protestasse contra a covardia e o genocídio. Ontem e hoje. Mas isso não absolve essa Civilização. Continua sendo uma Civilização de algozes. Apenas salva-lhe da apóstrofe de justa cólera que condenou Sodoma.

6. A percepção dos artigos I e II da Declaração nos Estados Unidos e na Europa de hoje

Uma onda de racismo invade os Estados Unidos e a Europa. Nos Estados Unidos o racismo dirige-se principalmente contra os "chicanos", os negros e os porto-riquenhos. Na Europa, as maiores vítimas são os árabes, bem mais que os negros.

Em ambos os Continentes, o discurso é parecido: os imigrantes, sejam legais, sejam clandestinos são responsáveis pelo aumento da criminalidade, pelo rebaixamento do nível de aproveitamento nas escolas públicas, pelo desemprego, pela crise habitacional. Além disso são pesados ao orçamento público pelas despesas empregadas nos serviços sociais de que se beneficiam. Sua cultura é também incompatível com a cultura nacional.

Na França, dois livros, dentre outros, desenvolvem bem amplamente esses argumentos contra os imigrantes. Citados no rodapé, merecem ser lidos para se entender melhor a ótica racista.[7]

Alain Griotteray chega ao ponto de desenvolver toda uma argumentação para dizer textualmente que os imigrantes muçulmanos são inassimiláveis por causa de sua pertença à religião islâmica.[8]

Le Gallou defende a devolução dos imigrantes a seus países, com uma "ajuda de custo" para a partida. E tem o requinte de dizer que essa expulsão deve ser realizada:

"nas condições mais humanas em que for possível fazê-lo".[9]

Esse discurso escamoteia fatos históricos e esconde uma realidade atual.

Os fatos históricos esquecidos são diversos nos Estados Unidos e na Europa.

---

[7] Cf. GRIOTTERAY, Alain. *Les Immigrés: le choc.* Plon, Tribune Libre, 1984; Cf. também LE GALLOU, Jean-Yves & Le Club de l'Horloge. *La Préference nationale: réponse à l'immigration.* Albin Michel, 1985.
[8] Cf. na obra de Griotteray, citada na nota anterior: p. 90 e ss.
[9] Cf. na obra de Le Gallou, citada na nota anterior: p. 161.

Nos Estados Unidos não se menciona que o país praticou o tráfico negreiro e tomou uma boa parte do território que pertencia ao México. Obscurece-se também que, por conveniência econômica, o "sonho americano" é cantado em todos os hemisférios, atiçando a imigração.

Na Europa, também se esquece o tráfico de escravos negros e o colonialismo que criou liames dos países europeus com as antigas colônias.

A realidade atual não revelada pelo discurso racista, tanto nos Estados Unidos quanto na Europa, é que a imigração legal ou clandestina (e sobretudo esta) serve aos interesses econômicos por possibilitar a mão-de-obra barata dos imigrantes, principalmente dos imigrantes sem papéis (clandestinos), que são os mais explorados.

Contra o discurso racista, tanto nos Estados Unidos quanto na Europa, levantam-se os movimentos de Direitos Humanos e movimentos específicos anti-racistas.

Na França, extremamente prestigiosa e atuante é a organização *S.O.S. Racisme*.

Intelectuais e pesquisadores entram no debate e têm produzido trabalhos importantes.

Na França, merecem registro, dentre outros, Albert Jacquard, Pierre-André Taguieff, Gérard Noiriel, Françoise Gaspard e Bernard Stasi.

Albert Jacquard, numa página de grande vigor humanista, afirma que é necessário admitir que a terra pertence a todos os homens, que cada homem está no seu país, onde quer que se encontre.

Eu sonho, acrescenta Jacquard, que todos os Estados, para começar, atribuam uma parte do seu território ao Homem. Nesse espaço, o único passaporte exigível será a qualidade de ser um ente humano. Então, uma cadeia de extraterritorialidade será constituída e cobrirá todo o planeta. Aí já não será preciso defender o direito de asilo. Nesse dia, a coletividade humana se debruçará diante da grandeza de toda e de cada pessoa.[10]

Uma obra importante foi escrita sob a direção de Pierre-André Taguieff.

O livro produzido por Taguieff e colaboradores, sem recorrer ao estilo panfletário, desmonta com clareza e lógica os argumentos racistas. É uma obra plantada na realidade francesa e que procura enfrentar os desafios de um fato antigo (imigração) porém com contornos absolutamente novos nos dias atuais. As causas da imigração são exaustivamente estudadas. A obra mostra também a inconveniência de um discurso anti-racista superficial, que não procura as causas primeiras do fenômeno observado.

Merece especial elogio, nos dois volumes, a reflexão introdutória de Pierre-André Taguieff.[11]

Patrick Weil também escreveu uma obra esclarecedora, sob certos aspectos. Mas esse autor manifesta-se contra a extensão do direito de voto aos não-nacionais, nas eleições locais. Essa inovação parece-me representar um avanço dos Direitos Humanos, conferindo maior dignidade aos imigrantes. Não obstante o esforço obstinado de Patrick Weil para provar o acerto de sua tese, parece-me que a mesma padece de um vício de visão filosófica básico, que a torna inaceitável.[12]

---

[10] Encontrei este texto em 28 de março de 1992, escrito num cartaz, numa manifestação pública a que compareci, na França, em defesa do direito de asilo, pelo acolhimento ao estrangeiro e contra o racismo. Fui convidado para essa manifestação pelos organizadores (um grupo de entidades de Direitos Humanos). O fundamento do convite foi minha condição de brasileiro que fazia pesquisa sobre Direitos Humanos na França. Não consegui achar o livro de Albert Jacquard, do qual o texto foi extraído.
[11] Cf. TAGUIEFF, Pierre-André (sous la direction de). *Face au Racisme*. La Découverte, collection "Essais", 1991. 2 vols. 1. Les moyens d'agir. 2. Analyses, hypothèses, perspectives.
[12] Cf. WEIL, Patrick. *La France et ses étrangers. L'aventure d'une politique de l'immigration. 1938-1991*. Préface de Marceau Long. Paris, Calmann-Lévy, 1991.

Por que negar até mesmo a cidadania local ao estrangeiro que já integra a vida do país, como residente e como naturalizado?

Estamos bem à frente da França, no tratamento aos naturalizados, isto é, no tratamento aos estrangeiros que se tornaram brasileiros por adoção.

Pela Constituição de 1988, só é exigida a condição de brasileiro nato para ser Presidente e Vice-Presidente da República, Presidente da Câmara ou do Senado, Ministro do Supremo Tribunal, integrante da carreira diplomática e oficial das Forças Armadas.[13]

Outro trabalho importante foi escrito por Gérard Noiriel. A partir de rica fonte documental, Noiriel começa por estudar o direito de asilo, na Europa, principalmente na França, a partir de 1793, até chegar aos dias atuais.

O autor mostra a evolução que o asilo veio a alcançar: de um ato de benevolência, de solidariedade humana, no princípio, a um direito exigível depois.

A luta pelo direito de asilo, no que tange a sua definição jurídica, culmina na Convenção de Genebra (1951).

Depois de todo esse exame histórico, ingressa Noiriel na análise da situação contemporânea. Mostra então que, na Europa, lamentavelmente, um tipo de *nacionalismo europeu* ameaça o acatamento dos valores éticos universais, que alimentam e justificam o direito de asilo.[14]

Françoise Gaspard escreveu seu livro em colaboração com o jornalista Claude Servan-Schreiber. Demonstra Gaspard que os imigrantes pagaram um alto preço como decorrência de seu deslocamento e que a economia francesa

---

[13] Constituição da República Federativa do Brasil — Promulgada em 5 de outubro de 1988. Art. 12, incisos, letras e parágrafos.
[14] Cf. NOIRIEL, Gérard. *Le droit d'asile en Europe*. Calmann-Lévy, 1991, passim.

saiu altamente beneficiada do fato "imigração". Mostra também a autora que 70% dos imigrantes estão absolutamente enraizados no país. A permanência no território francês é, assim, um direito adquirido. Refuta Gaspard o argumento da inadaptação dos imigrantes, sobretudo muçulmanos, à cultura francesa. Mostra que o itinerário dessa aproximação cultural é extremamente doloroso para o imigrante. Entretanto, a experiência vem mostrando que uma nova face da França surge dessa integração.[15]

Bernard Stasi, ele próprio filho de imigrantes, chama a atenção para o fato de que, historicamente, a França sempre foi um país de acolhimento. Observa que, sem dúvida, a imigração de outrora vinha de países próximos: Itália, Espanha, Polônia. Hoje, os imigrantes vêm de terras longínquas. Mas neste tempo que se caracteriza pela vizinhança planetária, esse fator novo não deve impedir a abertura de espírito à imigração.[16]

7. A percepção da igualdade, liberdade e demais valores da Declaração, pelos que se opõem à sociedade, como constituída, e pelos excluídos em geral

Os que negam a legitimidade do Estado não podem aceitar a definição de direitos pelo Estado. São dignos da mais alta atenção os argumentos daqueles que, ou no plano da crítica teórica, ou no plano da ação política, ou no plano da maneira como vivem, opõem-se ao Estado e aos direitos ou deveres que do Estado emanam.

Em primeiro lugar, merecem a mais atenta ausculta os diversos movimentos anarquistas.

---

[15] Cf. GASPARD, Françoise, & Claude Servan-Schreiber. *La Fin des immigrés*. Paris, Seuil, 1984.
[16] Cf. STASI, Bernard. *L'Immigration: une chance pour la France*. Robert Laffont, Parler franc, 1984.

O que alimenta o anarquismo é, fundamentalmente, a insubmissão a uma realidade econômica e social posta.

Para Bakunin, o anarquismo é uma força moral, que encontra sua sede na vontade e na emoção, no anseio de libertação e de Justiça.

Há os que, não tanto pelo que dizem, mas sobretudo pela maneira como vivem, colocam-se à margem da sociedade e do Estado. Uns são marginalizados pela sociedade e pelo Estado. Outros rejeitam a sociedade e o Estado. Outros ainda, na relação com a sociedade e o Estado, são rejeitados e rejeitam, ao mesmo tempo.

Da marginalização social a que são submetidas pessoas humanas já tratamos em outras partes deste livro. A marginalização de pessoas, sejam elas quais forem, nega a idéia de Direitos Humanos.

A rejeição da idéia de Estado e de autoridade, a voluntária insubmissão à estrutura social vigente deve ser considerada e respeitada.

Muitos rejeitam o Estado pelos crimes que o Estado comete, pelos crimes que se cometem em nome do Estado. O anarquismo vê o Estado como tutor da opressão organizada.

Creio que, nas situações concretas, historicamente postas, essa visão é absolutamente correta.

Não são Estados, que se proclamam democráticos, os que fabricam armas, alimentam divisões e promovem as guerras? Não pretendem esses Estados exigir dos seus cidadãos a prestação do serviço militar?

Uma das bandeiras do ideal anarquista é justamente a insubmissão ao serviço militar obrigatório.

Nos Estados Unidos, durante a Guerra do Vietnã, milhares de cidadãos recusaram-se ao serviço militar, por considerarem inaceitável a intromissão americana naquele conflito.

Um interessante trabalho foi escrito pelo polonês BronIslaw Geremek. O autor pesquisou a presença de todo um conjunto de "marginais", nas literaturas em língua francesa, espanhola, italiana, inglesa, alemã, tcheca e polonesa. O interesse do investigador recaiu sobre "marginais", no mais amplo sentido: os simplesmente pobres, os vagabundos, os errantes, os desviantes (desviantes em relação à sociedade estabelecida). O estudo abrangeu as literaturas selecionadas, do século XV ao século XVII.

Da viagem do autor pelas literaturas mencionadas emerge o mosaico de uma contra-sociedade, com seu vocabulário secreto, suas organizações corporativas e quase políticas.[17]

Que significa uma Declaração de Direitos Humanos num mundo de excluídos? Que significa uma Declaração de Direitos Humanos para os que percebem a sociedade como desumana? Neste mundo fora da lei, aparentemente sem Direito, vigoram às vezes padrões de solidariedade e de humanismo desconhecidos no mundo que funciona *sob o império da lei*. O autor recorreu, com muita freqüência às fontes judiciárias, para compreender as personagens diante das quais se debruçou.

Não foi propósito do autor examinar a percepção do Direito pelo universo da marginalidade. Mas, dentre muitas leituras possíveis, o estudo comporta esta, que foi a que fiz.

---

[17] Cf. GEREMEK, BronIslaw. *L'image des pauvres et des vagabunds dans la littérature européenne du XVe au XVIIe siècle*. Flammarion, 1991.

Capítulo 16

Os artigos I e II da Declaração Universal dos Direitos Humanos e a Constituição da República Federativa do Brasil

1. A disciplina, pela Constituição Brasileira, das matérias abrangidas pelos dois primeiros artigos da Declaração Universal dos Direitos Humanos

Diz a Constituição que a República Federativa do Brasil, formada pela união indissolúvel dos Estados, Municípios e Distrito Federal, constitui-se em Estado Democrático de Direito e tem como um de seus fundamentos a dignidade da pessoa humana (artigo 1º, inciso III).

Constituem objetivos fundamentais da República, segundo o artigo 3º:

I - construir uma sociedade livre, justa e solidária;

III - erradicar a pobreza e a marginalização e reduzir as desigualdades sociais e regionais;

IV - promover o bem de todos, sem preconceitos de origem, raça, sexo, cor, idade e quaisquer outras formas de discriminação.

Diz o art. 4º que a República Federativa do Brasil rege-se nas suas relações internacionais pelos seguintes princípios:

II - prevalência dos direitos humanos;

III - autodeterminação dos povos;

IV - não-intervenção;
V - igualdade entre os Estados;
VII - solução pacífica dos conflitos;
VIII - repúdio ao (...) racismo;
IX - cooperação entre os povos para o progresso da humanidade.

No art. 5°, estatui a Constituição Brasileira que todos são iguais perante a lei, sem distinção de qualquer natureza, garantindo-se aos brasileiros e aos estrangeiros residentes no País a inviolabilidade do direito à vida, à liberdade, à igualdade, à segurança e à propriedade.

No que se refere à proibição da discriminação em razão do sexo, diz a Constituição que homens e mulheres são iguais em direitos e obrigações, nos termos da Constituição (Art. 5°, inciso I).

Ainda a Carta Magna estipula que a prática do racismo constitui crime inafiançável e imprescritível, sujeito à pena de reclusão, nos termos da lei (art. 5°, inciso XLII).

2. O Brasil acolheu os preceitos dos artigos I e II da Declaração Universal dos Direitos Humanos

Assim, à luz de nossa Constituição, verifica-se que o Brasil recepcionou integralmente os preceitos contidos nos artigos I e II da Declaração Universal dos Direitos Humanos, com mais ênfase mesmo que o próprio texto mundial. Fomos também sensíveis à idéia de "direitos dos povos" quando adotamos os princípios da autodeterminação, da não-intervenção, da igualdade entre os Estados, da solução pacífica dos conflitos e da cooperação entre os povos para o progresso da humanidade.

O constituinte esteve atento a nossa condição de povo latino-americano quando determinou que busquemos a integração econômica, política, social e cultural com os nossos irmãos da América Latina.

Questões para debate, pesquisa e revisão (individual e/ou em grupo), relacionadas com a Quinta Parte deste livro

1. Que matéria abordada nesta Parte do livro pareceu-lhe mais relevante? Sobre essa matéria, redija um texto crítico.

2. Resuma esta Quinta Parte, assinalando os pontos mais importantes que contém.

3. Entrevistar uma líder feminista, um ativista do movimento negro ou um militante da causa dos deficientes, a respeito da discriminação da mulher, do negro ou do deficiente, no seu Estado ou município.

4. Redigir um texto livre sobre os artigos I e II da Declaração Universal dos Direitos Humanos.

5. Ampliação dos Direitos Humanos ou respeito aos Direitos Humanos simplesmente proclamados: isso é um dilema?

6. Escrever um texto sobre a contribuição dada pelos diversos povos e culturas na construção do ideal de liberdade.

7. Igualdade, liberdade, fraternidade: tente entrelaçar estes conceitos.

8. Debate: a fome como negação suprema dos Direitos Humanos.

Sexta parte

O RESPEITO À VIDA E A REJEIÇÃO DAS SERVIDÕES

O direito à vida, à liberdade e à segurança pessoal. A proibição da escravidão, da servidão e do tráfico de escravos (artigos III e IV, da Declaração Universal).

Capítulo 17
Introdução aos artigos III e IV

1. O artigo III da Declaração Universal dos Direitos Humanos, em português

Artigo III. Todo homem tem direito à vida, à liberdade e à segurança pessoal.

2. A exaltação da vida e da liberdade, nos versos do poeta

*"Eu sou a fonte da vida
Do meu corpo nasce a terra
Na minha boca floresce
A palavra que será.*

*Eu sou aquele que disse:
Os homens serão unidos
Se a terra deles nascida
For pouso a qualquer cansaço.*

105

Eu odeio os que amontoam
Eu odeio os esquecidos
Que não provam deste vinho
Sangüíneo das multidões.

É deles que nasce a guerra
E são a fonte da morte
Eu sou a fonte da vida:
Força, amor, trabalho, paz.

E se a força esmorecer
E se o amor se dispersar
E se o trabalho parar
E a paz for gozo de poucos

Eu sou aquele que disse:
Eu sou a fonte da vida
Não conta o segredo aos grandes
E sempre renascerás.

FORÇA!... AMOR!... TRABALHO!... PAZ!..."

(Mário de Andrade, poeta brasileiro.)[1]

3. **O artigo III da Declaração Universal dos Direitos Humanos, em italiano**

Articolo 3
Ogni individuo ha diritto alla vita, alla libertà ed alla sicurezza della propria persona.

---

[1] ANDRADE, Mário de. "Hino da Fonte da Vida". In: *Mário de Andrade — Poesia*. Organização e apresentação de Dantas Motta. Rio, Livraria Agir Editora, 1961, p. 82 e s.

4. Informação sobre a língua

O italiano é falado, como língua oficial, na Itália, em San Marino, no Vaticano (onde também o latim é língua oficial) e na Suíça (onde também são línguas oficiais o alemão e o francês).

Sem ser língua oficial, o italiano é ainda falado nos seguintes países: na Etiópia, onde a língua oficial é o amárico (o italiano é falado ao lado de outras línguas — inglês, árabe, gala, triguínia, gueez); na Líbia (a língua oficial é o árabe, o inglês e o italiano são falados); em Malta, onde a língua oficial é o maltês e também são falados o inglês e o italiano; em Mônaco (língua oficial — francês; línguas faladas — monegasco, italiano e inglês); na Somália, onde são línguas oficiais o árabe e o somali, sendo também falados o italiano e o inglês.

Uma das línguas neolatinas, o italiano tem cerca de 65 milhões de falantes, no mundo.

O italiano é falado em enclaves no Brasil, Estados Unidos, Canadá, Argentina e Iugoslávia.

5. Explicação introdutória sobre o artigo III

O artigo 3 consagra, em favor do ser humano, um tríplice direito: à vida, à liberdade e à segurança pessoal.

O direito à vida parece ser o mais radical e primário direito humano.

O direito à vida deve ser entendido em toda a sua dimensão e plenitude. Compreende:

a) o direito de nascer;
b) o direito de permanecer vivo;
c) o direito de alcançar uma duração de vida compatível com as possibilidades e potencialidades das ciências e técnicas humanas, num determinado momento histórico;

d) o direito de não ser privado da vida através da pena de morte.

O direito à liberdade é complementar do direito à vida. Significa a supressão de todas as servidões e opressões.

A liberdade é a faculdade de escolher o próprio caminho, de tomar as próprias decisões, de ser de um jeito ou de outro, de optar por valores e idéias, de afirmar a individualidade, a personalidade.

A liberdade é um valor inerente à dignidade do ser, uma vez que decorre da inteligência e da volição, duas características da pessoa humana.

Para que a liberdade seja efetiva, não basta um hipotético direito de escolha. É preciso que haja a possibilidade concreta de realização das escolhas.

O direito à segurança pessoal é o direito de viver sem medo, protegido pela solidariedade e livre de agressões gravosas.

6. O artigo IV da Declaração Universal dos Direitos Humanos, em português

Artigo IV. Ninguém será mantido em escravidão ou servidão; a escravidão e o tráfico de escravos serão proibidos em todas as suas formas.

7. A reprovação da escravidão nos versos fulminantes de Castro Alves

"*Era um sonho dantesco... O tombadilho*
Que das luzernas avermelha o brilho,
    Em sangue a se banhar.
Tinir de ferros... estalar de açoite...
Legiões de homens negros como a noite,
    Horrendos a dançar...

Presa nos elos de uma só cadeia,
A multidão faminta cambaleia,
    E chora e dança ali!
Um de raiva delira, outro enloquece,
Outro, que de martírios embrutece,
    Cantando, geme e ri!

Existe um povo que a bandeira empresta
P'ra cobrir tanta infâmia e cobardia!...
E deixa-a transformar-se nessa festa
Em manto impuro de bacante fria!...
Meu Deus! meu Deus! mas que bandeira é esta,
Que imprudente na gávea tripudia?
Silêncio, Musa... Chora, e chora tanto
Que o pavilhão se lave no teu pranto!...

Auriverde pendão de minha terra,
Que a brisa do Brasil beija e balança,
Estandarte que à luz do sol encerra
As promessas divinas da esperança...
Tu que, da liberdade após a guerra,
Foste hasteado dos heróis na lança,
Antes te houvessem roto na batalha,
Que servires a um povo de mortalha!..."

                              (Castro Alves, poeta brasileiro.)[2]

---

[2] ALVES, Castro. Trechos de "O navio negreiro". **In:** *Poesias Completas*. São Paulo, Companhia Editora Nacional, 1966.

8. O artigo IV da Declaração Universal dos Direitos Humanos, em inglês

Article 4. No one shall be held in slavery or servitude; slavery and the slave trade shall be prohibited in all their forms.

9. Informação sobre a Língua Inglesa

O inglês é língua oficial em nada menos que 47 países. Nos seguintes Estados, o inglês é língua oficial: Estados Unidos, Grã-Bretanha, Canadá (com o francês), Austrália, África do Sul (com o africâner), Antígua, Bahamas, Barbados, Belize, Botsuana, Brunei (junto com o malaio e o chinês), Camarões (junto com o francês), Cingapura (onde também são línguas oficiais o malásio, o chinês, o tâmil), Dominica, Fiji (ao lado do fijiano), Gâmbia, Gana, Granada, Guiana, Ilhas Marshall, Ilhas Salomão, Irlanda (ao lado do irlandês), Jamaica, Kiribati (junto com o i-kiribati), Lesoto (ao lado do sesoto), Libéria, Malavi, Maurício, Micronésia, Namíbia, Nigéria, Nova Zelândia, Papua Nova Guiné (onde também são línguas oficiais o pidgin e o matu), Samoa Ocidental (junto com o samoano), Santa Lúcia, São Cristóvão e Névis, São Vicente e Granadinas, Serra Leoa, Suazilândia, Tanzânia (também o suahili), Tonga (com o tonganês), Trinidad e Tobago, Tuvalu (com o tuvaluano), Uganda, Vanuatu (com o francês e o bismala), Zâmbia e Zimbábue.

Sem ser língua oficial, o inglês é falado em 29 outros países.

Falam inglês: Bangladesh (a língua oficial é o bengali); Etiópia (amárico é a língua oficial); Filipinas (língua oficial, o filipino); Guiné Equatorial (a língua oficial é o espanhol); Honduras (espanhol, língua oficial); Índia (a língua oficial é o hindi); Malaísia (malaio é a língua oficial); Malta (maltês, língua oficial); Mônaco (francês, língua oficial); Nauru (a língua oficial é o nauruano); Nicarágua (língua oficial, o espanhol); Paquistão (o urdu é a língua oficial); Quênia (a língua oficial é o suahili); Sri Lanka (línguas oficiais, o cingalês e o tâmil); Seychelles (a língua oficial é o crioulo); Suriname (a língua oficial é o holandês).

O inglês é ainda falado nos seguintes países que têm o árabe como língua oficial: Barein, Catar, Egito, Emirados Árabes Unidos, Iêmen, Jordânia, Kuweit, Líbano, Líbia, Omã, Somália, Sudão.

A língua inglesa tem hoje cerca de 400 milhões de falantes dentre aqueles que a utilizam como língua materna. Mais 300 milhões de falantes usam o inglês como segunda língua.

Se for considerada a utilização do inglês, como língua auxiliar, como língua comercial, como idioma estrangeiro estudado e conhecido nos países em que não é falado, será praticamente impossível calcular o número de falantes do inglês.

10. Introdução ao artigo IV

O artigo IV contém dois princípios afins:
a) ninguém será mantido em escravidão ou servidão;
b) a escravidão e o tráfico de escravos serão proibidos em todas as suas formas.

Aparentemente este artigo está divorciado dos tempos modernos. Em princípio, a escravidão, a servidão e o tráfico de escravos, na sua modalidade clássica, foram suprimidos da face da Terra.

A escravidão é a utilização, em proveito próprio, do trabalho alheio. A escravidão, resultante do domínio do fraco pelo forte, dividia os homens em livres e escravos. O escravo, como mercadoria, podia ser vendido e comprado.

Os escravos eram seres humanos sem personalidade, mérito ou valor.

A servidão era a espinha dorsal do feudalismo, sistema político, social e econômico característico da Idade Média. Tinha como unidade básica o feudo, território concedido pelo rei a seus vassalos, em caráter hereditário.

O servo pagava ao senhor feudal uma taxa altíssima pela utilização do solo, quase sempre *in natura*, isto é, em mercadoria. Essa taxa normalmente superava a metade da colheita. Do senhor feudal o servo dependia para quase tudo. Quando se casava, a primeira noite pertencia ao castelão (direito às primícias). Os filhos continuavam no feudo. O servo votava ao senhor fidelidade na paz e na guerra.

Como diz MacNall Burns, "raramente era possível a um homem conseguir promoção no sistema pelo próprio esforço e inteligência".[3]

Não obstante as condições do servo não diferissem muito das do escravo, a servidão foi um passo na ascenção do trabalhador. Este deixou de ser escravo do homem, embora passasse a ser escravo da gleba. De certa forma o trabalhador já se tornava pessoa.

Com cores assim cruas, a escravidão e a servidão não existem mais. Entretanto, permanecem, no mundo de hoje, novas formas de escravidão e servidão, camufladas porém não menos cruéis.

Continua havendo, mesmo no Brasil, tráfico de trabalhadores. Pessoas inescrupulosas, prevalendo-se do desespero e da fome de seres humanos, fazem promessas enganosas de uma vida melhor a esses infelizes e os transportam para lugares distantes, onde são explorados como escravos, sem possibilidade de voltar ao lugar de origem.

---

[3] BURNS, Edward MacNall. *História da Civilização Ocidental*. Editora Globo, 1965, 2ª ed., vol. I, p. 324.

Em países do Primeiro Mundo (mundo dos países ricos), trabalhadores estrangeiros também são explorados, sem que tenham quaisquer direitos. Estrangeiros são mantidos propositadamente em situação de clandestinidade, isto é, sem documentos que os habilitem a permanecer legalmente nos países onde se encontram. Ameaçados constantemente de expulsão, aceitam as mais ignóbeis e injustas condições de trabalho. Se no país de origem, a situação de tais pessoas já era difícil, mais difícil se tornaria ainda um retorno, por todas as inadaptações e dificuldades decorrentes da aventura de retornar depois de já ter partido. A emigração é, em muitas situações, um caminho sem volta.

Retornaremos a estes pontos no decorrer desta Sexta Parte do livro.

Capítulo 18

Percepção dos artigos III e IV, segundo a peculiaridade de culturas e situações diferenciadas

1. O direito à vida

O direito à vida é percebido como integrando a cultura dos mais diferentes povos, na época contemporânea. Isto numa primeira abordagem, mais geral.

Em diferentes graus, entendem as culturas que a vida do indivíduo possa ser sacrificada, em face do interesse da Pátria, do Estado, de valores transcendentais, ou da coletividade.

A prestação do serviço militar, nas situações de guerra, põe em risco a vida humana. As mais diferentes culturas admitem que, em nome dos interesses da Pátria, ou do Estado, esse serviço possa ser exigido. O grau em que a vida pode ser sacrificada, ou colocada em perigo, nessas emergências, varia de uma civilização para outra.

O Cristianismo coloca a vida como um valor central de sua ética, a partir de uma frase de Jesus Cristo, registrada pelos Evangelhos: "Eu vim para que vocês tenham vida e a tenham em abundância".

O Taoísmo vê a vida dentro da idéia de que os seres humanos são um prolongamento do Princípio Único Imortal (Tao). A vida e a morte são aparentes. Os seres provêm do Princípio Imortal e a ele retornam.[4]

O direito à vida, respaldado pela Declaração Universal dos Direitos Humanos, é mais amplo do que o *direito à vida* que adviria de uma interpretação restritiva do preceito.

Não se trata apenas do direito à vida, como exigência biológica, mas do direito à vida plena. Não apenas nascer e viver mas viver em plenitude.

Este apelo de vida plena ecoa nos mais diversos continentes e culturas.

Esse direito envolve, segundo tem sido entendido, não só a vida individual, mas também a vida coletiva: direito dos povos à vida, direito à vida das diversas culturas, respeito às minorias no interior da sociedade global.

As declarações de direitos da África, do Islã, dos Povos Indígenas, das Américas revelam essa percepção. Da mesma forma, as convenções de Direitos Humanos celebradas na ONU, na OEA, na África, na Europa.

A vida continua nas culturas que se preservam: culturas minoritárias e oprimidas como a dos povos indígenas, ou legado precioso e tantas vezes esquecido como, no caso do Brasil, o da cultura afro-brasileira.

O grito de vida dos povos indígenas é um hino à grandeza da existência humana:

"Estamos animados de uma grande esperança e estamos resolvidos a mudar os caminhos de nossa história" (Txibae Ewororo, índio Bororo de Mato Grosso).[5]

A vida continua nos documentos que se guardam, na memória que se defende contra a voracidade do tempo, nas

---

[4] GROUSSET, René. *Histoire de la Philosophie Orientale. Inde - Chine - Japon*. Paris, Nouvelle Librairie Nationale, 1923, passim.
[5] *"Os índios querem viver"*. Apud SIQUEIRA, Elizabeth Madureira, COSTA, Lourença Alves da & CARVALHO, Cathia Maria Coelho. *O Processo Histórico de Mato Grosso*. Editora Guaicurus, Cuiabá, 1990, p. 267 e 268.

grandes ou pequenas tradições, na história oral de um povo, uma cidade, um bairro, uma associação.

O direito à vida, que a Declaração Universal resguarda, não é apenas direito à vida por parte de alguns, mas um direito universal à vida.

Como conseqüência, servimos à vida quando contribuímos na construção de uma sociedade mais justa, onde todos possam ter vida e vida em abundância.[6]

A vida tem valor nas mais diversas circunstâncias. Em outras palavras, deve ser reconhecido o valor de toda vida.

Tem valor a vida do que está prestes a se apagar. Vale infinitamente esse pouco de vida porque a vida vale infinitamente.

Vale a vida, tanto do jovem, quanto do idoso. Sobre o valor da vida do idoso poucas culturas, como as africanas, terão testemunho mais veemente a dar. Vários pesquisadores surpreenderam-se com o que constataram, na África, a respeito do culto ao idoso. Confiram-se os estudos de Marc Abélès (na Etiópia meridional)[7] e Pierre Bonte (na África do leste).[8] Essa herança ancestral perdura na África contemporânea.

Vale a vida daquele que traz consigo um grande déficit físico ou mental porque o valor da vida não está na dotação, tão fugaz, com que sejamos aquinhoados pela natureza. Toda a humanidade se eleva quando a criança subdotada pronuncia uma só palavra, tentando falar.

---

[6] CENTRO BÍBLICO CATÓLICO (Tradução dos originais mediante a versão dos Monges de Maredsous, da Bélgica, pelo). Bíblia Sagrada. São Paulo, Editora Ave Maria, 1982, passim.

[7] ABÉLÈS, Marc. *Aînesse et générations à Ochollo-Ethiopie méridonale*. **In:** ABÉLÈS, Marc et allie. *Age, pouvoir et societé en Afrique noir*. Paris, Éditions Kathala, 1985, p. 115.

[8] BONTE, Pierre. "Structures d´âge, organisation familiale et systèmes de parenté em Afrique de l´est". **In:** ABÉLÈS, Marc et allie. *Age, pouvoir et societé en Afrique noir*. Paris, Éditions Kathala, 1985, p. 77.

Vale a vida de quem, na aparência, não integraria a sinfonia do Cosmos, atingido por doença que estabeleça uma ruptura de comunicação com o mundo. Vale essa vida, como desafio para com ela nos encontrarmos, no mistério da comunicação que transpõe o intelectual e o sensorial.

Também têm direito à vida todos os seres que povoam o Universo. Daí a coerência de que os que defendem a vida defendam também o meio ambiente e um mundo melhor para as gerações que virão.

Um texto da Pérsia — "Dâdistân î Mênôg î Xrad" — originário do período sassânida (séculos III a VI), ensina que as coisas que merecem mais zelo e cuidado são um jovem servidor, uma esposa, um animal de carga e um fogo.[9]

A vida vale, onde quer que se manifeste. São Francisco de Assis nos deu uma lição perene, no culto que tributou a todas as formas de vida.

Se registramos um ensino da Pérsia, se nos referimos a São Francisco de Assis é para mostrar a linha histórica da consciência ecológica, presente em vastos contingentes da opinião pública contemporânea e fortemente enraizada na alma dos povos indígenas que, nos dias de hoje, lutam para sobreviver.

Preservar a vida e a vida plena é compromisso ético de uma sociedade que se pretenda minimamente humana.

Negam o direito à vida: a fome; as exclusões sociais; o armamentismo e a guerra, como signo da morte; as políticas que não privilegiam o ser humano e os valores humanos.

Porque a vida vale, e vale infinitamente, merecem repúdio a fome, a miséria, as exclusões, os holocaustos nacionais ou raciais, a violência em todas as suas formas, a pena de morte.

---

[9] WEST, E. W. Sacred books of de East, vol. 24, cap. 29. Apud HERSCH, Jeanne et allie. *Le droit d´être un homme*, cit., p. 41.

Muitos destes pontos serão retomados no decorrer deste capítulo.

Se não há uma plena unanimidade das culturas que se espalham pelo mundo, em torno de aspectos particulares de que se reveste o direito à vida, no seu núcleo central, entretanto, a defesa da vida e da existência plena de pessoas, grupos étnicos, culturas, povos tem um grande respaldo no leque das civilizações, como veremos em todo o decorrer deste livro.

2. A pena de morte

A percepção de ser lícita, ou não, a pena de morte varia de cultura para cultura. E mesmo no interior de culturas específicas, há visões divergentes do problema.

Em civilizações orientais e ocidentais, no Primeiro e no Terceiro Mundo, países adotam e países repudiam a pena de morte. A tendência atual é pela abolição da pena de morte nos países que adotam essa modalidade de punição, como assinalaremos adiante.

No século XVIII, Cesare Beccaria, na Itália, pronunciava-se contra a pena de morte. Beccaria condenou a pena de morte e advogou a humanização das penas em geral usando argumentos que tornam sua célebre obra *"Dos delitos e das penas"* bastante atual. O famoso jurista italiano defendeu a tese da necessidade de estabelecer, no Direito Penal, um justo equilíbrio entre a proteção do indivíduo e a proteção do interesse social.[10]

Quanto ao Brasil, gravíssimos crimes têm abalado, nos últimos tempos, a opinião pública.

---

[10] BECCARIA, Cesare. *Des délits et des peines*. Traduit par Maurice Chevallier. Préface de Robert Badinter. Flammarion, 1991, passim.

O progresso dos meios de comunicação permite ampla e imediata repercussão dos crimes mais graves. Assim estes se tornam, imediatamente, de conhecimento geral.

Em alguns grandes centros urbanos, a população manifesta-se intranqüila diante da possibilidade potencial de ser vítima de crimes violentos ou de ter alguém da própria família atingido por esses delitos. Muitas pessoas registram, na sua própria vida ou na vida dos seus, experiências traumatizantes, alcançadas que foram pela violência criminal. Um medo coletivo está crescendo, em face do crime.

Tomando em consideração esse medo, mas sem uma análise mais profunda da questão, por mais de uma vez autoridades governamentais declararam que o Governo está disposto a discutir com a sociedade a questão da pena de morte e da prisão perpétua. Seria, na verdade, uma retomada de discussão, admitindo-se, para argumentar, seu cabimento, uma vez que a matéria foi amplamente debatida durante o período pré-constituinte e constituinte.

Depois desse amplo debate, é que a atual Constituição Brasileira veio a determinar que não haverá pena de morte (salvo em caso de guerra declarada), de caráter perpétuo, de trabalhos forçados, de banimento e cruéis.[11]

Vivemos um momento histórico que caminha no sentido oposto à adoção da pena de morte. Países, que adotavam essa medida, aboliram a pena capital. Uma Convenção da ONU contra a pena de morte ganha sucessivas adesões de novos Estados.

A Anistia Internacional fixou o ano 2000 como o ano em que a pena de morte deverá desaparecer da face da Terra.

Numa Conferência reunida em Estocolmo, em 1977, essa prestigiosa organização comprometeu-se a lutar pela

---

[11] Retomamos a questão da pena de morte, na Constituição brasileira, no item 2, do Capítulo 16, desta obra.

supressão da pena capital aprovando a seguinte Declaração:

"*A Conferência de Estocolmo sobre a abolição da pena de morte, integrada por mais de duzentos delegados e participantes da África, Ásia, Europa, Oriente Médio, América do Norte, América do Sul e Caribe;*
Recordando que:
A pena de morte é o castigo extremo, mais cruel, desumano e degradante, e que viola o direito à vida;
Considerando que:
A pena de morte é freqüentemente usada como instrumento para reprimir a oposição política e contra grupos raciais, étnicos, religiosos e setores marginais da sociedade;
A execução de um condenado constitui um ato de violência, e esta tende a gerar mais violência.
Impor e infligir a pena de morte embrutece a todos os envolvidos com o processo.
A pena de morte não demonstrou, em tempo algum, efeito dissuasório.
A pena de morte tem adquirido ultimamente a forma de desaparições inexplicáveis, execuções extrajudiciais e assassinatos políticos.
A execução é irrevogável e pode ser aplicada a inocentes.
Afirma que:
É dever do Estado proteger, sem exceções, a vida de qualquer pessoa sujeita à sua jurisdição.
As execuções para fins de coação política, feitas pelos governos ou por outras organizações, são igualmente inaceitáveis.
A abolição da pena de morte reveste um caráter imperativo para poder alcançar assim os modelos estabelecidos internacionalmente.

Declara:
A sua total e incondicional oposição à pena de morte.
O seu repúdio a toda espécie de execução levada a cabo ou tolerada pelos governos.
O seu compromisso de trabalhar pela abolição universal da pena de morte.
Exorta:
Às organizações não governamentais, nacionais e internacionais, a trabalhar coletiva e individualmente a fim de proporcionar material informativo para uso público, a favor da abolição da pena de morte.
A todos os governos a tomarem medidas para a total e imediata supressão da pena de morte.
Às Nações Unidas a declararem, sem ambigüidades, que a pena de morte é contrária ao direito internacional".[12]

Pronunciou-se também contra a pena de morte o Colóquio Internacional de Coimbra que, em 1967, reuniu os mais famosos penalistas do mundo.[13]

Examinando a questão sob o aspecto teológico, sociológico, antropológico, econômico, psicanalítico, jurídico, ético pronunciaram-se contra ser lícita a pena de morte, em substanciosas reflexões, especialistas brasileiros de várias áreas, cujos estudos foram publicados pelo "Centro Dom Hélder Câmara de Estudos e Ação Social".[14]

---

[12] Apud DOBROWOLSKI, Sílvio. "A pena de morte — Considerações acerca de propostas pela sua reintrodução no país". **In:** BOMFIM, B. Calheiros (organizador e autor da apresentação). *Pena de Morte*. Rio, Editora Destaque, s/ ano, p. 199 e ss.
[13] Idem, ibidem, p. 198.
[14] CAVALCANTI FILHO, José Paulo & outros. *Em Defesa da Vida — Vale a Pena a Pena de Morte?* São Paulo, Edições Paulinas, 1993.

Fez sintética porém magistral apresentação dos trabalhos reunidos nessa publicação o jurista José Paulo Cavalcanti Filho.[15]

Nessa seleção de estudos, Degislando Nóbrega de Lima lembra que, nos primeiros tempos do Cristianismo, a pena de morte era recusada. Só depois "a Igreja adota oficialmente a lógica do poder, tanto em relação à tortura como à pena de morte".[16]

Diante da brutalidade da pena de morte cabe recordar a apóstrofe da personagem de Camus:

"Eis porque decidi recusar tudo que, direta ou indiretamente, por razões certas ou erradas, faz morrer ou justifica que se faça morrer".[17]

Pretendem os defensores da pena de morte que a adoção dessa medida iniba a ação criminosa. Assaltantes à mão armada, estupradores, autores de crimes sumamente violentos pensariam duas vezes antes de cometer o delito. A execução da pena capital, com ampla cobertura dos jornais, rádio e televisão, serviria como exemplo e advertência.

A atmosfera de medo nem sempre gera a opinião favorável à pena de morte. Um manifesto da "União de Mulheres de São Paulo", publicado em 1991, analisa as razões sociológicas e políticas do estupro e de outras violências presentes no cotidiano brasileiro e conclui pela inconveniência da pena de morte. Entidades negras, também em 1991, promoveram um ato público na Câmara Municipal de

---

[15] CAVALCANTI FILHO, José Paulo. *Em Defesa da Vida — Vale a Pena a Pena de Morte?* São Paulo, Edições Paulinas, 1993.
[16] LIMA, Degislando Nóbrega de. "Breve levantamento histórico". In: CAVALCANTI FILHO, José Paulo & outros. *Em Defesa da Vida — Vale a Pena a Pena de Morte?* São Paulo, Edições Paulinas, 1993, p. 14 e ss.
[17] Apud DOBROWOLSKI, Sílvio. "A pena de morte — Considerações acerca de propostas pela sua reintrodução no país". In: BOMFIM, B. Calheiros (organizador e autor da apresentação). *Pena de Morte.* Rio, Editora Destaque, s/ano, p. 201.

São Paulo, opondo-se à penalidade extrema. Afirmam que os negros serão os principais destinatários dessa sanção.

Contra a pena de morte há, segundo suponho, vários argumentos muito fortes:

a) o direito sagrado à vida, que impede o Estado de matar alguém;

b) a esperança na recuperação da pessoa humana, que é negada quando se adota a pena de morte;

c) a impossibilidade de reparar o erro judiciário, quando ocorrer, no caso de ter sido aplicada a pena capital;

d) a real desigualdade na aplicação das penas, com desvantagem para os pobres, os migrantes, os negros. Se, na aplicação das penas e da lei em geral, vigora a discriminação, no caso da pena de morte as discriminações tendem a um agravamento;

e) as estatísticas que demonstram que a criminalidade não aumentou, ou até teve redução, nos países europeus que suprimiram a pena de morte;

f) a brutalidade implícita na execução dessa modalidade de pena, qualquer que seja o instrumento escolhido: guilhotina, choque elétrico, fuzilamento;

g) o clima de violência social que a pena de morte autonomamente gera, por transformar o Estado em algoz;

h) as seqüelas psicológicas que se criam na personalidade dos carrascos e dos juízes.

Sílvio Dobrowolski reporta-se a minucioso estudo estatístico feito, entre 1948 e 1953, por uma Comissão Real inglesa, sobre os efeitos da abolição da pena de morte, no aumento ou diminuição da criminalidade. O estudo recaiu sobre países da Europa.

Após a abolição da pena de morte houve redução da criminalidade: na antiga Alemanha Ocidental, na Dinamarca, na Itália, na Suíça. Com a supressão da pena capital, os níveis de criminalidade permaneceram inalterados: na Bélgica, na Holanda, na Noruega. Em nenhum país europeu, a eliminação da pena de morte provocou aumento da prática de crimes.[18]

Nos Estados Unidos da América, estudo de Barnes e Teeters conclui que o número de homicídios é aproximadamente o mesmo nos Estados que suprimiram a pena de morte e naqueles que a conservaram.[19]

Dalmo de Abreu Dallari, jurista brasileiro, coloca o seguinte argumento contra a pena de morte:

"Nenhum valor social equipara-se ao valor da pessoa humana. Para proteger os valores sociais o Direito admite e exige a imposição de penas, quando estas são necessárias para o afastamento de um obstáculo à convivência social harmônica. Entretanto, a aplicação da pena de morte, com a eliminação de uma vida humana, significa o reconhecimento de um valor social superior ao da própria pessoa humana, pois não teria sentido dizer-se que se elimina a vida para proteger a vida".[20]

A Declaração Universal dos Direitos Humanos não rejeita, expressamente, a pena de morte. Entretanto, após a proclamação desse documento, a ONU colocou-se oficialmente contra a pena capital patrocinando uma "Convenção Mundial pela Abolição da Pena de Morte", que já mencionamos linhas atrás.

---

[18] Apud DOBROWOLSKI, Sílvio. "A pena de morte — Considerações acerca de propostas pela sua reintrodução no país". In: BOMFIM, B. Calheiros (organizador e autor da apresentação). *Pena de Morte*. Rio, Editora Destaque, s/ano, p. 182 e ss.

[19] Apud DOBROWOLSKI, Sílvio. "A pena de morte — Considerações acerca de propostas pela sua reintrodução no país". In: BOMFIM, B. Calheiros (organizador e autor da apresentação). *Pena de Morte*. Rio, Editora Destaque, s/ano, p. 183.

[20] DALLARI, Dalmo de Abreu. *O Renascer do Direito*. São Paulo, José Bushatsky Editor, 1976, p. 112.

3. O aborto

Relativamente ao aborto, observa-se a mesma divergência de percepções. Não se pode estabelecer uma divisão de blocos culturais, em face deste ponto. Há percepções diferentes mesmo dentro de conjuntos de países de herança cultural comum.

Na França o aborto é legal e seu custo é reembolsado pela Seguridade Social. Em face do tema, refere-se Paul Moreau a um dos aspectos em que o tema foi colocado naquele país. De um lado, o direito ao aborto é defendido em nome dos direitos da família. De outro, esse direito é negado, em nome dos direitos da criança. Inclina-se Paul Moreau pelo acerto da segunda posição.[21]

A Declaração Universal dos Direitos Humanos não se pronuncia expressamente sobre o aborto. Há o princípio geral de defesa da vida. Numa interpretação ampla, esse princípio proíbe o aborto. Dizemos que o princípio geral veda o aborto porque, no feto, inquestionavelmente, está presente a vida humana. Mas a Declaração não se define incisivamente sobre o aborto para considerá-lo lícito ou ilícito.

Não obstante outros aspectos da questão, creio que, fundamentalmente, dois são os argumentos antagônicos principais, em face do assunto:

a - o aborto seria lícito como decorrência do direito da mulher ao uso do próprio corpo;

b - o aborto não seria lícito porque o feto não é apenas uma expectativa de vida, o feto é uma vida humana em desenvolvimento. O direito da mulher ao próprio corpo não lhe permitiria eliminar a vida de um filho que está para nascer.

Além das teses que se opõem há um bloco de questões aparentementemente laterais. A meu ver, essas questões, late-

---

[21] MOREAU, Paul, artigo já citado, p. 27.

rais na aparência, são centrais na essência. Não vejo esses pontos suficientemente discutidos nos debates que se travam sobre o aborto. Trata-se do seguinte:
   a sanção penal é apropriada para evitar o aborto?
   o aborto deve ser definido como crime, nessa perspectiva de meio apropriado para um fim?
   o aborto é uma questão jurídica ou uma questão existencial?

A psicanalista Marie Balmary, debruçando-se sobre a realidade da França, onde o aborto é permitido, tem uma palavra a dizer.

Conta Marie Balmary, à luz de sua experiência de consultório, que como o aborto, na França, é legal, a dor psíquica subjacente é reprimida. A legalização do aborto não teve força para sepultar o sentimento de angústia decorrente do ato. Permanece na mãe um sentimento de perda, não obstante ela própria tenha pedido para abortar o filho.[22]

Na minha experiência de juiz, julguei umas duas dezenas de processos de aborto. Normalmente, só há processo pela prática de aborto, no Brasil, quando o caso se complica e a mãe, em perigo de vida, vai para o hospital. O hospital é obrigado a fazer a comunicação da ocorrência à Polícia. São abortos realizados por parteiras leigas que, na linguagem popular, são chamadas "fazedeiras de anjo".

Sabe-se da existência de clínicas clandestinas, onde o aborto é praticado discretamente, sem complicações.

Nos casos que chegaram a mim, eu só me defrontei com situações dramáticas. Nunca veio a minha presença mulher que tivesse abortado por razões de conforto ou por motivo fútil. Testemunhei e vivenciei essa dor existencial

---

[22] BALMARY, Marie. *Les Lois de l'Homme*. In: *Études*. Paris, Assas Editions, tome 375, n. 1-2, juillet-août 1991, p. 53.

percebida por Marie Balmary no seu consultório de psicanalista. Em todos os casos que julguei, sem uma única exceção, minha sentença, *em razão da carência de dolo do agente* foi sempre de absolvição. O agente, na linguagem da lei, é a mãe.

Dei sentenças dessa natureza estribado em escolas e teorias hermenêuticas que permitem ao magistrado, à luz da Ciência do Direito, assim proceder. Entretando, reconheço que, na prática, a maioria dos juízes tende à estrita aplicação do preceito legal, presos a um legalismo que desfavorece a absolvição. Daí a pertinência de uma mudança legislativa, como proporemos adiante.

Um dos casos que mais me impressionou foi o de uma mocinha que veio a mim rotulada como ré. Segundo as testemunhas, toda noite embalava um berço vazio, como se nele houvesse uma criança.

Em razão dessa vivência de juiz é que suponho que não são contraditórias as seguintes colocações, que me parecem acertadas:

a - o aborto não é lícito, a vida humana, desde a concepção, é sagrada;

b - a mulher tem direito ao próprio corpo mas esse direito não lhe dá a faculdade de dispor da vida do feto;

c - o aborto está, em princípio, no âmbito do jurídico, pois que envolve uma relação interpessoal: a mãe e o filho por nascer;

d - relação interpessoal, conflito de interesses jurídicos, o aborto, numa primeira perspectiva, meramente lógica, deveria ser definido como crime;

e - o tratamento meramente jurídico, entretanto, é impróprio para abarcar toda a dramaticidade do aborto; no aborto, o existencial suplanta e absorve o jurídico;

f - em razão do conteúdo existencial do aborto, ele mereceria um tratamento jurídico especial:

f-1 - ou um tratamento jurídico semelhante ao que é dado à tentativa de suicídio (a tentativa de suicídio não é crime, mas instigar o suicida a que pratique esse ato é crime);

f-2 - ou o estabelecimento, na lei, de uma alternativa para que o juiz possa deixar de aplicar a pena quando, em face das circunstâncias, verificar que o ato foi praticado por uma razão existencial excusável;

g - um conjunto de medidas sociais, pedagógicas, psicológicas, econômicas, médicas deveria proteger o direito de nascer; a sociedade tem o dever de socorrer com empenho e eficácia a mulher grávida; todo o esforço social deve ser desenvolvido para que a mulher não seja compelida ao aborto.

4. O repúdio à escravidão e à servidão

O repúdio à escravidão e à servidão, no seu esquema fundamental, é também bastante universal, nos dias de hoje. Aos povos historicamente vítimas da escravidão e da exploração repugna com mais força esse atentado à pessoa humana. É o que acontece com os povos africanos. A Carta de Banjul (carta de direitos humanos do continente africano) rechaça com veemência a escravidão e o tráfico de escravos.

A Carta Islâmica compromete os muçulmanos a estabelecerem uma ordem social na qual a escravidão e os trabalhos forçados sejam proscritos.

A escravidão e a servidão não são literalmente condenadas pela Carta de Direitos do Continente Americano. Porém é impossível conciliar a tolerância com a servidão e a escravidão, em face do conjunto do documento.

A Declaração Solene dos Povos Indígenas do Mundo é, na sua essência, um protesto contra a escravidão, a servidão e toda forma de opressão.

Assim, pode-se concluir que o anátema contra a servidão e a escravidão consitui, no presente, uma das linhas fundamentais da cultura dos mais diversos povos.

Não obstante esse fato, praticam-se formas sutis de escravidão, no mundo contemporâneo, inclusive no Brasil, como já mencionados em parágrafos anteriores.

Quando trabalhadores são retirados do solo onde vivem, levados para paragens distantes, com promessa de trabalho, bom salário e vantagens diversas, e nada do que foi prometido é cumprido, levando-se esses trabalhadores ao mais completo desespero em face da impossibilidade de regressar ao torrão de origem, não se faz outra coisa com esses trabalhadores senão submetê-los a condições de trabalho escravo.

A escravidão, portanto, embora repudiada nas Cartas de Direitos e condenada em convenções internacionais, é praticada amplamente nos mais diversos países.

Mesmo nos países ricos pessoas humanas são submetidas a trabalho escravo: trabalhadores sem documentos, imigrantes clandestinos são escravizados, nos subsolos e porões dos edifícios, ao desabrigo do sol, no desamparo de qualquer direito.

É uma terrível contradição: servidão e escravidão consideradas ilícitas e desumanas, na cultura expressa, mas servidão e escravidão toleradas numa espécie de cultura reprimida e oculta.

5. A subordinação dos direitos individuais às exigências sociais

Também varia, de acordo com a cultura, o grau de subordinação dos direitos do indivíduo, em face das exigências sociais.

As culturais orientais, mais que as ocidentais, dão primazia às exigências sociais, na maneira como encaram a possibilidade de impor-se o sacrifício pessoal diante de um reclamo coletivo.

O direito à liberdade, na sua linha central, tem consagração no mais amplo leque de culturas contemporâneas. As restrições admitidas à liberdade individual variam conforme culturas e mesmo conforme países existentes no interior de um determinado bloco cultural.

O direito à segurança pessoal, também no seu núcleo básico, tem amplo acolhimento. As restrições admitidas são semelhantes às que se observam no que se refere ao direito à vida.

A visão de vida, liberdade, segurança pessoal, escravidão, servidão também admite uma perspectiva mais individualista (predominante na visão dos países ricos) e uma visão de índole mais coletiva (predominante nos países do Terceiro Mundo em geral e nas culturas historicamente oprimidas). Essa conclusão decorre da própria análise das Declarações de Direitos.

6. Valores presentes nos artigos III e IV da Declaração Universal dos Direitos Humanos

Já tivemos ocasião de arrolar uma tábua dos grandes valores ético-jurídicos que, a nosso ver, perpassam a Declaração Universal dos Direitos Humanos.

Desses valores creio que estão presentes nos artigos III e IV da Declaração:

    a) a igualdade e a fraternidade;

    b) a dignidade da pessoa humana;

    c) a liberdade, a defesa da vida e a segurança pessoal;

    d) a Justiça;

e) a proteção legal dos direitos;
f) a democracia.

Contudo, os valores fundamentais que inspiram os artigos III e IV da Declaração parecem-me ser "a liberdade, a defesa da vida e a segurança pessoal".

Justamente esses valores creio ter ficado demonstrado que perpassam, nas suas linhas fundamentais, as mais variadas culturas do orbe terráqueo.

Capítulo 19

A Constituição brasileira em face dos artigos III e IV da Declaração Universal dos Direitos Humanos

1. Igualdade, segurança, liberdade, escravidão e servidão, na Constituição Brasileira

A Constituição da República Federativa do Brasil diz que

"todos são iguais perante a lei, sem distinção de qualquer natureza, garantindo-se aos brasileiros e aos estrangeiros residentes no País a inviolabilidade do direito à vida, à liberdade, à igualdade, à segurança e à propriedade" (Art. 5º).

Cuidando de uma decorrência da segurança pessoal, ou seja, da segurança da morada da pessoa, diz também nossa Constituição que

"a casa é o asilo inviolável do indivíduo, ninguém nela podendo penetrar sem consentimento do morador, salvo em caso de flagrante delito ou desastre, ou para prestar socorro, ou, durante o dia, por determinação judicial" (Art. 5º, inc. XI).

Ainda a respeito da segurança da pessoa diz a Constituição:

"a segurança pública, dever do Estado, direito e responsabilidade de todos, é exercida para a preservação da ordem pública e da incolumidade das pessoas e do patrimônio".

Tratando da defesa da liberdade contra a prisão ou detenção ilegal, efetiva ou iminente, assegura a Constituição o remédio do habeas corpus, nestes termos:

"conceder-se-á *habeas corpus* sempre que alguém sofrer ou se achar ameaçado de sofrer violência ou coação em sua liberdade de locomoção, por ilegalidade ou abuso de poder" (Art. 5º, inc. LXVIII).

Relativamente à proibição da escravidão e da servidão, nossa Constituição não contém preceito expresso, semelhante ao explicitado pelo artigo IV da Declaração Universal dos Direitos Humanos.

Entretanto, a proibição de tais práticas está implícita no espírito da Constituição e explícita em preceitos como:

o que estabelece o princípio da dignidade humana como fundamento da organização social;

o que estabelece a igualdade de todos perante a lei;

o que proíbe seja alguém submetido a tratamento desumano ou degradante;

o que manda que a lei puna qualquer discriminação atentatória dos direitos e liberdades fundamentais;

o que diz ser o trabalho um direito social;

os preceitos que protegem os direitos do trabalhador em geral.

(Art. 1º, III; art. 5º, caput e incisos III e XLI; art. 6º; art. 7º e seguintes.)

2. Pena de morte no Brasil

Diz a atual Constituição Brasileira que

"não haverá pena de morte (salvo em caso de guerra declarada), de caráter perpétuo, de trabalhos forçados, de banimento e cruéis".

Só uma mudança constitucional poderia introduzir a pena capital, em nosso país. Mas mesmo essa mudança constitucional é inviável, em face do art. 60, parágrafo 4º, inc. IV, da Constituição. Esse dispositivo afirma que não podem ser objeto de deliberação propostas de emenda tendentes a abolir os direitos e garantias individuais.

Durante o período pré-constituinte, a pena de morte foi repudiada pela Emenda Popular n. 16, apresentada à Assembléia Nacional Constituinte, sob o patrocínio da Cáritas Arquidiocesana do Rio de Janeiro e de outras entidades.

A Constituinte acolheu essa emenda popular. Ouviu o forte apelo de parte substancial da opinião pública que, sobretudo por motivos religiosos e humanitários, recusa a legitimidade da sanção mortal.

Pesquisas de opinião pública assinalam, em certos momentos, maioria percentual a favor da pena de morte. Curiosamente, a opinião favorável costuma estar mais presente nas classes pobres.

Tudo parece indicar que essa visão resulta de um medo coletivo, que está crescendo, em face do crime, como já tivemos oportunidade de assinalar.

Resulta também, segundo nossa percepção, de que os defensores da pena de morte estão tendo um discurso mais eficaz perante a opinião pública e um forte empenho em defesa de sua tese.

Já havíamos abordado alguns aspectos da pena de morte no Brasil, em outra parte deste livro. (Ver o item 2, do Capítulo 15.)

Questões para debate, pesquisa e revisão (individual e/ou em grupo), relacionadas com a Sexta Parte deste livro

1. Redija um texto crítico sobre a matéria, tratada nesta Sexta Parte, que lhe tenha parecido mais interessante ou relevante.

2. Resuma esta Parte do livro, assinalando os pontos mais importantes que contém.

3. Redigir um texto fazendo uma comparação entre os artigos III e IV da Declaração Universal dos Direitos Humanos.

4. Organizar um debate sobre a pena de morte.

5. Interpretar, num texto em prosa, os versos de Castro Alves.

6. Escravidão e servidão no Brasil contemporâneo: realizar uma pesquisa e apresentar seus resultados. Utilizar como meio de exposição dos resultados da pesquisa: um texto, recortes de jornal, vídeo, gravação de entrevistas ou qualquer outro recurso disponível.

7. Fazer uma enquete sobre o aborto, com um texto final de análise dos resultados das entrevistas.

Sétima parte

A DIGNIFICAÇÃO DO "SER PESSOA" E A EXECRAÇÃO DA TORTURA

A proscrição da tortura e do tratamento ou castigo cruel, desumano ou degradante. O direito, que todo ser humano tem, de ser reconhecido como pessoa (artigos V e VI, da Declaração).

Capítulo 20

Introdução aos artigos V e VI

1. O artigo V da Declaração Universal dos Direitos Humanos, em português

Artigo V. Ninguém será submetido a tortura, nem a tratamento ou castigo cruel, desumano ou degradante.

2. A rejeição da tortura nos versos que a Associação "Cristãos contra a Tortura", com sede central na França, transformou em hino oficial da instituição

"L'inconnu sous la torture
Serait-il un oublié?
Sa douleur frappe à ta porte,
Ne crains pas de l'écouter.
Dans l'hiver des résistances
Quel vivant pourrait tenir?

*Le vent froid de nos silences
Tue le grain qui veut s'ouvrir."*

(Claude Bernard, poeta francês.)[1]

3. O artigo V da Declaração Universal dos Direitos Humanos, em esperanto

Artikolo 5. Neniu suferu torturon au kruelan, nehoman au sendignigan traktadon au punon.

4. Informação sobre o esperanto

O esperanto é uma língua artificial, criada em 1887, pelo médico e lingüista Ludwig Lazar Zamenhof. Seu criador pretendeu que o esperanto viesse a ser uma língua internacional, facilitando a comunicação e compreensão entre os homens. É uma língua de estrutura simples e de gramática muito fácil. O vocabulário é predominantemente derivado de línguas indo-européias, especialmente do francês, inglês, alemão, russo e latim. A pronúncia do esperanto é fonética, cada letra tem sempre o mesmo som. O esperanto é admitido como língua facultativa, em muitos congressos e encontros internacionais. Tem adeptos fervorosos em todo o mundo. Desde 1908 funciona a "Associação Universal de Esperanto", que promove o uso do esperanto como língua internacional. Essa instituição é sediada em Rotterdam, nos

---

[1] Estes são os versos do hino oficial da ACAT (Action des Chrétiens pour l'Abolition de la Torture — Ação dos Cristãos pela Abolição da Tortura) — *"Au jardin des Droits de l'Homme"*. A música é de Jo Akepsimas. O sentido dos versos é o seguinte: O anônimo submetido a tortura será ele um esquecido? Sua dor bate a sua porta, não tema escutá-lo. No inverno das resistências, que ser humano pode suportar? O vento frio de nosso silêncio mata o grão que quer desabrochar.

Países Baixos. Em 1986, 33.771 pessoas, espalhadas por 90 países, estavam filiadas à "Associação Universal de Esperanto". Essa instituição publica uma revista mensal (Esperanto) e também uma anual (Jarlibro). No Brasil, funciona há muitos anos a Liga Brasileira de Esperanto.

5. Explicação inicial a respeito do artigo V

A tortura e o tratamento ou castigo cruel, desumano ou degradante contra qualquer pessoa não são tolerados.

A polícia ou qualquer autoridade pública não pode torturar alguém para que confesse um crime, seja lá o crime que for.

Nenhuma situação política ou social, mesmo de emergência, mesmo de alegada ou real defesa do Estado e das instituições políticas e sociais, justifica a tortura.

A tortura anula o torturado e degrada o torturador. Aquele que tortura alguém fica muito abaixo dos animais. Os animais, mesmo as feras, não torturam outro animal. O animal disputa a caça e a sobrevivência, fere e mata para comer ou realizar instintos primários, mas não tortura. O homem é o único ser, em toda a escala animal, que pratica a tortura.

Os maus-tratos a presos não são admitidos.

Mesmo que tenha cometido um gravíssimo delito, o homem não deixa de ser um homem, uma pessoa humana.

O delito é uma falta individual, de um membro da sociedade. A tortura e os castigos cruéis, se praticados por uma autoridade ou agente de autoridade, são mais graves que o delito individual. Isto porque tais atos são praticados em nome, sob a proteção ou com os instrumentos e recursos do Estado.

O Estado está sujeito a uma ética, a um código moral que deve ser mais rigoroso do que o dos indivíduos.

Embora não o diga expressamente, parece-me certo que o artigo V proíbe a tortura e o tratamento cruel, desumano ou degradante, também quando praticado por particulares ou por instituições sociais. Assim, é intolerável que a família, a escola, as instituições de acolhimento de menores, os hospitais psiquiátricos adotem castigos ou tratamentos condenados pelo dispositivo. Pais, professores, médicos, enfermeiros e outros profissionais incorrerão nas iras do artigo V se dispensarem tratamento cruel, desumano ou degradante aos filhos, no âmbito da família, ou a crianças e doentes, no âmbito das instituições mencionadas.

6. O artigo VI da Declaração Universal dos Direitos Humanos, em português

Artigo VI. Todo homem tem o direito de ser, em todos os lugares, reconhecido como pessoa perante a lei.

7. A ternura do poeta pelo nome, um atributo essencial do "ser pessoa"

Na tênue casca de verde arbusto
Gravei teu nome, depois parti;
Foram-se os anos, foram-se os meses,
Foram-se os dias, acho-me aqui.
Mas ai! O arbusto se fez tão alto,
Teu nome erguendo, que mais não vi!
E nessas letras que aos céus subiam
Meus belos sonhos de amor perdi.

(Fagundes Varela, poeta brasileiro.)[2]

---

[2] Apud "*Dicionário Enciclopédico da Sabedoria*", organizado e coordenado por A. Della Nina. São Paulo, Editora das Américas, 1955, vol. V, p. 58.

8. O artigo VI da Declaração Universal dos Direitos Humanos, no idioma pipil

Pewa ina chiqasen.
Muchi tehemet tiwelit, gan tinemit mu ixtiya ne tuamaw.

9. Informação sobre o idioma

O pipil é uma das línguas faladas em El Salvador, onde o idioma oficial é o espanhol.

Esta versão foi feita pelo Alto Comissariado das Nações Unidas, através de seu escritório em El Salvador. O texto foi obtido através da Internet.

A República de El Salvador fica no noroeste da América Central. Sua população é de 6 milhões de habitantes, aproximadamente.

El Salvador é densamente povoado, mas só 3% de seu território é coberto por florestas. A agricultura é praticada até mesmo sobre crateras vulcânicas, ocupadas por plantações de café.

Além da capital (San Salvador), as principais cidades são Santa Ana e San Miguel.

O Sítio Arqueológico Joya de Ceren foi proclamado "patrimônio da humanidade".[3]

Dom Oscar Romero, arcebispo de El Salvador, defensor intransigente dos direitos humanos, foi assassinado pelas forças da repressão, quando celebrava a Missa. Sua vida e sua memória são hoje o símbolo da resistência do povo salvadorenho à secular opressão de que é vítima. Seu testamento é a esperança da concreta possibilidade de que se construa em El Salvador uma sociedade justa e livre.

---

[3] Retirado do Almanaque Abril, edição de 1998, p. 351 e s. Não consta o autor do verbete. A diretora de redação é Lucila Camargo.

Para isso o povo de El Salvador precisa da solidariedade internacional e, muito especialmente, da solidariedade latino-americana.

10. Introdução ao artigo

Todo ser nascido de mulher é pessoa. Todo ser, nascido de mulher, tem o direito de ser reconhecido como pessoa perante a lei.

Nenhuma exclusão a esse princípio universal pode ser tolerada.

O direito ao reconhecimento como pessoa alcança todo e qualquer lugar onde alguém se encontre:

a) esteja alguém no seu país, ou esteja fora de seu país;

b) seja a pessoa portadora de nacionalidade e passaporte, ou se trate de um apátrida (explicação no rodapé);

c) seja nacional de um Estado, ou membro de uma nacionalidade que não se constituiu em Estado.

O direito ao reconhecimento como pessoa atinge todas as situações, mesmo aquelas mais desfavoráveis: é pessoa quem está preso porque cometeu um grave delito; é pessoa quem está sendo procurado pela polícia; é pessoa quem é açulado pela fúria das multidões; é pessoa o portador de séria e terrível deformidade física ou mental.

Também é pessoa quem praticou crimes contra um povo, quem degradou a pessoa humana. Esta afirmação pode parecer contraditória. Mesmo quem praticou crimes contra todo um povo, mesmo quem vilipendiou a própria pessoa humana continua sendo pessoa, continua merecendo ser tratado como pessoa? A resposta deve ser afirmativa. A Civilização que tratasse a barbárie com selvageria estaria se equiparando à barbárie.

Capítulo 21

Percepção diferenciada dos artigos V e VI da Declaração

1. A percepção diferenciada, pelas diversas culturas, da matéria a que se referem os artigos V e VI da Declaração Universal

O repúdio à tortura é traço presente no mais amplo leque de culturas humanas contemporâneas.

Como observou com acerto Antônio Boaventura Santos Prado, membro da Comissão de Direitos Humanos da OAB de Santa Catarina, na apresentação do livro *"Como Combater a Tortura"*,

"os horrores provocados pelos atos de torturar prisioneiros de guerra, presos políticos ou comuns, abalam a consciência dos povos, reduzindo a possibilidade civilizatória e estimulando a barbárie".[4]

Da mesma forma, a idéia de que todo homem é pessoa alcança, modernamente, um real sentido de universalidade.

---

[4] PRADO, Antônio Boaventura Santos. "Apresentação". In: *Como combater a tortura* — Relatório do Colóquio Internacional realizado em Genebra, 1983. François de Vargas, relator. Tradução de Eglê Malheiros. Florianópolis, Universidade Federal de Santa Catarina e OAB de Santa Catarina, 1986.

Povos e tradições dos mais diversos quadrantes da Terra condenaram a tortura e afirmaram a condição de dignidade e o sentido de pessoa inerente aos seres humanos.

Esse depósito de valores da cultura humana está presente nos grandes livros sagrados das religiões (Cristianismo, Islamismo, Judaísmo, Budismo, Hinduísmo, Taoísmo).

Testemunhos de respeito à pessoa humana, enquanto pessoa e como decorrente do "ser pessoa", recolhem-se nos ensinamentos de antigas culturas como a chinesa, a persa, a akan, a grega, as africanas, as latinas.

Declarações de direitos do mundo contemporâneo também dão guarida ao princípio da sacralidade da pessoa humana, com a conseqüente repulsa à prática da tortura.

Podemos assim afirmar que o anátema contra a tortura e a proclamação da condição de pessoa de todos os homens e mulheres constituem patrimônio da cultura universal.

Sem prejuízo dessa primeira abordagem da matéria, a existência concreta da tortura é, lamentavelmente, opróbrio que mancha as mais diversas histórias nacionais.

Recusa-se, assim, a tortura, em tese, mas encontram-se argumentos para tolerá-la ou fechar os olhos para ela, diante de certas situações concretas consideradas insuportáveis. Assim, mesmo povos que por longa tradição repudiam a tortura, mesmo povos cujos filósofos e pensadores foram veementes signatários de libelos contra a tortura, admitem e admitiram a tortura de quem, numa determinada situação, é ou foi considerado inimigo do Estado, dos interesses nacionais ou de valores considerados inquestionáveis e essenciais. É uma terrível contradição, uma inaceitável incoerência!

O mesmo que ocorre com a tortura ocorre com o princípio de que todo homem tem o direito de ser reconhecido como pessoa.

Seria certamente chocante e anacrônico afirmar hoje que determinados seres humanos não são pessoas. Mas, na prática, certos seres humanos são colocados em tal situação de marginalização econômica e social que, na verdade, só teoricamente se lhes reconhece a condição de pessoa.

2. Valores presentes nos artigos V e VI da Declaração Universal dos Direitos Humanos

Dos valores arrolados neste livro, como inspiradores da Declaração Universal dos Direitos Humanos, creio que estão presentes nos artigos V e VI da Declaração:

a) a igualdade e a fraternidade;

b) a dignidade da pessoa humana e o conseqüente direito a seu desenvolvimento e realização integral;

c) a Justiça;

d) a proteção legal dos direitos.

Desses valores parece-me que o que tem mais forte presença, no núcleo dos artigos V e VI da Declaração Universal, é a "dignidade humana".

Este valor tem um grande enraizamento cultural, na História da Humanidade.

As Cartas de Direitos dos diversos Continentes, já referidas em outras partes deste livro, dão bem a tônica da rejeição à tortura.

Essas Cartas, na sua essência e no seu espírito, recusaram a prática da tortura, bem como o tratamento degradante ou o castigo cruel que se imponha às pessoas.

Da mesma forma, foi sufragado pelas diversas Cartas o princípio de que todo ser humano tem o direito ao reconhecimento de sua condição de pessoa.

Observamos mesmo que algumas colocações dessas Cartas podem ser vistas como acréscimo às concepções da Declaração Universal.

Capítulo 22

A Constituição Brasileira de 1988 à face da tortura e o reconhecimento de todo ser humano como pessoa

1. A tortura e o castigo ou tratamento cruel, desumano ou degradante

O inciso III do art. 5º da Constituição da República Federativa do Brasil estipula que "ninguém será submetido a tortura nem a tratamento desumano ou degradante".

Coerente com a proibição contida no inc. III, determina o inc. XLIII do art. 5º que "a lei considerará crimes inafiançáveis e insuscetíveis de graça ou anistia a *prática da tortura*, o tráfico de entorpecentes e drogas afins, o terrorismo e os crimes definidos como hediondos, por eles respondendo os mandantes, os executores e os que, podendo evitá-los, se omitirem".

Na mesma linha de respeito à pessoa, diz o inc. XLVII que não haverá penas:

a) de morte, salvo em caso de guerra declarada;
b) de caráter perpétuo;
c) de trabalhos forçados;
d) de banimento;
e) cruéis.

Em comunhão com esses princípios diz o inc. XLV que

"nenhuma pena passará da pessoa do condenado, podendo a obrigação de reparar o dano e a decretação do perdimento de bens ser, nos termos da lei, estendidas aos sucessores e contra eles executadas, até o limite do valor do patrimônio transferido".

Em seguimento a essas estipulações proibitórias, a Constituição contém princípios afirmativos que realçam as proibições estabelecidas. Assim, no mesmo citado art. 5º, temos:

"XLVI - a lei regulará a individualização da pena;

XLVIII - a pena será cumprida em estabelecimento distinto, de acordo com a natureza do delito, a idade e o sexo do apenado;

XLIX - é assegurado aos presos o respeito à integridade física e moral;

L - às presidiárias serão asseguradas condições para que possam permanecer com seus filhos durante o período dc amamentação".

Por todas essas citações de dispositivos constitucionais, fica evidenciado que o atual ordenamento jurídico brasileiro dá pleno agasalho ao artigo V da Declaração Universal dos Direitos Humanos.

2. A Constituição Brasileira e o reconhecimento de todo ser humano como pessoa

O princípio geral do reconhecimento de todo ser humano como pessoa está previsto no art. 5º da Constituição da República Federativa do Brasil:

"Todos são iguais perante a lei, sem distinção de qualquer natureza, garantindo-se aos brasileiros e aos estrangeiros residentes no País a inviolabilidade do direito à vida, à liberdade, à igualdade, à segurança e à propriedade, nos termos seguintes" (seguem-se os incisos do art. 5º).

Depois, em diversos incisos, o art. 5º efetiva o princípio geral do reconhecimento de todos os seres humanos como pessoas e dá conseqüência jurídica a esse reconhecimento:

"X - são invioláveis a intimidade, a vida privada, a honra e a imagem das pessoas, assegurado o direito a indenização pelo dano material ou moral decorrente de sua violação;

XXXIII - todos têm direito a receber dos órgãos públicos informações de seu interesse particular, ou interesse coletivo ou geral, que serão prestadas no prazo da lei, sob pena de responsabilidade, ressalvadas aquelas cujo sigilo seja imprescindível à segurança da sociedade e do Estado;

XXXIV - são a todos assegurados, independentemente do pagamento de taxas:

a) o direito de petição aos Poderes Públicos em defesa de direitos e esclarecimento de situações de interesse pessoal;

b) a obtenção de certidões em repartições públicas, para defesa de direitos e esclarecimento de situações de interesse pessoal;

LXXVI - são gratuitos para os reconhecidamente pobres, na forma da lei:

a) o registro civil de nascimento;

b) a certidão de óbito".

Todas essas franquias aproveitam não apenas aos brasileiros, como também aos estrangeiros residentes no Brasil. E especificamente, no sentido da proteção do estrangeiro, determina o inc. LII do art. 5º:

"não será concedida extradição de estrangeiro por crime político ou opinião".

Assim sendo, verifica-se que nossa atual Constituição respalda cabalmente o princípio estatuído pelo art. 6 da Declaração Universal dos Direitos Humanos.

Questões para debate, pesquisa e revisão (individual e/ou em grupo), relacionadas com a Sétima Parte deste livro

1. Faça um exame crítico da matéria contida nesta Sexta Parte.

2. Resuma esta Parte do livro, assinalando seus pontos mais importantes e interessantes.

3. Redija um texto fazendo uma comparação entre os artigos V e VI da Declaração Universal dos Direitos Humanos.

4. Organize um debate sobre a tortura e os castigos desumanos, cruéis ou degradantes.

5. Com base em recortes de jornais ou entrevistas a presos, fazer uma pesquisa sobre a situação dos presos no seu Estado ou município, ou apenas numa prisão determinada. Os presos estão sendo submetidos a tortura ou a tratamento ou castigo cruel, desumano ou degradante?

Oitava parte
A PROTEÇÃO DA LEI E A DEFESA DOS DIREITOS

A igualdade perante a lei e o direito de igual proteção da lei. O direito de acesso aos tribunais (artigos VII e VIII da Declaração Universal).

Capítulo 23
Introdução ao estudo dos artigos VII e VIII da Declaração Universal dos Direitos Humanos

1. O artigo VII em português

Artigo VII. Todos são iguais perante a lei e têm direito, sem qualquer distinção, a igual proteção da lei. Todos têm direito a igual proteção contra qualquer discriminação que viole a presente Declaração e contra qualquer incitamento a tal discriminação.

2. A igualdade exaltada na poesia

*Somos todos iguais
perante a lei, e a lei
por mais dura que seja
há de reconhecer e respeitar
a pessoa do homem.*

"Dura lex, sed lex"
— *diz o latino sem nome.*
E o que não dirão aqueles
em cujas mãos as leis somem?

(Geir Campos, poeta brasileiro.)[1]

3. Artigo 7 em alemão

Artikel 7. Alle Menschen sind vor dem Gesetze gleich und haben ohne Unterschied Anspruch auf gleichen Schutz durch das Gesetz. Alle haben Anspruch auf den gleichen Schutz gegen jede unterschiedliche Behandlung, welche die vorliegende Erklärung verletzen würde, und gegen jede Aufreizung zu einer derartigen unterschiedlichen Behandlung.

4. Informação sobre a Língua Alemã

O alemão é uma língua indo-européia. Tem aproximadamente 100 milhões de falantes no mundo.

O alemão é língua oficial: na Alemanha; na Áustria (onde também são falados, como línguas de minorias, o esloveno, o croata e o húngaro); em Liechtenstein; em Luxemburgo (onde também o francês é língua oficial), falando-se, nesse país, ainda o luxemburguês; na República Tcheca, ao lado do tcheco e do eslovaco; na Suíça, como língua oficial, ao lado do francês e do italiano, que também são línguas oficiais; sendo que nesse país também se fala o romanche.

---

[1] CAMPOS, Geir. "Canto ao Homem da ONU". **In:** *Canto de Peixe & outros Cantos.* Rio, Civilização Brasileira, 1977, p. 86 e ss.

Sem ser língua oficial, o alemão é ainda falado: na Bélgica, onde são oficiais o holandês e o francês; no Cazaquistão, onde a língua oficial é o cazaque. São falados, nesse país, além do alemão, o russo, o iraniano, o coreano e o tártaro; na Holanda, onde o holandês é o idioma oficial, fala-se também o frísio e o alemão; na Hungria, onde a grande maioria do povo fala húngaro, há também minorias que falam: vogul, ostiak, alemão, eslovaco, croata, romeno; na Itália, onde o italiano é a língua oficial, falam-se porém: o alemão, o latim, o francês, o grego e o catalão; na Namíbia, onde o inglês é a língua oficial, são também falados alguns dialetos africanos, o alemão, e o afrikaan; na Polônia (polonês, língua oficial), o alemão tem falantes.

No Brasil, por causa da Segunda Guerra Mundial, criou-se, por força da propaganda, um preconceito contra o alemão. Também preconceitos contra outros povos foram alimentados, não só entre nós como em muitos países do mundo.

Felizmente, esse preconceito desaparece e cede lugar a um sentimento oposto de simpatia para com o povo alemão, para com sua cultura, seu amor ao trabalho, seu espírito de progresso.

O Brasil recebeu muitos imigrantes alemães, como também imigrantes italianos, espanhóis, libaneses, poloneses, japoneses, imigrantes que muito contribuíram e continuam contribuindo na construção de nossa Pátria, quer através dos primitivos imigrantes, quer através dos descendentes.[2]

---

[2] O autor deste livro é neto de alemães, pela linha paterna. Minha família procede de Holthausen, nos arredores de Osnabrueck, Hannover. Meus antepassados eram agricultores.

O mais remoto tronco de que tenho notícia é Johann Christopher Herkenhoff, nascido em Holthausen, em 1730, e ali falecido em 1830. Casou-se com Maria Lissabess Voss e um de seus filhos foi Gerhardt Heinrich Herkenhoff

O texto em alemão me foi oferecido por Astrid Katschthaler, colega de curso no Instituto de Direitos Humanos de Strasbourg.

5. Explicação preliminar sobre o artigo VII

O artigo de número VII contém quatro afirmações:
a) todos são iguais perante a lei;
b) todos têm direito, sem distinção, a igual proteção da lei;
c) todos têm direito a igual proteção contra qualquer discriminação que viole a Declaração Universal dos Direitos Humanos;
d) todos têm direito de proteção contra o incitamento a discriminações violadoras dos Direitos Humanos.

A igualdade de todos perante a lei significa:
a recusa a qualquer espécie de privilégio, favorecendo alguns;
a absoluta inaceitação de qualquer tipo de discriminação, prejudicando outros.

Voscord. Este casou-se com Katharina Elisabeth Frommeyer e foram pais de Friedrich Rudolf Herkenhoff Voscord. Deste, que se casou com Anna Elisabeth Middelberg, nasceu Mathias Heinrich Herkenhoff, o qual se casou com Emma Köhlbach.

Mathias Heinrich Herkenhoff, nascido em Holthausen, e Emma Köhlbach, nascida em Muenchenbernsdorf (Turíngia), são meus avós, pais de meu pai, Alfredo Herkenhoff, que se casou com a brasileira Aurora Néry Estellita Lins (Aurora Estellita Herkenhoff, depois de casada).

Esta reminiscência genealógica não tem qualquer traço de orgulho ou pretensão de nobreza, inclusive porque a origem de minha família é uma origem humilde (antepassados agricultores, como disse).

Creio que todos os seres humanos são iguais. Todos são dotados de dignidade e grandeza. A origem não tem a menor importância. Só tem sentido falar em ascendentes quando o fundamento dessa busca é o carinho que devemos a nossos pais. E ainda ressalvo: a ascendência sangüínea e a ascendência adotiva têm exatamente o mesmo valor, a mesma força afetiva.

Na prática, será impossível vigorar uma igualdade real perante a lei numa sociedade desigual economicamente e, mais ainda, numa sociedade na qual as desigualdades econômicas sejam brutais.

A igual proteção da lei, assegurada pelo segundo postulado do artigo, decorre da igualdade perante a lei. Significa que a lei deve proteger a todos, sem distinção. Todos devem estar sob o abrigo protetor da legalidade.

Para que todos sejam iguais perante a lei e para que a lei proteja a todos com igualdade será necessário que a própria lei deixe de consagrar privilégios e diferenças.

Observamos que, na prática histórica, a lei não tem desempenhado esse papel de instrumento igualitário. Muito pelo contrário, a lei é um dos mais poderosos mecanismos mantenedores e de justificação ideológica das desigualdades.

A lei, porém, encerra contradições. Os desprovidos de direitos, os marginalizados podem utilizar-se das contradições da lei para avançar na sua luta. Podem, por exemplo, exigir a igualdade, afirmada pela Declaração Universal dos Direitos Humanos e acolhida pela maioria das legislações, mesmo naqueles países onde as desigualdades são escandalosas.

O artigo examinado diz ainda que todos têm direito a proteção contra as discriminações, uma vez que as discriminações violam a Declaração dos Direitos Humanos.

Este preceito é conseqüência da igualdade afirmada. A igualdade ficará no vazio de uma afirmação bela, mas sem efeito concreto, se não houver meios eficazes que protejam as pessoas contra as inúmeras discriminações possíveis.

Finalmente, estabelece o artigo a proteção contra o incitamento às discriminações.

Esta parte final do artigo VII é muito importante. Verificamos, nas mais diversas sociedades, que existem, em grau maior ou menor, não apenas discriminações, mas até mesmo incitamentos a discriminações. Esse incitamento às discriminações é, algumas vezes, aberto e claro. Outras vezes, e com mais freqüência, entretanto, é um incitamento dissimulado. Esse incitamento dissimulado parece ser mais perverso e perigoso.

6. O artigo VIII em português

Artigo VIII. Todo homem tem direito a receber dos tribunais nacionais competentes remédio efetivo para os atos que violem os direitos fundamentais que lhe sejam reconhecidos pela constituição ou pela lei.

7. A exaltação da Justiça, na apóstrofe do evangelista Mateus

"Felizes os que têm fome e sede de Justiça, porque serão saciados" (Evangelho de Jesus Cristo segundo Mateus).[3]

8. O artigo VIII em indonésio

Pasal 8
Setiap orang berhak atas bantuan yang efektif dari pengadilan nasional yang kompeten untuk tindakan pelanggaran hak-hak dasar yang diberikan kepadanya oleh undang-undang dasar atau hukum.

---

[3] Evangelho de Jesus Cristo, segundo Mateus, capítulo 5, versículo 6. Apud *Bíblia Sagrada — Edição Pastoral*. Introdução, notas e tradução: Ivo Storniolo e Euclides Martins Balancin. São Paulo, Edições Paulinas, 1990, p. 1242.

9. Informação sobre o idioma indonésio

O indonésio é a língua oficial da Indonésia. De origem malaia, surgiu na Sumatra Oriental. Sua difusão é da maior importância na unificação cultural do país, uma vez que são falados 250 dialetos na Indonésia, além de 25 línguas locais. Dessas línguas locais, o javanês é a mais importante.

O malaio/indonésio tem 150 milhões de falantes, segundo o lingüista Ricardo C. Salles.[4]

10. Exame preliminar da matéria

O artigo VIII estabelece o princípio da proteção judicial dos direitos.

É um princípio lógico, um verdadeiro silogismo, isto é, um raciocínio dedutivo rigoroso. Duas premissas (*a* e *b*) conduzem necessariamente à conclusão (*c*), nestes termos:

a) a Constituição e a lei consagram direitos fundamentais em favor das pessoas;

b) esses direitos são, às vezes, desrespeitados;

c) para que esses direitos sejam reais, autênticos, será indispensável que a pessoa receba dos tribunais o remédio efetivo, sempre que aconteça uma violação de qualquer deles.

Assim, a Justiça deve ser o último reduto garantidor dos Direitos Humanos, com a missão fundamental e inafastável de proteger todo aquele que sofrer violência.

---

[4] SALLES, Ricardo C. *O Legado de Babel: as línguas e seus falantes*. Rio, Editora Ao Livro Técnico, 1993, p. 354.

Capítulo 24

Como as diferentes culturas percebem o núcleo das idéias contidas nos artigos VII e VIII da Declaração Universal dos Direitos Humanos

1. A igualdade perante a lei e a igual proteção da lei

A igualdade perante a lei e a igualdade na proteção da lei são princípios que têm um amplo acolhimento nas mais diferentes culturas.

As declarações de direitos da África, do Mundo Islâmico e das Américas sufragam, plenamente, o postulado da igualdade, quer perante a lei, quer na proteção da lei.

Essa convergência de visões, no que se refere a tais garantias, explicitada nas modernas Declarações de Direitos, tem explicação na herança das culturas que se espalham pelos diversos Continentes.

A idéia da lei como proteção contra o arbítrio está presente nas mais diversas culturas, desde o ensinamento de Kouang-tseu, na velha China,[5] passando pela antiga civilização grega (Demóstenes,[6] Heráclito de Éfeso).[7]

---

[5] Cf. HERSCH, Jeanne, organizadora. *O direito de ser homem.* Rio, Editora Conquista, 1972. Tradução de Homero de Castro Jobim, passim.

[6] Cf. ANDRIA, N. d'. *La démocratie athénienne, son origine, son évolution et sa constitution définitive au siècle de Périclès.* Paris, Montchrestien, 1935.

[7] Cf. JEANNIÈRE, A. *La pensée d'Héraclite d'Éphèse, avec la traduction intégrale des fragments.* Paris, Aubier-Montaigne, 1959, passim.

Na Europa, desde a Idade Média à Idade Contemporânea, o cuidado de preservar o indivíduo do poder arbitrário está presente na Suécia (Código de Magnus Erikson),[8] na Polônia (Modrzewski),[9] na Inglaterra (veja-se o caso Hampden),[10] na Alemanha (Karl Jaspers).

No Japão, Tsukasa Okamura[11] realçou o papel da lei na tutela da liberdade contra o despotismo.

Também a percepção da lei como força igualitária, contra os privilégios, tem a seu crédito um leque cultural bem amplo.

Assinale-se Rousseau, filósofo de língua francesa, pregando que ninguém, dentro do Estado, estivesse acima da lei.[12]

A exata percepção do que deva ser o regime de legalidade, que não se confunde com a idolatria da lei, tem igualmente uma profusa esteira cultural:

na velha tradição da Índia (no Mahabárata, um livro de sabedoria), assinala-se o conselho de que a aplicação racional temperasse a lei;

na antiga China, Siun Tseu advertia sobre a necessidade de que as leis estivessem confiadas ao zelo de espíritos retos, sem o que estariam fraudadas na sua finalidade;

---

[8] Code législatif national de Magnus Rikson. Serment Royal. Apud HERSCH, Jeanne. *Le Droit d'être un Homme*. Paris, Unesco/Lattès, 1990, p. 110.

[9] Cf. HERSCH, Jeanne, organizadora. *O direito de ser homem*. Rio, Editora Conquista, 1972. Tradução de Homero de Castro Jobim, passim.

[10] Affaire Hampden (1638, Angleterre). Cf. Sources of Constitutional History, p. 459 et suiv. Apud HERSCH, Jeanne. *Le Droit d'être un Homme*. Paris, Unesco/Lattès, 1990, p. 199.

[11] T. Okamura. Précis de droit. Tokyo. Hogaku-tsuron, 1899. Apud HERSCH, Jeanne. *Le Droit d'être un Homme*. Paris, Unesco/Lattès, 1990, p. 121.

[12] Cf. ROUSSEAU, J.-J. *Discours sur l'origine et les fondements de l'inégalité parmi les hommes*. 1755. Cf. ROUSSEAU. *Économie Politique* (1755). Textes choisis par Yves Vargas. Paris, Presses Universitaires de France, 1986. Cf. ROUSSEAU. Do contrato social (ou Princípios do Direito Político). Tradução de José Eduardo Campos de Oliveira Faria. **In:** Textos clássicos de Filosofia do Direito. Coordenação: Prof. Anacleto de Oliveira Faria. São Paulo, Revista dos Tribunais, 1981, p. 98 e ss.

na Roma Antiga, a apóstrofe de Cícero, verberando o excesso de legalismo que conduzisse à injustiça exacerbada;

na Inglaterra moderna, a ponderação de Hooker sobre a imperatividade do recurso à eqüidade, como implícito na lei.

2. O amparo judicial dos direitos

A idéia do direito das pessoas devendo ser amparado pelos tribunais tem também uma filiação cultural de fronteiras bem largas.

Nas diversas declarações de direitos, esse princípio foi unanimemente recepcionado: na América, na África, na Europa, no Mundo Islâmico.

As declarações de direitos dos diversos Continentes revitalizam uma tradição imemorial das mais diversas culturas quando falam do *direito a um tribunal justo e imparcial*, como um dos direitos fundamentais do ser humano.

Nem sempre se conheceu a função específica de julgar, como uma função autônoma, dentro do Estado. Muitas vezes, julgar era atribuição do próprio governante. Outrossim, só tardiamente, na evolução política dos povos veio a se imaginar o estabelecimento de garantias para a magistratura. Sem prejuízo desses fatos, a dignidade da função judicante, sua sacralidade, está presente em culturas ancestrais.

No Velho Testamento, o livro de Provérbios (29,2) diz que o povo se alegra quando se multiplicam as autoridades justas. Em Isaías (10,1-3), o profeta lança seu anátema contra os juízes que proferem sentenças opressivas para afastar os pobres dos tribunais, negando direito aos fracos.

No Islamismo, sempre se ensinou que a missão do juiz é julgar com sabedoria. E julgar é uma delegação do próprio Deus.[13]

Na Turquia, Ziya Pacha mostrava sua indignação ante a possibilidade de um julgador pronunciar uma sentença injusta.[14]

Na Grécia antiga, Hesíodo dizia da importância de se ouvir com solicitude o pedido de Justiça dos pleiteantes.[15]

Na Roma antiga, Cícero falava da destinação do ser humano para a Justiça.[16]

Em Madagascar (leste da África), um provérbio ancião diz que a Justiça não pode esperar, o Direito não pode ceder.[17]

Finalmente, entre os incas não se tolerava que procedesse com injustiça aquele encarregado de exercer tarefa de governo.[18]

3. O princípio da igualdade perante a lei e da igualdade na proteção da lei e suas exigências contemporâneas

O direito de *"igualdade perante a lei"* vem experimentando uma crescente sedimentação na consciência de pessoas e de povos.

---

[13] Al-Wansharisi. Livre des Magistratures. Século XVI. Apud Jeanne Hersch, *Le Droit d'être un homme*, cit., p. 187.
[14] Zyia Pacha, I. Citado em S. Kurgan, Ziya Pasa. Istambul, sem data. Apud Jeanne Hersch, *O direito de ser homem*, cit., tradução de Homero de Castro Jobim, p. 182.
[15] Hésiode. *Les travaux et les jours*. Trad. P. Mazon. Paris, Les Belles Lettres, 1928, passim.
[16] Cicéron. *Des Lois*. Livro I, 10 e 11. Trad. de Ch. Appuhn. (De Legibus). Paris, Garnier, 1954.
[17] Veyrieres, P. & G. de Meritens. *Le Livre de la Sagesse Malgache*. Paris, Editions maritimes et d'outre-mer, 1967. Apud "Le droit d'être un homme", cit., p. 449.
[18] Cf. Barnabé Cobo. *Historia del Nuevo Mundo*, t. III, livro XII, cap. XXVI. Apud Le droit d'être un homme, cit., p. 104.

Está bastante forte, no interior das mais diversas coletividades humanas, a idéia de insuficiência de uma simples *"declaração formal de igualdade perante a lei"*.

Em toda parte, soa a denúncia da pequenez de uma bombástica declaração de "igualdade perante a lei", quando condições econômicas e sociais estabelecem um fosso entre os seres humanos.

Também se aviva e cresce na consciência da Humanidade a idéia de falência de uma pretendida "igualdade perante a lei", no interior das nações, quando relações internacionais de exploração e a carência do sentido de solidariedade entre os povos estabelecem mecanismos que aumentam a distância entre países ricos, muito ricos, e países pobres, muito pobres.

A idéia de igualdade perante a lei vem sendo enriquecida por uma concepção radical de igualdade profunda entre todos os seres humanos.

A essa idéia radical de igualdade repugna qualquer concessão a desigualdades específicas. Nenhum ser humano, nenhum grupo humano, nenhum povo pode ficar fora do direito à igualdade.

Cresce na visão ética dos povos a visceral rejeição a todo tipo de discriminação.

Talvez esta seja a mais importante bandeira política do mundo moderno porque, não obstante o crescimento da consciência de igualdade do gênero humano, há bolsões de resistência. Infelizmente, o racismo, a intolerância para com o estrangeiro, as discriminações baseadas em sexo, religião, nacionalidade, origem social, riqueza não constituem coisa do passado.

E sobretudo, mesmo quando se proclama a igualdade e se recusam as discriminações nas leis, as situações concretas de desigualdade e discriminação perduram.

4. Apontando para o futuro, no amparo judicial de direitos

No que se refere ao *"amparo judicial de direitos"* é cada vez mais forte o sentimento da necessidade de que este seja um princípio concreto e efetivo, não uma simples promessa.

Neste ponto, reconhece-se que o maior obstáculo ao amparo judicial de direitos está na condição econômica das pessoas. São sobretudo os pobres que não têm o direito de receber dos tribunais o remédio efetivo para os atos que violam os direitos fundamentais da pessoa humana.

Será impossível haver uma *igualdade na Justiça* onde vigora a mais brutal *desigualdade no conjunto das relações sociais*.

Esforços devem ser feitos, sem prejuízo da constatação do problema global, no campo específico das instituições judiciárias. É premente que se possibilite a todas as pessoas o "amparo judicial dos direitos".

Para a consecução deste fim impõe-se que haja uma Justiça independente, democrática, sem submissão aos poderosos e sem ligação ideológica com grupos e classes dominantes.

O recrutamento de juízes — ponto da maior relevância — haverá de atender a critérios éticos rigorosíssimos. O nepotismo, o protecionismo e o afilhadismo hão de ser banidos dos tribunais.

Advogados competentes, solícitos, condignamente remunerados deverão estar à disposição dos mais pobres.

A instituição do Ministério Público, existente nas mais diversas organizações judiciárias do mundo, há de cumprir o seu papel de promotora da Justiça, de tutora e guarda dos grandes interesses coletivos.

Juízes e tribunais devem estar o mais próximo que for possível dos pleiteantes.

Os serviços legais e judiciários devem estar à disposição de todos cidadãos, como um direito universal, nunca devem constituir privilégio de alguns, como sustenta veementemente Jerold S. Auerbach, em face da realidade norte-americana.[19]

A Justiça haverá de ser rápida, transparente, altamente confiável, tratando todas as pessoas com igualdade, humana e receptiva à face dos fracos, independente e altaneira diante dos fortes.

---

[19] AUERBACH, Jerold S. *Unequal Justice — Lawyers and Social Change in Modern America*. New York, Oxford University Press, 1976, p. 308.

Capítulo 25

A Constituição Brasileira e os artigos VII e VIII da Declaração Universal dos Direitos Humanos

1. Nossa Constituição acolhe as disposições dos artigos VII e VIII da Declaração Universal dos Direitos Humanos

A Constituição Brasileira de 1988 acolhe plenamente as disposições dos artigos 7 e 8 da Declaração Universal dos Direitos Humanos.

2. O artigo III, inciso IV, da Constituição, e sua importância

O art. 3º, inciso IV, de nossa Carta Magna, diz que um dos objetivos fundamentais da República Federativa do Brasil é "promover o bem de todos, sem preconceitos de origem, raça, sexo, cor, idade e quaisquer outras formas de discriminação" (inciso IV).

3. A abrangência e relevância do artigo V

O art. 5º de nossa Constituição estabelece, em seus diversos incisos que:

— ninguém será obrigado a fazer ou deixar de fazer alguma coisa senão em virtude de lei (inc. 2);

— a lei não excluirá da apreciação do Poder Judiciário lesão ou ameaça a direito (inc. 35);

— a lei não prejudicará o direito adquirido, o ato jurídico perfeito e a coisa julgada (inc. 36);

— conceder-se-á *habeas corpus* sempre que alguém sofrer ou se achar ameaçado de sofrer violência ou coação em sua liberdade de locomoção, por ilegalidade ou abuso de poder (inc. 68);

— conceder-se-á mandado de segurança para proteger direito líquido e certo, não amparado por *habeas corpus* ou *habeas data*, quando o responsável pela ilegalidade ou abuso de poder for autoridade pública ou agente de pessoa jurídica no exercício de atribuições do Poder Público (inc. 69).

Questões para debate, pesquisa e revisão (individual e/ou em grupo), relacionadas com a Oitava Parte deste livro

1. Faça um estudo crítico da matéria contida nesta Oitava Parte ou de algum ponto específico tratado nesta Parte do livro.

2. Resuma esta Parte do livro, assinalando seus pontos mais importantes.

3. Faça uma comparação entre os artigos VII e VIII da Declaração Universal dos Direitos Humanos.

4. O princípio da igualdade perante a lei e a realidade social brasileira: discutir esta questão num texto escrito ou oralmente, num grupo ou no conjunto da turma.

5. O acesso aos tribunais: realidade ou promessa vã? Responda a pergunta em face da realidade brasileira, ou de seu Estado, ou de seu Município ou Comarca.

Nona parte

TRIBUNAIS INDEPENDENTES E IMPARCIAIS

A exigência de que os tribunais sejam independentes e imparciais. A presunção de inocência, o direito de ampla defesa, a proibição da prisão arbitrária e a repulsa a condenação por crime não previamente definido, com pena previamente estabelecida (artigos IX a XI, da Declaração Universal dos Direitos Humanos).[1]

Capítulo 26

Introdução aos artigos IX, X e XI

1. O artigo IX em português (versão oficial)

Artigo IX. Ninguém será arbitrariamente preso, detido ou exilado.

2. O artigo IX na versão do poeta

Nenhum homem será arbitrariamente detido, preso, exilado.

---

[1] O preâmbulo e os nove primeiros artigos da Declaração Universal dos Direitos Humanos constituem o núcleo central do documento, dando-lhe a tônica e a direção. Por este motivo, o preâmbulo e os artigos de números I a XI estão sendo objeto de um estudo aprofundado neste livro. De certa forma, os artigos que se sucedem dão conseqüência ao ideário desses primeiros artigos.

*Nesse domínio
os arbitrários se equivalem:
qualquer Fulgêncio Batista
é igual a Josef Stálin.*

(Geir Campos, poeta brasileiro.)[2]

3. O artigo IX em malaio

*Perkara 9.
Tiada sesiapa pun boleh dikenakan tangkapan, tahanan atau pembuangan negeri secara sewenang-wenangnya.*

4. Informação sobre o malaio

O malaio é falado: em Brunei (junto com o chinês e o inglês); em Malaísia (onde é a língua oficial; neste país, também se fala inglês, chinês, tâmil e ibã); na Tailândia (a língua oficial é o tai; fala-se também na Tailândia o chinês, o malaio, o vietnamita e o dialeto laociano).

Ricardo C. Salles, na sua magnífica obra *"O Legado de Babel — as línguas e seus falantes"* não informa, separadamente, quantos são os falantes do malaio. Engloba o malaio e o indonésio, numa única cifra, para afirmar que os falantes dos dois idiomas são 150 milhões.[3]

5. Palavra preliminar sobre o artigo IX

O artigo de número IX garante o ser humano contra três espécies de graves violências:

---

[2] CAMPOS, Geir. "Canto ao Homem da ONU". In: *Canto de Peixe & outros Cantos*. Rio, Civilização Brasileira, 1977, p. 86 e ss.
[3] SALLES, Ricardo S. *O Legado de Babel — as línguas e seus falantes*. Rio de Janeiro, Ao Livro Técnico, 1993, p. 354.

a) a prisão arbitrária;
b) a detenção arbitrária;
c) o exílio.

Não há uma redundância quando o artigo refere-se a prisão e detenção. A detenção, no caso, significa qualquer espécie de medida que impossibilite a liberdade de locomoção, mesmo que sem o nome de prisão. Quer a prisão, propriamente dita, quer a simples detenção, desde que sejam arbitrárias, isto é, sem amparo legal, são condenadas.

As leis devem colocar à disposição das pessoas instrumentos legais que sanem com rapidez a prisão ou detenção arbitrária. A Justiça deve estar organizada de maneira a pronunciar-se com absoluta presteza em face da alegação de uma prisão ou detenção arbitrária.

No artigo que estamos examinando, o advérbio (arbitrariamente) é colocado no início da frase. Seguem-se depois os adjetivos (preso, detido, exilado). Assim, numa interpretação gramatical, teríamos a conclusão de que o artigo proíbe o exílio apenas quando o exílio é arbitrário.

No contexto da Declaração, não nos parece que esta seja a interpretação correta.

Se todo homem tem direito à liberdade e à segurança pessoal, se o castigo cruel é rechaçado, se todos têm direito à proteção da lei, se todo homem tem direito de regressar a seu país, se todo homem tem direito a uma nacionalidade (com as implicações conseqüentes, para não ser um princípio inócuo), se todo homem tem o direito de participar do governo de seu país, o exílio, em nenhuma hipótese, pode ser admitido, uma vez que contraria todos esses postulados e garantias.

Assim, a meu ver, o artigo tem o seguinte sentido:
a) ninguém será arbitrariamente preso ou detido;
b) ninguém será exilado.

Quando o artigo IX determina que ninguém será arbitrariamente preso ou detido mostra preocupação com os danos da prisão.

Está, a nosso ver, dentro do âmbito de medidas para preservar os valores do artigo, tudo fazer para evitar a prisão e para prevenir a delinqüência.

Anne Wyvekens defende a prevenção da delinqüência e a participação das comunidades locais nessa empreitada. A autora é professora e pesquisadora da Universidade de Montpellier. Assiste-lhe razão na tese que defende pois a comunidade é o ambiente natural do ser humano e pode ser responsável pelo florescimento de qualidades humanas, éticas, cívicas.[4]

A prisão preventiva, admitida pelo Direito brasileiro e de outros países, deve ter um caráter de absoluta excepcionalidade. O abuso das prisões preventivas que se observa, com freqüência, no Brasil, por exemplo, torna a prisão arbitrária e, por conseguinte, condenada pelo artigo IX da Declaração Universal dos Direitos Humanos. Acresce, para aumentar a violência da conduta judicial aqui criticada, que as prisões preventivas, decretadas de maneira sistemática e sem maiores cuidados, atingem, principalmente, os pobres.

Fernando Tocora, num estudo sobre o abuso na utilização da prisão preventiva, observa que essa prática atinge a generalidade dos países da América Latina.[5]

---

[4] A opinião a que nos referimos foi defendida por Anne Wyvekens no artigo "*Justice Penale et Environnement Local: le milieu ouvert et l'insertion locale des juridictions*". Saiu em: Archives de Politique Criminelle, n. 13. Publicação do "Centre de Recherches de Politiqueriminelle". Editions A. Pedone, 1991, Paris, p. 43 e ss.

[5] TOCORA, Fernando. *Politica criminal en America Latina*. Bogotá, Ediciones Libreria del Profesional, 1990, passim.

O mal não se restringe ao Terceiro Mundo. Luigi Lacchée faz um estudo semelhante, com relação à Itália, e chega a resultados constrangedores.

Essa pesquisa que trata da prisão preventiva na Itália cobre o período compreendido entre 1865 e 1913. Uma incursão meramente histórica? Infelizmente parece que não. As conclusões do pesquisador permanecem atuais. O trabalho mostra o caráter classista com que esse tipo de prisão foi executado, no período examinado. Relata dados estatísticos de indivíduos presos preventivamente que foram declarados inocentes pela própria Justiça. Em 1869, ocorreram 184.885 aprisionamentos. 93.444 indivíduos, vítimas da prisão preventiva, foram postos em liberdade, no mesmo ano em que ocorreu a prisão.[6]

Trate-se de prisão preventiva, de prisão por sentença ou qualquer espécie de prisão, o encarceramento torna-se arbitrário, se não é proporcionada ao preso a oportunidade de trabalhar.

Defendemos o "direito ao trabalho", desde os nossos tempos de advogado, e depois como juiz de Direito. Proporcionamos aos presos a oportunidade de trabalhar. Numa comarca do interior do Espírito Santo (São José do Calçado), na qual exercemos a judicatura, contamos com o apoio da comunidade para o trabalho de reinserção social do preso. Durante o tempo em que servimos na Comarca (4 anos), não houve uma única reincidência, no universo de presos abrangidos pela política criminal humanista e liberal que adotamos.

Um preso fugiu quando nossa conduta judicial estava sendo inspecionada pela Corregedoria Geral da Justiça.

---

[6] LACCHÉ, Luigi. *La giustizia per i galantuomini. Ordine e libertà nell'Italia liberale: il dibattito sul carcere preventivo (1865-1913)*. Milan, Dott.A. Giuffrè Editore, 1990, passim.

Como naquela época (1966-1970) havia um provimento da Corregedoria proibindo o trabalho externo do preso, a orientação que estávamos adotando, numa primeira abordagem, feria as determinações do Tribunal de Justiça. Invocamos, em nossa defesa, a Declaração Universal dos Direitos Humanos, que salvaguarda a dignidade de toda pessoa e que, por conseguinte, proíbe que se faça do preso uma fera. Para nossa sorte, o preso fugitivo arrependeu-se do que fez. Compareceu ao fórum e disse, com palavras que não ficam bem colocadas dentro de um livro, que havia feito com o Juiz uma "coisa errada". Traíra a confiança do Juiz. E seu apelo foi textual:

"Eu me entrego, doutor. E agora quero ser trancafiado pois não mereci a oportunidade que o senhor me deu".

Muito aborrecido com o que havia feito, ainda mais num momento totalmente inoportuno, em que o próprio juiz estava sendo julgado pelos seus superiores, respondi:

"Seja feita a sua vontade. Vai ser trancafiado".

Um mês depois, já passada a tormenta (a Corregedoria não me condenou) e já passado o meu desapontamento, refleti que o preso merecia nova oportunidade porque, ao se entregar, redimiu-se da infidelidade.

Voltou a trabalhar e cumpriu a pena normalmente, sem tentar fugir.

Também no campo doutrinário defendemos essa postura, através de ensaios publicados. A realidade que vivíamos, como juiz, era a realidade do preso nas comarcas interioranas. Debruçando-me sobre essa realidade, tentei dar minha contribuição para que a Justiça fosse mais humana e tentasse a reinserção social do preso.[7]

---

[7] Alguns dos trabalhos publicados, pela ordem cronológica, foram os seguintes: a) O trabalho do preso e a absoluta necessidade de seu acolhimento por juízes e tribunais. *Informativo Semestral da Associação dos Magistrados do Espírito*

6. O artigo X em português

Artigo X. Todo homem tem direito, em plena igualdade, a uma justa e pública audiência por parte de um tribunal independente e imparcial, para decidir de seus direitos e deveres ou do fundamento de qualquer acusação criminal contra ele.

7. O direito a tribunal independente, no canto do poeta

*Todo homem tem direito
a ser ouvido em público
por uma corte de justiça imparcial
e independente.*

*Seja a corte civil ou marcial,
que mão lavra a sentença
quando o juiz pressente sobre a toga
forte espada suspensa?*

(Geir Campos, poeta brasileiro).[8]

8. O artigo X em holandês

Airteagal 10. Dlíonn na uile dhuine, i gcomhionannas iomlán lena chéile, éisteacht chothrom phoibli d'fháil ó bhinse neamhspleách neamhchlaon chun a chearta agus a oblagáidí agus aon chúiseamh coiriúil ina aghaidh a chinneadh.

Santo. Vitória, ano 1, n. 1, 8 de dezembro de 1972; b) Da Necessidade de Regulamentar o Trabalho do Preso das Cadeias do Interior, no Futuro "Código das Execuções Penais". *Revista do Conselho Penitenciário Federal*. Brasília, Conselho Penitenciário Federal, ano X, n. 30, julho a dezembro de 1973; c) O trabalho do preso das cadeias do interior. *Tribuna da Justiça*. São Paulo, 10/7/1974.
[8] CAMPOS, Geir. "Canto ao Homem da ONU". **In:** *Canto de Peixe & outros Cantos*. Rio, Civilização Brasileira, 1977, p. 86 e ss.

9. Informação sobre a língua

O holandês é uma língua do ramo germânico ocidental. É falado por aproximadamente 20 milhões de pessoas, na Holanda, Bélgica, Antilhas Holandesas, Indonésia, Suriname, noroeste da Alemanha e enclaves nos Estados Unidos e Canadá. Desse total de 20 milhões de falantes, 15 milhões têm o holandês como língua materna.

A maioria dos falantes do holandês, sobretudo na Holanda, é bilíngüe.

Na Holanda, fala-se também o frísio e o alemão.

Na Bélgica, o holandês e o francês são as línguas oficiais, mas nesse país também se fala o alemão.

No Suriname, o holandês é o idioma oficial, falando-se também: hindi, javanês, chinês, inglês.

10. Consideração introdutória

O artigo estabelece que todo ser humano tem direito a um tribunal independente e imparcial:

a) para julgá-lo, no caso de existir uma acusação criminal contra ele;

b) para decidir sobre seus direitos e deveres.

O artigo diz que a audiência do tribunal deve ser justa e pública.

E diz ainda que o serviço desse tribunal deve ser prestado em obediência ao princípio da igualdade entre as partes.

Assegura o artigo o direito a uma Justiça justa — o que seria um pleonasmo se não houvesse, como há, e tantas vezes — a justiça injusta.

O artigo proíbe os odiosos julgamentos secretos, bem como os não menos odiosos tribunais de exceção.

Talvez nada, neste mundo, mereça mais o vômito da revolta, o escarro do protesto do que os "falsos tribunais", que encenam uma "falsa justiça", destinada unicamente a sacramentar com a solenidade de uma toga enlameada uma sentença prostituída.

O artigo X não fala expressamente na rapidez do processo. Mas essa rapidez é um direito das partes. Não pode ser justa uma Justiça lenta.

O jurista italiano Gian Domenico Pisapia, professor da Universidade de Milão, fala na preocupação com a redução da lentidão do processo penal,[9] que é um problema praticamente universal, embora tenhamos que convir que há graus de lentidão. A Justiça não é igualmente morosa em todos os países.

11. O artigo XI em português

Artigo XI. 1. Todo homem acusado de um ato delituoso tem o direito de ser presumido inocente até que a sua culpabilidade tenha sido provada de acordo com a lei, em julgamento público no qual lhe tenham sido asseguradas todas as garantias necessárias à sua defesa.

2. Ninguém poderá ser culpado por qualquer ação ou omissão que, no momento, não constituíam delito perante o direito nacional ou internacional. Também não será imposta pena mais forte do que aquela que no momento da prática era aplicável ao ato delituoso.

---

[9] PISAPIA, Gian Domenico. "Le Nouveau Code de Procédure Penale Italien". In: *Archives de Politique Criminelle*, n. 13. Publicação do "Centre de Recherches de Politiqueriminelle", Editions A. Pedone, 1991, Paris. P. 115 e ss.

12. A pena injusta em versos de Camões

A pena que com causa se padece,
A causa tira o sentimento dela
Mas muito dói a que se não merece.

(Luís Vaz de Camões, poeta português.)[10]

13. O artigo XI da Declaração Universal dos Direitos Humanos em tagalog

Artikulo 11
(1) Ang bawat taong pinararatangan ng pagkakasalang pinarurusahan ay may karapatang ituring na walang-sala hanggang di-napatutunayang nagkasala alinsunod sa batas sa isang hayag na paglilitis na ipinagkaroon niya ng lahat ng garantiyang kailangan sa kanyang pagtatanggol.

(2) Walang taong ituturing na nagkasala ng pagkakasalang pinarurusahan dahil sa ano mang gawa o pagkukulang na hindi isang pagkakasalang pinarurusahan, sa ilalim ng batas pambansa o pandaigdig, noong panahong ginawa iyon. Hindi rin ipapataw ang parusang lalong mabigat kaysa nararapat nang panahong magawa ang pagkakasalang pinarurusahan.

14. Informação sobre a língua

O tagalog é uma língua falada nas Filipinas. Nesse país, o idioma oficial é o filipino. Além do filipino (língua oficial) e do tagalog, as línguas que têm mais falantes nas Filipinas são: o cebuano, o iloco, o igugao, o bicol e ainda o inglês e o espanhol.

---

[10] Apud *"Dicionário Enciclopédico da Sabedoria"*, organizado e coordenado por A. Della Nina. São Paulo, Editora das Américas, 1955, vol. V, p. 234.

Quase mil línguas e dialetos são falados nas Filipinas.
Com 7.107 ilhas, as Filipinas são o segundo maior arquipélago do mundo, somente superado pela Indonésia (17.500 ilhas).

15. A título de introdução ao artigo XI

O artigo XI é constituído de dois parágrafos.

O parágrafo 1 estatui, em favor de toda pessoa acusada de ter praticado um delito:

a) a presunção de ser ela inocente;

b) a garantia de que a culpa seja provada de acordo com a lei, em julgamento público;

c) o direito de ampla defesa.

A inocência é presumida, a culpa é que tem de ser provada. Não é o contrário, como tantas vezes acontece: a pessoa ser obrigada a provar que é inocente, em face da suspeita de um crime.

A culpa deve ser provada de acordo com a lei, em julgamento público.

A pessoa acusada de um crime tem sempre o direito de ter ampla defesa, ainda que se trate de um crime muito grave. E até diríamos mesmo: quanto mais grave o crime, mais necessária a defesa, como garantia de que se fará Justiça.

Ao defender um criminoso, mesmo no caso de um delito gravíssimo, o advogado não compactua com o crime. Muito pelo contrário, presta um serviço à Justiça pois seria iniquidade extrema alguém ser condenado sem ter tido direito a ampla e completa defesa. O que o advogado não pode, de modo algum, é associar-se ao crime.

O parágrafo 2 assegura uma dupla garantia:

a) ninguém poderá ser culpado por qualquer ação ou omissão que, no momento, não constituíam delito perante o direito nacional ou internacional;

b) não será imposta ao ato delituoso pena mais forte do que aquela que era aplicável, no momento em que foi praticado.

Essa dupla garantia pode ser enunciada de outra forma: não há crime sem lei anterior que o defina, não há pena sem prévia cominação legal.

Justamente a presunção de inocência é que faz com que a "prisão preventiva", ou seja, a prisão de quem ainda não foi julgado, deva ser cercada de toda cautela.

Primeiro, os juízes deverão ser avaros na decretação das prisões preventivas.

Depois, a prisão preventiva, uma vez decretada, deve ser objeto de consideração especial.

Nunca será admissível que estejam misturados presos com prisão preventiva e presos já julgados.

Em qualquer hipótese, o preso há de ser sempre respeitado.

Sempre que possível a prisão domiciliar deve ser preferida ao recolhimento carcerário. Na Itália, Paolo de Ronza defende, com ponderáveis argumentos, a conveniência dessa conduta.[11]

A preocupação com medidas substitutivas da prisão, em toda parte, está no elenco das grandes teses dos penalistas contemporâneos.

Na Suíça, o tema foi magnificamente tratado por Pierre-Henri Bolle.[12]

---

[11] RONZA, Paolo de. *Manuale di Diritto dell'esecuzione penale*. Padoue Cedam - Casa Editrice Dott.Antonio Milani, 1989. Num livro de 366 páginas, o autor trata desta questão especialmente no 6° capítulo.

[12] BOLLE, Pierre-Henri. "De quelques aspects de la revision du Code Penal Suisse. Relecture de certains passages d'un avant-projet de reforme". **In:** *Archives de Politique Criminelle*, n. 13, 1991. Publicado pelo "Centre de Recherches de Politique Criminelle", de Paris, e Edições A. Padoue, também de Paris, p. 127 e ss.

Capítulo 27

Percepção diferenciada dos artigos IX a XI, segundo a peculiaridade das diversas culturas

1. Universalidade dos valores de Justiça, particularidade de suas expressões concretas

Fundados no mais profundo das diversas culturas, os valores de Justiça, presentes nos artigos 9 a 11 da Declaração Universal, são percebidos de maneira diferenciada, na particularidade de suas enunciações e colocações históricas.

2. A universalidade dos valores de Justiça, primeira abordagem deste capítulo

Os valores de Justiça permeiam as disposições constantes dos artigos 9, 10 e 11 da Declaração Universal dos Direitos Humanos.

Esses valores, na sua medula, estão presentes nas mais diversas culturas humanas.

No Oriente e no Ocidente, nas mais diversas latitudes, a proclamação da Justiça alimentou a profecia dos santos e dos sábios.

Oito séculos antes de Cristo, os levitas, na sua pregação itinerante, concitavam o povo de Israel para que seguisse a Justiça, e somente a Justiça, para que assim pudesse viver.[13]

Na mesma linha ética, Moisés admoestava, num comando incisivo, que não se oprimisse o irmão.[14]

No Islamismo, os Profetas assumiram, como atributo fundamental de sua missão, a luta pela Justiça.[15]

No Cristianismo, a exaltação da Justiça integra o catálogo de ensinamentos dos Evangelhos e de outros livros do Novo Testamento.

Na cultura clássica, herdada de Roma e da Grécia, também esteve presente com vigor o sentido de Justiça.[16]

Na Babilônia, no Egito, na Pérsia, na Etiópia, na Turquia, na tradição Akan, na cultura Zerma-Sonraí, na sabedoria Malgache, na herança dos Curdos, entre os Incas e os Astecas, igualmente, o sentimento de Justiça constituiu pedra angular dos valores sociais.

3. A particularidade das expressões concretas de Justiça, segunda abordagem deste capítulo

As diversas Declarações de Direitos acolhem os princípios estatuídos nos artigos 9, 10 e 11 da *Declaração Universal dos Direitos Humanos*.

Assim, podemos observar que essas franquias têm, não apenas o respaldo histórico das diversas culturas humanas, mas também o beneplácito das culturas que, contemporaneamente, se localizam nos diversos quadrantes da Terra.

---

[13] Deuteronômio, 16,20.
[14] Levítico, 25,14.
[15] AL-WANSHARISI. Livre des Magistratures. Século XVI. Apud Jeanne Hersch, *Le droit d'être un homme*, p. 187.
[16] Cf. Sófocles, Hesíodo e Cícero.

A *Carta Africana dos Direitos do Homem e dos Povos*, ao assegurar o direito de defesa, chega ao cuidado de estabelecer que a pessoa tem direito a um advogado de sua confiança. Ao assegurar o direito a tribunal independente, que deve beneficiar toda pessoa que compareça perante a Justiça, acrescenta o direito a um julgamento rápido.

A *Declaração Islâmica* não se limita também às estipulações contidas na *Declaração Universal dos Direitos Humanos*. Enriquece a Carta Universal com inspirados princípios. Lança o dever de protestar contra a injustiça como princípio paralelo do direito à Justiça. Ao direito individual de apelo aos tribunais soma o direito e o dever de defender os direitos alheios lesados, bem como os direitos da comunidade. Proclamando plenamente o direito à Justiça, lembrou-se a *Carta Islâmica* de ressalvar que ninguém pode sofrer discriminação pelo fato de defender direitos públicos ou privados. Respaldando o império da legalidade, proclama como direito e dever a desobediência cívica, ou seja, a desobediência a ordem que seja contrária à lei, não importando quem seja o autor dessa ordem. A expressa referência às circunstâncias em que um delito foi cometido (art. 5, letra "c") tempera com a eqüidade o princípio do processo legal. O abuso de poder é vedado com o mais amplo alcance quando a *Declaração Islâmica* protege a pessoa de modo a não ser molestada, sem fundamento, por organismos oficiais. O direito de asilo é engrandecido pelo apelo ao valor religioso quando se declara que a casa sagrada de Alá é refúgio para todos os muçulmanos.

Na *Declaração Islâmica de Direitos*, como espelho da cultura muçulmana, não há fronteiras rígidas entre o profano e o sagrado. Assim, o direito é sacralizado pela referência a valores transcendentais de natureza religiosa. A lei, nesta linha de entendimento, não tem o mesmo sentido de lei da cultura européia e norte-americana. A lei é a ordem humana que se edita a partir de um referencial divino. Este é um traço inerente à cultura islâmica, não é defeito que se devesse pretender corrigir, como se a visão ocidental de mundo tivesse de ter império em todos os recantos da Terra. Sem prejuízo da ligação entre o profano e o divino, a tolerância é parte integrante dos valores mais profundos do Islamismo.

Também a *Declaração Americana dos Direitos e Deveres do Homem* preocupou-se com a simplicidade e a celeridade dos processos e não apenas com a simples declaração do direito de acesso aos tribunais. Outro acréscimo que a *Declaração Americana* faz é aquele que resulta da expressa proibição de prisão de natureza civil. O direito da pessoa presa, no sentido de que a legalidade de sua prisão seja imediatamente examinada pelo juiz, é outra importante franquia da Carta de Direitos de nosso Continente. Adotando um princípio tão importante, a Declaração resgata a própria história do Direito no Continente, tendo em vista a importante contribuição da cultura mexicana no que tange à proteção judicial da liberdade. O direito de asilo é também acolhido sem reservas, fiel a Declaração Americana à tradição do Direito sobretudo latino-americano, nesta matéria.

Após todas estas considerações podemos concluir, com segurança, pela universalidade dos valores de Justiça, nas diversas culturas, havendo uma particularidade apenas nas expressões concretas desses valores.

Capítulo 28

Os artigos IX, X e XI da Declaração Universal dos Direitos Humanos e a Constituição Brasileira de 1988

1. O acolhimento dos artigos IX, X e XI da Declaração Universal dos Direitos Humanos pela Constituição Brasileira

A Constituição Brasileira recepciona, em amplitude, os artigos 9, 10 e 11 da Declaração Universal dos Direitos Humanos.

2. O artigo IX da Declaração Universal e a Constituição do Brasil

Quanto ao artigo 9, diz nossa Constituição que ninguém será preso senão em flagrante delito ou por ordem escrita e fundamentada de autoridade judiciária competente. O princípio só não prevalece nos casos de transgressão militar ou crime propriamente militar, definidos em lei (art. 5°, inc. 61).

Também a Constituição diz que a prisão de qualquer pessoa e o local onde se encontre serão comunicados imediatamente ao juiz competente e à família do preso ou à pessoa por ele indicada (inciso 62 do mesmo artigo 5°). Com o estabelecimento desse importante princípio ultrapassamos o texto da Declaração Universal.

Com outros cuidados complementares, previstos nos artigos 63 e seguintes do artigo 5°, também fomos além da franquia estipulada pelo artigo 9 da Declaração Universal:

"o preso será informado de seus direitos, entre os quais o de permanecer calado, sendo-lhe assegurada a assistência da família e de advogado" (inciso 63);

"o preso tem direito à identificação dos responsáveis por sua prisão ou por seu interrogatório policial" (inciso 64);

"a prisão ilegal será imediatamente relaxada pela autoridade judiciária" (inciso 65);

"ninguém será levado à prisão ou nela mantido, quando a lei admitir a liberdade provisória, com ou sem fiança" (inc. 66).

3. O artigo X da Declaração Universal e a nossa Constituição

O artigo 10 da Declaração Universal dos Direitos Humanos encontrou, na Constituição Brasileira, a mais ampla aceitação que se pode conceber. O "direito a tribunal independente", da Declaração Universal, nós o elevamos à excelsa garantia de fazer da Justiça o endereço onipresente para remediar qualquer lesão de direito. O princípio que nossa Constituição consagrou é o chamado "princípio da ubiqüidade da Justiça" e está redigido, nestes termos:

"a lei não excluirá da apreciação do Poder Judiciário lesão ou ameaça a direito" (art. 5°, inc. 35).

O tribunal de exceção, incompatível com o artigo 10 da Declaração Universal, foi expressamente repudiado pelo art. 5°, inc. 37, de nossa Carta Magna:

"não haverá juízo ou tribunal de exceção".

Como complemento dessa garantia, estipulou o inciso 53 do artigo 5º:

"ninguém será processado nem sentenciado senão pela autoridade competente".

4. O artigo XI da Declaração e a Constituição Brasileira

A presunção de inocência e o direito de ampla defesa, esposados pelo artigo 11, primeira parte, da Declaração Universal, tiveram plena guarida no nosso texto constitucional:

"ninguém será considerado culpado até o trânsito em julgado de sentença penal condenatória" (art. 5º, 57);

"aos litigantes, em processo judicial ou administrativo, e aos acusados em geral são assegurados o contraditório e ampla defesa, com os meios e recursos a ela inerentes" (art. 5º, 55).

A anterioridade da lei e da pena, prevista no artigo 11, segunda parte, da Declaração Universal, foi acolhida pelo artigo 5º, incisos 39 e 40, assim:

"não há crime sem lei anterior que o defina, nem pena sem prévia cominação legal";

"a lei penal não retroagirá, salvo para beneficiar o réu".

Como expressão e garantia do tribunal independente e do julgamento sumamente público (art. 10 e 11, da Declaração Universal), a Constituição consagrou a existência do tribunal do júri e reconheceu-lhe a soberania dos julgamentos, nestes termos:

"é reconhecida a instituição do júri, com a organização que lhe der a lei, assegurados:

a) a plenitude de defesa;

b) o sigilo das votações;

c) a soberania dos veredictos;

d) a competência para o julgamento dos crimes dolosos contra a vida" (art. 5º, inc. 38).

O "devido processo legal", presente nos artigos 9, 10 e 11 da Declaração Universal, foi cuidadosamente prescrito pela Constituição Brasileira:
"ninguém será privado da liberdade ou de seus bens sem o devido processo legal";
"são inadmissíveis, no processo, as provas obtidas por meios ilícitos;"
"a lei só poderá restringir a publicidade dos atos processuais quando a defesa da intimidade ou o interesse social o exigirem" (art. 5º, incisos 54, 56 e 60).

O art. 5º, inciso 68, da Constituição Brasileira define e regula o habeas-corpus, nestes termos:
"Conceder-se-á habeas-corpus sempre que alguém sofrer ou se achar ameaçado de sofrer violência ou coação em sua liberdade de locomoção, por ilegalidade ou abuso de poder".

Com a extensão que historicamente lhe têm dado os tribunais brasileiros, o habeas-corpus protege não apenas a estrita liberdade mas outros direitos correlatos.

O habeas-corpus serve de escudo para que se efetive a garantia prevista no artigo 9 da Declaração Universal dos Direitos Humanos. Através dele podem ser impedidas a prisão e a detenção arbitrárias, bem como, sem dúvida, o exílio, que é sempre uma violência à liberdade de ir e vir.

Também pode o habeas-corpus assegurar o cumprimento do artigo 10 da Declaração Universal, nas hipóteses em que o fundamento da acusação criminal contra alguém não for decidido por tribunal independente e imparcial, em audiência justa e pública.

Ainda o habeas-corpus dará guarida à presunção de inocência e às garantias necessárias à defesa criminal (art. 11, 1ª parte, da Declaração Universal dos Direitos Humanos).

Finalmente o habeas-corpus poderá dar remédio imediato à transgressão que ocorra ao princípio da anterioridade da lei e da pena, nos processos criminais (artigo 11, 2ª parte).

Questões para debate, pesquisa e revisão (individual e/ou em grupo), relacionadas com a Nona Parte deste livro

1. Faça um estudo crítico do conjunto da matéria contida nesta Nona Parte ou de algum ponto específico que lhe pareça mais importante.

2. Resuma esta Parte do livro.

3. Faça uma comparação entre os artigos IX e X da Declaração Universal dos Direitos Humanos.

4. Tribunais brasileiros: independentes e imparciais? Pode haver um julgamento global dos tribunais ou há ressalvas a serem feitas, diferenças a serem assinaladas?

5. A percepção dos Direitos Humanos na cultura islâmica: pesquisar e discutir.

6. Desenvolver num texto objetivo as idéias geradoras das garantias denominadas *"presunção de inocência"* e *"direito de ampla defesa"*. Essas garantias têm o respaldo da realidade no Brasil, no seu Estado, no seu Município?

Décima parte

AS GARANTIAS DA PESSOA HUMANA NO ESPAÇO SAGRADO DA INDIVIDUALIDADE

A defesa da privacidade, a liberdade de locomoção e residência, o direito de asilo. A nacionalidade, o casamento, a propriedade (artigos XII a XVII da Declaração).

Capítulo 29

A defesa da privacidade. A proteção da família, do lar, da correspondência, da honra e da reputação

1. Artigo XII em português (versão oficial)

Artigo XII. Ninguém será sujeito a interferências na sua vida privada, na sua família, no seu lar ou na sua correspondência, nem a ataques à sua honra e reputação. Todo homem tem direito à proteção da lei contra tais interferências ou ataques.

2. A voz do poeta

*"Ninguém seja incomodado
na sua vida privada.
Sua casa, sua família,
seja sempre respeitada.*

*A sua correspondência
nunca será violada.
Sua fama, sua honra,
nunca será atacada."*

(Padre Jocy Rodrigues, sacerdote e poeta.)[1]

3. Artigo XII em luganda

Ekitundu 12.

Eddembe ly'omuntu yenna eyo gyabera amaka ge era n'ebbaluwa ze tebitaataganyizzibwe nga oba okwazibwa mu ngeri etegoberera mateeka, so n'erinnya lye teriweebuulwenga oba okulebulwa. Buli muntu ateekwa okukuumibwa amateeka aleme kutaataaganyizibwa oba okulumbibwa mu ngeri eyo.

4. Informação sobre a língua

O luganda é a principal língua local falada em Uganda, ao lado do suaíle, que também tem um grande contingente de falantes. Entretanto, a língua oficial, no país, é o inglês.

O país fica no centro-leste africano, sem saída para o mar. Seu território é coberto por savanas, em uma região de planaltos elevados. Cortado pelos cursos d'água da bacia do alto rio Nilo, o país desenvolve grande parte de sua agricultura na região próxima do lago Vitória, que é o maior da África. O café é a principal riqueza de Uganda e perfaz 93% das exportações. A população é predominantemente rural (80%). Uganda tem 13 etnias.[2]

---

[1] RODRIGUES, Padre Jocy. *Declaração Universal dos Direitos Humanos.* Petrópolis, Editora Vozes, 1978.
[2] Dados retirados do *Almanaque Abril*, Edição de 1988, p. 659. Não consta o nome do autor do verbete consultado.

5. Sentido e abrangência do artigo 12

O artigo XII protege amplamente a privacidade de cada um. Defende a intimidade nas suas diversas dimensões. Proíbe interferências na vida privada, na família, no lar. Garante a inviolabilidade da correspondência. Veda ataques à honra e à reputação. E conclui afirmando que a lei dará proteção contra as interferências e ataques mencionados no artigo.

6. Vida privada, reduto sagrado da pessoa

A vida privada é um reduto sagrado, espaço indispensável à preservação do equilíbrio emocional do ser humano. O próprio homem público, permanentemente julgado por seus atos, tem direito a que o âmbito de sua privacidade permaneça inviolado.

7. Inviolabilidade da correspondência

A correspondência é uma manifestação da individualidade. Por esta razão é também inviolável. A abertura de cartas particulares por agentes da autoridade é um abuso injustificável.

8. Também a correspondência do preso é inviolável

A meu ver também o preso tem direito a que sua correspondência seja inviolável, mesmo o preso com sentença condenatória, pois a sentença condenatória não inclui este efeito restritivo no leque de suas implicações.

Razões de suposta segurança não justificam que as cartas dirigidas aos presos, ou endereçadas pelos presos a terceiros, sejam devassadas.

9. A Constituição Brasileira e as garantias do artigo XII da Declaração Universal dos Direitos Humanos

Estão plenamente assegurados por nossa Constituição as franquias presentes no art. XII da Declaração Universal dos Direitos Humanos.

Estabelece o art. 5º da Constituição Federal, em seus diversos incisos:

X - são invioláveis a intimidade, a vida privada, a honra e a imagem das pessoas, assegurado o direito a indenização pelo dano material ou moral decorrente de sua violação;

XI - a casa é asilo inviolável do indivíduo, ninguém nela podendo penetrar sem consentimento do morador, salvo em caso de flagrante delito ou desastre, ou para prestar socorro, ou, durante o dia, por determinação judicial;

XII - é inviolável o sigilo da correspondência e das comunicações telegráficas, de dados e das comunicações telefônicas, salvo, no último caso, por ordem judicial, nas hipóteses e na forma que a lei estabelecer para fins de investigação criminal ou instrução processual penal.

Capítulo 30

A liberdade de locomoção e de residência dentro das fronteiras de cada Estado. O direito de deixar qualquer Estado, inclusive o próprio, e a este regressar

1. O artigo XIII, segundo a versão oficial, em português

Artigo XIII. 1 - Todo homem tem direito à liberdade de locomoção e residência dentro das fronteiras de cada Estado.

2 - Todo homem tem o direito de deixar qualquer país, inclusive o próprio, e a este regressar.

2. A residência e a casa como o poeta a sente e vivencia

"Construí com vossos sonhos um abrigo no deserto antes de construir uma moradia no recinto da cidade.

Pois, da mesma forma por que voltais para casa no crepúsculo, assim faz o viajante que vive em vós, o sempre distante e solitário.

Vossa carta é o vosso corpo mais amplo.

Cresce ao sol e dorme no silêncio da noite, e também ela tem sonhos. Vossa casa não sonha e, sonhando, escapa da cidade para o bosque ou a colina?

Ah! Se pudesse enfeixar vossas casas na minha mão e, como um semeador, espalhá-las nas florestas e nas campinas!

Fossem os vales vossas ruas e os atalhos verdejantes vossas veredas, para que pudésseis procurar-vos uns aos outros através dos vinhedos e voltar com a fragrância da terra nas vossas roupas.

Contudo, o tempo dessas coisas não chegou.

No seu temor, vossos pais juntaram-se demasiadamente perto uns dos outros. E esse medo sobreviverá por algum tempo ainda. E durante esse tempo, as muralhas de vossas cidades separarão vossos campos de vossos lares."

(Gibran Khalil Gibran, poeta libanês.)[3]

3. O artigo XIII em arabela (Peru)

Sequesano 13.

1) Cante na jiyajinia rucuanejonu paniyani, cuaara rucuanejoora. Naajuhuaj, na naata pacunu tee na paniyani. Maj a tarinitianishiya.

2) Cante tamonu jiyajinia rucuanejonu paniyani, cuaara rucuanejoora. Na quianu panishacariuhua tama na jiyajiniajaaja, maja tarinitianishiya.

4. Informação sobre a língua

O arabela é um dos idiomas indígenas falados no Peru. Não integra o elenco de línguas oficiais, eis que estas são apenas: o espanhol, o aimará e o quíchua.

Os europeus ibéricos constituem a minoria da população peruana (15%). A maioria dos 24 e meio milhões de

---

[3] GIBRAN, Gibran Khalil. *O Profeta.* Tradução e apresentação de Mansour Challita. Prefácio de Austregésilo de Athayde. Rio de Janeiro, Associação Cultural Internacional Gibran, s/ ano, p. 29.

peruanos é formada de ameríndios (45%) e eurameríndios (37%).

O colonizador quis destruir, sem deixar vestígio, o esplendor e a grandeza do Império Inca. Mas não conseguiu, de todo, realizar seu intento genocida. A cidade de Cuzco e as ruínas de Machu Picchu[4] são eloqüente lembrança do grau de cultura e civilização que os incas alcançaram.

5. Explicação do artigo XIII

O artigo XIII é formado por 2 parágrafos.

O parágrafo 1 determina que todo homem tenha, dentro das fronteiras de cada Estado:

a) liberdade de locomoção;
b) liberdade de residência.

A liberdade de locomoção é o direito de circular dentro das fronteiras nacionais, sem qualquer embaraço ou restrição.

A liberdade de residência é o direito de fixar livremente cada um o seu próprio domicílio, onde queira, dentro das fronteiras do país.

O parágrafo 2 do artigo estatui que todo homem tem o direito de deixar qualquer país, inclusive o seu próprio país. E tem também o direito de regressar ao país que um dia tenha deixado.

Enquanto o parágrafo 1 do artigo XIII consagra o direito de circulação e residência na esfera nacional, o parágrafo 2 defende a mobilidade das pessoas, em nível de globo terrestre.

Quando uma onda de racismo e preconceito contra o estrangeiro — estrangeiro pobre, com mais exatidão — var-

---

[4] Que tive a emoção de visitar com minha família.

re os países do Primeiro Mundo (ou mundo dos ricos, se se prefere a expressão), este artigo assume uma extraordinária atualidade e vitalidade.

6. O artigo XIII da D.U.D.H. e a CF brasileira

O art. XIII da Declaração Universal dos Direitos Humanos é plenamente sufragado pela Constituição da República Federativa do Brasil, ao estabelecer no inc. XV do art. 5º esta disposição:

"é livre a locomoção no território nacional em tempo de paz, podendo qualquer pessoa, nos termos da lei, nele entrar, permanecer ou sair com seus bens".

Para qualquer restrição ilegal à liberdade de locomoção, a Carta Magna prevê o remédio do habeas-corpus, no inc. LXDVIII do mesmo art. 5º:

"Conceder-se-á habeas-corpus sempre que alguém sofrer ou se achar ameaçado de sofrer violência ou coação em sua liberdade de locomoção, por ilegalidade ou abuso de poder".

Capítulo 31

O Direito de Asilo

1. O artigo XIV da Declaração dos Direitos Humanos (versão oficial em língua portuguesa)

Artigo XIV. 1 - Todo homem, vítima de perseguição, tem o direito de procurar e de gozar asilo em outros países.

2 - Este direito não pode ser invocado em caso de perseguição legitimamente motivada por crimes de direito comum ou por atos contrários aos objetivos e princípios das Nações Unidas.

2. O direito de asilo, como o poeta o vê

"Todo homem perseguido
tem direito a recorrer
a outra terra ou País
pra poder se proteger.

Mas se ele está respondendo
por crime que cometeu
ou por prejuízo aos outros,
este direito perdeu."

(Padre Jocy Rodrigues, sacerdote e poeta.)[5]

---

[5] RODRIGUES, Padre Jocy. *Declaração Universal dos Direitos Humanos*. Petrópolis, Editora Vozes, 1978.

3. O artigo XIV em mixteco (México)

Artículo 14
1. Nú iyo iíñ ñayi jika jínu-i ñu-i chi ku nduku-i iín ñu nu ko-i.
2. Nu jako-i iín ñu chi ma kuu kundakuekaña'a ñayi ñu-i, suka ka'an tutu ya ma sa'a ndeva'sa tna-o.

4. Informação sobre a língua

O mixteco é um idioma indígena falado no México. Não é a mais importante língua indígena. A principal é o nahuatl. A tradução que aqui aparece é de autoria dos Professores Nicéforo Aguilar López e Justina Aguilar Hernández.[6]

5. Introdução ao artigo XIV

Este artigo proclama o "direito de asilo".

O "direito de asilo" protege todo aquele que é vítima de perseguição em seu país e que busca por este motivo um chão que o acolha.

O "direito de asilo" cria uma prerrogativa para o indivíduo, perante o Estado em que busca asilar-se. Ao mesmo tempo gera um dever para o Estado que é procurado como refúgio.

Nenhum Estado civilizado pode negar asilo quando fundadamente requerido. E a própria fundamentação é relativa. Num Estado que caia num regime ditatorial é fundado que peça asilo todo aquele que, em princípio, possa ser vítima de perseguição.

---

[6] Informação obtida via Internet, página das Nações Unidas.

Se o Estado que se vê diante de um pedido de asilo quiser prova da perseguição, em muitos casos exigir essa prova seria o mesmo que pedir o cadáver do perseguido.

O artigo refere-se a dois casos que excluem o direito de asilo:

a) perseguição legitimamente motivada por crimes de direito comum;

b) atos contrários aos objetivos e princípios das Nações Unidas.

Não elide o direito de asilo:

a) a alegação falsa ou simulada de crime comum ou ato contrário aos princípios das Nações Unidas;

b) a alegação de crime comum, ou ato contrário aos objetivos das Nações Unidas, quando o Estado que persegue não oferece qualquer garantia de julgamento justo e público do acusado.

Nas duas situações referidas pelo artigo, é indispensável que a perseguição seja legitimamente motivada para impossibilitar o asilo. Assim é que, mesmo no caso de atos contrários aos objetivos e princípios das Nações Unidas, só a perseguição legítima obstacula o direito de asilo.

6. O artigo XIV da Declaração de Direitos Humanos e a Constituição Brasileira

O art. 4º da Constituição de 1988 diz que a República Federativa do Brasil rege-se nas suas relações internacionais por dez princípios. Ao relacionar esses princípios, dentre os quais figuram a prevalência dos direitos humanos, a autodeterminação dos povos, a defesa da paz, conclui o artigo no seu último inciso:

X - concessão de asilo político.

A concessão do asilo político não é, assim, um acidente, um pormenor no conjunto das estipulações do ordenamento jurídico brasileiro. O asilo político é princípio que fundamenta as relações internacionais do Brasil.

Vê-se assim que nossa Constituição deu plena guarida ao artigo XIV da Declaração Universal dos Direitos Humanos.

Capítulo 32

O direito à nacionalidade, à mudança de nacionalidade e à proteção contra a privação arbitrária da nacionalidade

1. O art. XV na vernácula e oficial versão portuguesa

Artigo XV. 1 - Todo homem tem direito a uma nacionalidade.

2 - Ninguém será arbitrariamente privado de sua nacionalidade, nem do direito de mudar de nacionalidade.

2. A nacionalidade na pena do escritor

"A nação é uma alma, um princípio espiritual. Duas coisas, que na realidade são apenas uma, constituem essa alma, esse princípio espiritual. Uma delas está no passado, outra no presente. Uma é a posse comum de um precioso legado de recordações; outra é o consenso eficaz, o desejo de vida em conjunto, a vontade de fazer valer a herança que se recebeu intacta."

(Ernest Renan, escritor francês.)[7]

---

[7] Apud *Dicionário Enciclopédico da Sabedoria*. Organizado e coordenado por A. Della Nina. São Paulo, Editora das Américas, s/ ano, volume V, p. 9.

3. O artigo XV em nahuatl (México)

15. Tlen kaxtoli tlanauatili kiijtoua:
Nochi tojuantij tijpiaj manoj tijpiasej se amatl kampa ixnesis itookaj tochinanko o topilaltepej kampa titlakatijkej. Ni toamaj amo akaj ueli techkuilia. Nojkia tijpiaj manoj tijpatlasej toamaj tlaj tijnekij tikijtosej titlakatinij ipan seyok anali tlali (otro país), pero nopa amatl moneki tijkixtitij ipan nopa anali tlali.

4. Informação sobre a língua

O nahuatl é a principal língua falada no México, depois do espanhol, que é a língua oficial. É também falado em El Salvador. A tradução deste artigo da Declaração Universal dos Direitos Humanos para o nahuatl foi feita pelo Professor Gilberto Díaz Hernández.

5. Explicação preliminar sobre o artigo XV

O artigo 15 consagra três direitos correlatos:
a) o direito que toda pessoa tem a uma nacionalidade;
b) o direito de não ser privado arbitrariamente de sua nacionalidade;
c) o direito de mudar de nacionalidade.

Toda pessoa humana tem necessidade de uma referência nacional. Não ter nacionalidade é ser apátrida, situação que violenta profundamente a pessoa humana.

Justamente porque a nacionalidade é um direito essencial, ninguém pode ser arbitrariamente privado da nacionalidade que tem.

Finalmente, estabelece o artigo o direito humano de mudar de nacionalidade, segundo a conveniência da própria pessoa.

6. A Constituição Brasileira e o art. XV da D.U.D.H.

Nossa Constituição estabelece quais são os brasileiros natos e quais são os naturalizados. Impõe pouquíssimas restrições de direitos no que se refere aos naturalizados, pelo que podemos dizer que o Brasil é um país liberal ao disciplinar esta matéria.

São brasileiros natos:

a) os nascidos no Brasil, ainda que de pais estrangeiros, desde que estes não estejam a serviço de seu país;

b) os nascidos no estrangeiro, de pai brasileiro ou mãe brasileira, desde que qualquer deles esteja a serviço do Brasil;

c) os nascidos no estrangeiro, de pai brasileiro ou mãe brasileira, desde que sejam registrados em repartição brasileira competente, ou venham a residir no Brasil antes da maioridade e, alcançada esta, optem em qualquer tempo pela nacionalidade brasileira.

São brasileiros naturalizados:

a) os que, na forma da lei, adquiram a nacionalidade brasileira, exigidas aos originários de países de língua portuguesa apenas residência por um ano ininterrupto e idoneidade moral;

b) os estrangeiros de qualquer nacionalidade, residentes no Brasil há mais de trinta anos ininterruptos, sem condenação criminal, desde que requeiram a nacionalidade brasileira.

Aos portugueses com residência permanente no Brasil, se houver reciprocidade em favor dos brasileiros, serão atribuídos os direitos inerentes ao brasileiro nato, salvo os casos previstos na Constituição.

Alguns cargos são privativos de brasileiro nato. Assim só brasileiros natos podem ser: Presidente e Vice-Presidente da República, Presidente da Câmara dos Deputados e do Senado Federal, Ministro do Supremo Tribunal Federal, membro da carreira diplomática e oficial das Forças Armadas.

Será declarada a perda da nacionalidade do brasileiro que:

a) tiver cancelada sua naturalização, por sentença judicial, em virtude de atividade nociva ao interesse nacional;

b) adquirir outra nacionalidade por naturalização voluntária.

Encontramos assim uma absoluta coerência entre as normas da Constituição Brasileira e o art. XV da Declaração Universal dos Direitos Humanos.

Capítulo 33

**O direito ao casamento e à fundação de uma família.
O direito que a família tem à proteção
da sociedade e do Estado**

1. A versão oficial do artigo XVI

Artigo XVI. 1. Os homens e mulheres de maior idade, sem qualquer restrição de raça, nacionalidade ou religião, têm o direito de contrair matrimônio e fundar uma família. Gozam de direitos iguais em relação ao casamento, sua duração e sua dissolução.
2. O casamento não será válido senão com o livre e pleno consentimento dos nubentes.
3. A família é o núcleo natural e fundamental da sociedade e tem direito à proteção da sociedade e do Estado.

2. Os filhos, na poesia

"Vossos filhos não são vossos filhos.
São os filhos e as filhas da ânsia da vida por si mesma.
Vêm através de vós, mas não de vós.
E embora vivam convosco, não vos pertencem.

Podeis outorgar-lhes vosso amor, mas não vossos pensamentos,
Porque eles têm seus próprios pensamentos.
Podeis abrigar seus corpos, mas não suas almas;
Pois suas almas moram na mansão do amanhã, que vós não podeis visitar nem mesmo em sonho.
Podeis esforçar-vos por ser como eles, mas não procureis fazê-los como vós,
Porque a vida não anda para trás e não se demora com os dias passados.

Vós sois os arcos dos quais vossos filhos são arremessados como flechas vivas.
O Arqueiro mira o alvo na senda do infinito e vos estica com toda a Sua força para que Suas flechas se projetem, rápidas e para longe.
Que vosso encurvamento na mão do Arqueiro seja vossa alegria:
Pois assim como Ele ama a flecha que voa, ama também o arco que permanece estável."

(Gibran Khalil Gibran, poeta libanês.)[8]

3. O artigo XVI em catalão

Article 16
1. L'home i la dona, a partir de l'edat núbil, tenen dret a casar-se i fundar una família sense cap restricció per raó de raça, nacionalitat o religió. Tots dos tenen els mateixos drets pel que fa al matrimoni, durant el matrimoni i en la dissolució d'aquest.

---

[8] GIBRAN, Gibran Khalil. *O Profeta*. Tradução e apresentação de Mansour Challita. Prefácio de Austregésilo de Athayde. Rio de Janeiro, Associação Cultural Internacional Gibran, s/ ano, p. 15 e s.

2. *El matrimoni només pot ésser contret amb el lliure i ple consentiment dels futurs esposos.*

3. *La família és l'element natural i fonamental de la societat i té dret a la protecció de la societat i de l'Estat.*

4. Informação sobre a língua

O catalão é uma das línguas faladas na Espanha, ao lado do espanhol, basco e galego.

Na verdade o catalão não é apenas uma língua falada na Espanha, mas a língua de um povo. Os catalãos constituem uma nacionalidade, com língua e cultura própria. A Catalunha situa-se no extremo norte da Espanha e é banhada pelo Mar Mediterrâneo.

A Declaração Universal dos Direitos Humanos, no idioma catalão, eu a ganhei de um colega de curso, no Instituto Internacional de Direitos do Homem, em Strasbourg. O presente me foi oferecido pela Doutora Pilar Bernabeu Mazmela.

5. Explicação prévia sobre o artigo XIV

O artigo 16 trata do casamento e da família. Este artigo é subdividido em 3 parágrafos:

o primeiro trata do direito ao casamento e à fundação da família e da igualdade de direitos de homens e mulheres;

o segundo estabelece o princípio do livre consentimento como inerente ao casamento;

o terceiro define a família como núcleo natural e fundamental da sociedade, acrescentando que a família tem direito à proteção da sociedade e do Estado.

A família é depositária da vida, e não só da vida biológica, mas da vida espiritual, afetiva, num plano existencial que suplanta definições limitadas, moralistas e preconceituosas.

Parece que a família tem uma multiplicada missão:

a) aquela que se relaciona com as próprias pessoas que se casam. A família deve contribuir para proporcionar felicidade e realização humana. Se a família só tivesse sentido como geradora de vida, que dizer dos casais que não têm filhos?

b) aquela que se realiza na geração e educação dos filhos, numa atmosfera de segurança e amor;

c) aquela que se realiza em gerar na alma, através do filho adotivo;

d) aquela que se realiza na ampliação da família, não apenas pelas adoções, já referidas, como pelo acolhimento de pais, avós, agregados.

A família não é somente, nem principalmente uma instituição jurídica. Daí merecer todo respeito a família que se forma sem casamento legal. Também é família, sagradamente respeitável, a da mãe solteira e do filho ou filhos que advenham em tal situação. E mesmo a união homossexual, em clima de amor e respeito, tem a nosso ver direito de proteção.

Não cabem nesta matéria julgamentos morais exclusivas. Não cabe atirar a primeira pedra, procedimento que Jesus Cristo condenou com tanta veemência. O amor tudo justifica e tudo santifica, como está escrito na célebre epístola de Paulo. Não usamos aqui a palavra "santificar" num sentido exclusivista, confessional ou religioso. Esta obra não é um livro de Teologia, mas de Direitos Humanos. Seu autor não é um teólogo, mas um jurista.

6. O direito ao casamento e a igualdade entre os cônjuges

No primeiro parágrafo do artigo 16, estabelecem-se os seguintes princípios:

a) os homens e mulheres de maior idade têm o direito de contrair matrimônio e fundar uma família;

b) esse direito não pode ser restringido por causa da raça, nacionalidade ou religião das pessoas;

c) os homens e mulheres gozam de direitos iguais em relação ao casamento, sua duração e sua dissolução.

A primeira afirmação do parágrafo consagra o direito que todas as pessoas têm de se casar e de fundar uma família. Em outras palavras: ninguém pode ser impedido de casar e de fundar uma família, se esse for seu desejo.

A restrição do direito de casar, relativamente aos menores, não afronta este artigo da Declaração dos Direitos Humanos, segundo está expresso no próprio texto.

A segunda afirmação do artigo trata de certas restrições que poderiam, em situações concretas, ser obstáculo ao direito de casar e de fundar família. Tais seriam a raça, a nacionalidade ou a religião das pessoas. Diz, então, o artigo que esses motivos não podem impedir o matrimônio e a fundação da família.

Em nossa realidade de países do Hemisfério Sul, os principais obstáculos ao casamento e à fundação da família são de natureza econômica.

Também por motivo econômico, falta de informação e outros, casais simplesmente deixam de formalizar legalmente a união. Não me refiro aqui à opção de não casar legalmente. Refiro-me à situação social de estar fora da proteção legal que o casamento pode proporcionar, simplesmente por desamparo e marginalização social.

Como Juiz de Direito, no interior do Estado do Espírito Santo, senti essa realidade.[9]

---

[9] Em São José do Calçado, no sul do Espírito Santo, promovi, com amplo apoio da comunidade, uma campanha que denominei "Campanha da Cidadania Ampla", que consistia em promover registros de nascimento, casamento civil, reti-

O desemprego, os baixos salários, o alto custo da habitação e da alimentação constituem o drama que impede milhões de jovens de constituir uma família, como seria de seu desejo.

A terceira afirmação do parágrafo é a de que homens e mulheres gozam de direitos iguais em relação ao casamento. Essa igualdade de direitos abrange também as questões relativas à duração e dissolução do matrimônio. Em outras palavras: contraria a Declaração de Direitos Humanos qualquer princípio legal ou costumeiro que privilegie o homem ou a mulher, em matéria de casamento.

7. O princípio do livre consentimento

O segundo parágrafo do artigo 16 consagra o princípio do livre consentimento como inerente ao casamento. Isto é, o casamento só será válido com o livre e pleno consentimento dos nubentes.

Dizendo de outra forma: o casamento diz respeito às próprias pessoas que o contraem. Sem o consentimento delas não pode haver casamento. Ninguém pode substituir os próprios interessados, que são os nubentes, para consentir em nome deles.

---

rada de carteira de trabalho, obtenção de documentos civis em geral, matrícula de crianças na escola. Como eu era, ao mesmo tempo, Juiz de Direito da Comarca e Professor do Ginásio local, obtive um apoio entusiástico dos estudantes e dos professores para levar avante a Campanha. Registre-se, de passagem, que o ginásio desfrutava de prestígio e grande tradição, fundado pela educadora, hoje falecida, Professora Mercês Garcia Vieira, e mantido em funcionamento, num período de grave crise, por Magistrado que me antecedeu na Comarca — o Doutor Homero Mafra, também falecido.

8. Família, núcleo da sociedade, tem direito à proteção do Estado

O terceiro parágrafo do artigo 16 define a família como núcleo natural e fundamental da sociedade. Como conseqüência dessa definição, estabelece-se que a família tenha direito à proteção da sociedade e do Estado.

9. A Constituição Brasileira e o artigo XVI da Declaração Universal dos Direitos Humanos

A igualdade de homens e mulheres, no casamento, prevista no art. XVI da Declaração Universal dos Direitos Humanos, tem seu primeiro respaldo no ordenamento constitucional brasileiro, no princípio geral que estabelece que homens e mulheres são iguais em direitos e obrigações (art. 5º, inc. I).

Também o princípio proibitivo de restrições de direitos, no casamento, por motivo de raça, nacionalidade ou religião, tem seu fundamento originário no art. 5º, da Constituição, que estatui a igualdade de todos perante a lei, sem distinção de qualquer natureza.

O postulado que institui a inviolabilidade da casa (art. 5º, inc. XI, da Constituição), não obstante proteja a casa em geral, independente de quem nela resida (protege, por exemplo, a casa do indivíduo que viva sozinho), não deixa de constituir importante proteção da família, por assegurar a sacralidade do espaço onde, em regra, a família mora.

Especificamente sobre a família, a Constituição a define como base da sociedade e determina que tenha especial proteção do Estado (art. 226, da Constituição).

Manda ainda a Constituição:

a) que o casamento seja civil e que seja gratuita sua celebração;

b) que o casamento religioso tenha efeito civil (art. 226, parágrafos 2º e 3º).

A Constituição, a meu ver, avançou na definição que deu à família suplantando a própria Declaração Universal dos Direitos Humanos.

Para efeito de proteção do Estado, a Constituição reconheceu a união estável entre homem e mulher como entidade familiar, determinando que a lei facilite sua conversão em casamento. Entendeu ainda a Constituição, como entidade familiar, a comunidade formada por qualquer dos pais e seus descendentes.

Completando o princípio geral da igualdade entre mulheres e homens, a Constituição, ao se referir diretamente à família, determina com coerência:

"Os direitos e deveres referentes à sociedade conjugal são exercidos igualmente pelo homem e pela mulher".

Finalmente, deve ser destacado o princípio constitucional que determina que "o Estado assegurará a assistência à família na pessoa de cada um dos que a integram, criando mecanismos para coibir a violência no âmbito de suas relações".

Obviamente, muitas dessas importantes disposições permanecem letra morta se não forem proporcionadas condições econômicas para que a família floresça.

Capítulo 34

O direito de todos à propriedade. O direito que toda pessoa tem de não ser privada arbitrariamente da propriedade

1. O artigo XVII em português

Artigo XVII. 1. Todo homem tem direito à propriedade, só ou em sociedade com outros.
2. Ninguém será arbitrariamente privado de sua propriedade.

2. O artigo XVII na língua dendi

Asariya Weicini Iyente
1. BamEi, n bono fo no, noo zamas no, daama gono wo gonna duuri.
2. A sii n ma boro gana a duuri takii bono.

3. Informação sobre a língua dendi

A língua dendi é falada no norte de Benin, país do centro-oeste da África. É falada especialmente nas regiões de Djougou, Parakou e Manlanville.

A língua francesa é a oficial em Benin. Falam-se ainda nesse país: Bariba, Fulani, Fon, Ioruba.

Benin tem fortes vínculos culturais com a Bahia. O acarajé, tradicional prato da culinária baiana, integra também a culinária beninense com o nome de acará. Feijoada, azeite-de-dendê e inhame são pratos nacionais.[10]

O texto da Declaração Universal dos Direitos Humanos na língua dendi foi oferecido a mim pelo Dr. Antoine Sonagnon Padonou, meu colega de curso no Instituto Internacional de Direitos do Homem (Strasbourg, França). Antoine Sonagnon Padonou é militante da causa dos Direitos Humanos em Benin.

4. O direito de morar na singeleza e doçura da música popular brasileira

"Você sabe de onde eu venho?
De uma casinha que eu tenho
Fica dentro de um pomar.
É uma casa pequenina
Lá no alto da colina
E onde se ouve longe o mar.
Entre as palmeiras bizarras
Cantam todas as cigarras
Sob o pôr de ouro do sol.
Do beiral vê-se o horizonte
No jardim tem até uma fonte
E na fonte um rouxinol.
Quando eu desço pela estrada
Olho a casa abandonada
Sinto ao vê-la não sei o quê.
Como é triste a natureza

---

[10] *Almanaque Abril*, Edição de 1988, p. 258. Não consta o nome do autor do verbete consultado.

*Anda em tudo uma tristeza
Com saudades de você."*

(Luiz Peixoto e Pedro de Sá Pereira,
compositores brasileiros.)[11]

5. Introdução ao artigo XVII

O artigo 17 estabelece dois direitos complementares. O parágrafo 1 diz que todo homem tem direito à propriedade, só ou em sociedade com outros.

O parágrafo 2 afirma que ninguém será arbitrariamente privado de sua propriedade.

Deve ser observado, na redação do parágrafo 1, o uso da expressão "todo homem". Atribuir a "todo homem" ser sujeito do "direito de propriedade" é um princípio jurídico de extrema importância prática. Não se diz que uma parte dos homens tem direito de propriedade. Não se diz que têm direito de propriedade os homens que já são proprietários. Diz-se que "todo homem" tem direito de propriedade, ou seja, consagra-se o direito de propriedade como um direito universal.

As correntes conservadoras do pensamento jurídico e político pretendem invocar o "direito de propriedade" como um direito excludente. Dentro dessa ótica, a minoria de proprietários, num país no qual a propriedade é privilégio de uma casta, brande furiosa, com títulos de propriedade na mão direita e a Declaração Universal dos Direitos Humanos na mão esquerda:

---

[11] PEIXOTO, Luiz & Pedro de Sá Pereira. *Casinha da Colina*. Música do cancioneiro popular brasileiro que integra a obra "Minhas serestas", vol. I, de Loris Rocha Pereira. Além dos 3 volumes de "Minhas serestas", Loris Rocha Pereira publicou também "Velhos Carnavais". A letra transcrita, segundo informa Loris Rocha Pereira, é de 1929. Cf. PEREIRA, Loris Rocha. *"Minhas serestas"*. Belém, CEJUP, 1990, vol. I, p. 140.

"nós somos proprietários; respeitem nossa propriedade; a propriedade é um direito sagrado, não permite contestação".

Este argumento é capcioso e esconde um sofisma. A Declaração Universal dos Direitos Humanos diz que "todo homem", ou seja, "todo homem, sem exceção" tem direito à propriedade.

Em qualquer país onde a propriedade esteja concentrada nas mãos de poucos e a grande maioria não tem propriedade alguma, nesse país pisoteiam-se os Direitos Humanos.

Afirma ainda o parágrafo 1 que todo homem tem direito à propriedade, só ou em sociedade com outros.

O individualismo alimenta o sonho da propriedade particular e exclusiva. A sociedade de consumo, da qual vive o capitalismo, apresenta, com todo o seu poder de sedução, o mito da felicidade medida pelo número de coisas que alguém possui sozinho.

O solidarismo encoraja as experiências de partilha dos bens, dos bens possuídos em comum.

A Declaração Universal dos Direitos Humanos deixa a questão em aberto: protege, quer a propriedade individual, quer a propriedade solidária.

O parágrafo 2 afirma que ninguém será arbitrariamente privado de sua propriedade.

Este parágrafo deve ser interpretado em comunhão com o parágrafo anterior. Se todo homem tem direito de propriedade, nenhum homem será arbitrariamente privado da propriedade a que tem direito.

Num país onde milhares de lavradores sem terra buscam um pedaço de chão e seu clamor não é ouvido, nesse país, os trabalhadores sem terra estão sendo arbitrariamente privados do direito de propriedade.

Num país onde trabalhadores urbanos não têm uma habitação onde reclinar a cabeça, depois de um dia de labor, nesse país os trabalhadores urbanos estão sendo arbitrariamente privados do direito de propriedade.

Num país onde crianças perambulam pelas ruas e dormem, à noite, debaixo de uma ponte ou debaixo de um viaduto, porque não têm casa, nesse país essas crianças estão sendo arbitrariamente privadas do direito de propriedade.

6. A diversa percepção do direito de propriedade

O direito de propriedade, consagrado pela Declaração, é percebido de maneira diferente conforme as diversas culturas humanas.

As sociedades, cuja cultura é centrada no indivíduo, encaram o direito de propriedade dentro de uma concepção exclusiva e egoísta, sob o ângulo privado, sob a autoridade do privilégio.

As culturas fundadas no solidarismo e na partilha vêem o direito de propriedade sob um ângulo inteiramente diferente.

Mesmo dentro de sociedades individualistas, há colinas de solidarismo às quais ascendem os que têm força para fugir da contaminação da sociedade envolvente.

Testemunhei e tive a alegria de apoiar, no Brasil, belíssimas experiências de glebas de terra rural partilhadas por múltiplas famílias.

Dei também apoio, sempre como membro da Comissão "Justiça e Paz" da Arquidiocese de Vitória, a projetos de ocupação urbana, onde as casas das famílias operárias foram construídas pelo sistema de mutirão.

Em ocupações coletivas, ocorridas na Grande Vitória, ouvi depoimentos de ocupantes.

Num "Seminário sobre Solo Urbano", organizado pela Comissão "Justiça e Paz", em 1976, ouvi de uma nova mora-

dora de um terreno abandonado, que viera de ser ocupado, a afirmação de que
"a terra pertencia a Deus e era destinada a todos os homens".

Ela não era invasora, — completava essa senhora, — como pessoas letradas insistiam em afirmar. Ela ocupava um chão porque tinha o direito de viver e o terreno não podia ficar abandonado, como estava.

Esta é também a concepção de Dona Paulina que, com o marido e os filhos, integrava o grupo de 158 famílias pobres que se instalaram num bairro da periferia de São Paulo (Casa Verde), no dia 2 de novembro de 1989. O episódio foi registrado por uma publicação francesa que tratou do tema.[12]

Durante o tempo em que estive estudando na França, pessoas de boa vontade quiseram ouvir o relato de tais experiências. Uma organização francesa, o Comitê contra a Fome e pelo Desenvolvimento (CCFD), apóia algumas iniciativas populares no Brasil. Seus militantes, por duas vezes, me convidaram para lhes contar como esses fatos se passam no Brasil.[13]

7. A Constituição Federal e o artigo XVII da Declaração Universal dos Direitos Humanos

Já ao estabelecer que a "dignidade da pessoa humana" seja fundamento da República (art. 1º, inc. III), a Constituição indiretamente estabelece que a propriedade sirva ao ser humano e não que o ser humano sirva à propriedade.

---

[12] Cf. CCFD. *Brésil — une Terre pour la Vie*. Paris, IPG (impression), 1991, p. 3 e 4.
[13] Fiz as exposições solicitadas em 8 de dezembro de 1991, na cidade de Mesnieres en Bray, e em 18 de janeiro de 1992, na cidade de Evreux. Ver CCFD. *Brésil — une Terre pour la Vie*. Paris, IPG (impression), 1991, p. 1 a 6.

Também ao estatuir, como objetivo da República (art. 3º, inc. III), "erradicar a pobreza e a marginalização social", a Constituição veda o uso da propriedade que conduza à pobreza e à marginalização.

Depois, no elenco dos direitos e deveres individuais e coletivos, a Constituição garante o direito de propriedade e manda que a propriedade atenda sua função social (art. 5º, incisos XXII e XXIII).

No inc. XXVI do citado art. 5º, ordena a Constituição: "a pequena propriedade rural, assim definida em lei, desde que trabalhada pela família, não será objeto de penhora para pagamento de débitos decorrentes de sua atividade privativa, dispondo a lei sobre os meios de financiar o seu desenvolvimento".

Vê-se assim que nossa Constituição guarda ressonância com o art. XVII da Declaração Universal dos Direitos Humanos e até mesmo amplia, em relação à Carta Universal, o sentido social da propriedade, a idéia de propriedade a serviço da pessoa humana.

Questões para debate, pesquisa e revisão (individual e/ou em grupo), relacionadas com a Décima Parte deste livro

1. Faça um estudo crítico sobre algum ponto específico, que lhe pareça mais importante, contido nesta Décima Parte da obra.

2. Resuma esta parte do livro.

3. Faça uma comparação entre os artigos XIII e XIV da Declaração Universal dos Direitos Humanos.

4. Promover na sua Universidade, Faculdade ou escola um encontro entre líderes religiosos, dentro de uma perspectiva de compreensão e tolerância e de luta comum pelos Direitos Humanos.

5. Fazer uma pesquisa sobre conflitos fundiários no Brasil, ou no seu Estado, ou na sua região, ou no seu município.

Décima primeira parte

AS LIBERDADES DO SER PENSANTE, CRENTE, PARTICIPATIVO

A liberdade de pensamento, opinião, expressão, reunião, associação. O direito de participação na vida política e a consagração da origem popular do poder (artigos XVIII a XXI da D.U.D.H.).

Capítulo 35
**A liberdade de pensamento, consciência e religião.
A liberdade de manifestação da crença**

1. O artigo XVIII da Declaração Universal (em português)

Artigo XVIII. Todo homem tem direito à liberdade de pensamento, consciência e religião; este direito inclui a liberdade de mudar de religião ou crença e a liberdade de manifestar essa religião ou crença, pelo ensino, pela prática, pelo culto e pela observância, isolada ou coletivamente, em público ou em particular.

2. O direito à discordância exaltada pelo bispo poeta

*Se discordas de mim, tu me enriqueces
Se és sincero
E buscas a verdade
E tentas encontrá-la como podes,*

Ganharei
Tendo a honestidade
E a modéstia
De completar com o teu
Meu pensamento,
De corrigir enganos,
De aprofundar a visão...

(Dom Hélder Câmara, Bispo brasileiro.)[1]

3. O artigo XVIII em romeno

Articolul 18. Orice om are dreptul la libertatea gindirii, de constiinta si religie; acest drept include libertatea de a-si schimba religia sau convingerea, precum si libertatea de a-si manifesta religia sau convingerea, singur sau împreuna cu altii, atît în mod public, cît si privat, prin învatatura, practici religioase, cult si îndeplinirea riturilor.

4. Informação sobre a língua

O romeno é falado na Romênia e é também a língua oficial da Moldávia. Na Moldávia também se fala russo, ucraniano e turco. Como língua de minoria, o romeno é também falado na Hungria (ao lado do vogul, ostiak, alemão, eslovaco e croata).

O texto em romeno foi uma cortesia de Cristina Emiron, minha colega no curso que fizemos em Strasbourg, no Instituto Internacional de Direitos Humanos.

O romeno tem 25 milhões de falantes, conforme registra o lingüista Ricardo S. Salles.[2]

---

[1] CÂMARA, Dom Hélder. *O Deserto é Fértil*. Rio, Civilização Brasileira, 1975, 2ª edição, p. 29.
[2] SALLES, Ricardo C. *O Legado de Babel: as línguas e seus falantes*. Rio, Editora Ao Livro Técnico, 1993, p. 355.

5. O amplo sentido do artigo XVIII

O artigo 18 da Declaração consagra uma tríplice liberdade: de pensamento, consciência e religião.

As três liberdades integram-se e completam-se e têm um núcleo comum.

O pensamento não pode ser policiado, a consciência não pode ser policiada, o sentimento religioso não pode ser policiado.

No fundo o que se preserva é a liberdade de convicções, núcleo da tríplice liberdade assegurada pelo artigo.

6. A liberdade religiosa

O artigo entendeu de pormenorizar a liberdade religiosa para dizer que esta compreende:

— a liberdade de mudar de religião ou de crença;

— a liberdade de manifestar a religião ou a crença, seja pelo ensino e pela prática, seja pelo culto ou observância.

Ainda quis ser mais explícito o artigo: a prática ou culto merecerá a garantia do respeito, tanto se realize em particular ou isoladamente, quanto se realize em público e coletivamente.

Deve ser notado que a liberdade religiosa assegurada é ampla:

— protege os cultos minoritários, os cultos que não têm a preferência da elite dominante, enfim toda espécie de culto, sem exceção;

— protege o ensino e a propaganda religiosa;

— protege todas as expressões e conseqüências das opções religiosas, inclusive uma conseqüência muito séria: é quando a Fé leva a questionar as estruturas políticas, sociais e econômicas de uma determinada sociedade.

As restrições admitidas à liberdade religiosa são aquelas que decorrem do respeito às outras pessoas.

7. Liberdade de pensamento, consciência, religião e manifestação da crença na Constituição Brasileira

A Constituição Federal vigente dá amplo respaldo ao artigo 18 da Declaração Universal dos Direitos Humanos.

a) Liberdade de manifestação do pensamento.

É livre a manifestação do pensamento. O anonimato é proibido (art. 5º, inc. IV, da CF).

A expressão da atividade intelectual, artística, científica e de comunicação goza de liberdade, independentemente de censura ou licença (art. 5º, inc. IX, da CF).

Muito lutaram os intelectuais, os artistas, os estudantes e a sociedade em geral por esse direito.

Durante o regime militar, instituído a partir de 1964, livros foram apreendidos, peças teatrais foram suspensas, artistas foram presos e até torturados.

b) Liberdade de consciência e de crença.

É inviolável a liberdade de consciência e de crença e é assegurado o exercício dos cultos religiosos. É garantida a proteção aos locais de culto e às respectivas liturgias (art. 5º, inc. VI, da CF).

Essa garantia não se refere apenas às idéias filosóficas e às religiões que têm numerosos seguidores ou a simpatia das classes dominantes. É o que quer a Constituição. Toda religião, inclusive os cultos populares, o candomblé, merece o máximo respeito.

Capítulo 36

A liberdade de opinião e expressão. A liberdade de procurar, receber e transmitir informações e idéias por quaisquer meios e independentemente de fronteiras

1. O artigo XIX da D.U.D.H.

Artigo XIX. Todo homem tem direito à liberdade de opinião e expressão; este direito inclui a liberdade de, sem interferência, ter opiniões e de procurar, receber e transmitir informações e idéias por quaisquer meios e independente de fronteiras.

2. A liberdade cantada pelo poeta

Ser poeta é ter liberdade.
Ser poeta é ter a sua música.
Ser poeta é ter a alegria brilhando
mesmo entre as lágrimas crepusculares.
Ser poeta é abrir caminhos para
o fundo e escuro mar
prisioneiro no coração.
Ser poeta é ouvir os sinos!
Ser poeta é sentir que os sinos estão tangendo e enchendo os ares.

Ser poeta é ter no olhar a força que ilumina as pobres coisas.
Ser poeta é estar abrigado dos indefinidos rumores da morte.
Ser poeta é ser levado pelas correntes, ao sabor das águas,
ser poeta é gritar, cantar, sofrer.

(Augusto Frederico Schmidt, poeta brasileiro).[3]

3. O artigo XIX da Declaração Universal em húngaro

19.cikk. Minden személynek joga van a vélemény és a kifejezés szabadságához, amely magában foglalja azt a jogot, hogy véleménye miatt ne szenvedjen zaklatást és hogy határokra való tekintet nélkül kutathasson, átvihessen és terjeszthessen híreket és eszméket bármilyen kifejezési módon.

4. Informação sobre a língua

O húngaro é a língua oficial e altamente majoritária da Hungria, onde 98,8% da população fala o idioma nacional. Minorias contudo falam diversos idiomas no território húngaro, quais sejam: vogul, ostiak, alemão, eslovaco, croata, romeno.

O húngaro é também falado noutros países:

a) na Áustria, onde o alemão é a língua oficial, mas são falados por minorias o esloveno, o croata e o húngaro;

b) na Eslováquia, onde o eslovaco é a língua oficial, mas o húngaro também tem falantes;

---

[3] Apud "*Dicionário Enciclopédico da Sabedoria*", organizado e coordenado por A. Della Nina. São Paulo, Editora das Américas, 1955, vol. V, p. 308.

c) na Iugoslávia (Nova República Federal da Iugoslávia), onde o servo-croata é a língua principal, mas onde o esloveno, o macedônio, o húngaro e o albanês também contam com falantes.

5. A abrangência do artigo XIX

O artigo 19 abriga amplamente a liberdade de opinião e expressão.

Essa liberdade ampla explicita-se sob múltiplos aspectos:

a liberdade de ter opiniões, sem interferências;

a liberdade de procurar e receber informações e idéias, por quaisquer meios;

a liberdade de transmitir informações e idéias, pelos meios desejados;

a liberdade de exercer esses direitos, independentemente de fronteiras nacionais.

6. A Constituição Brasileira e as franquias que o artigo XIX da Declaração Universal dos Direitos Humanos assegura

O art. XIX da Declaração Universal dos Direitos Humanos é inteiramente acolhido pela Constituição da República Federativa do Brasil.

Estabelece o art. 5º de nossa Constituição, em seus diversos incisos:

é livre a manifestação do pensamento, sendo vedado o anonimato (inc. IV);

é assegurado o direito de resposta, proporcional ao agravo, além da indenização por dano material, moral ou à imagem (inc. V);

é inviolável a liberdade de consciência (inc. VI);

ninguém será privado de direitos por motivo de convicção filosófica ou política (inc. VIII);

é livre a expressão da atividade intelectual, artística, científica e de comunicação, independentemente de censura ou licença (inc. IX);

é inviolável o sigilo da correspondência e das comunicações de dados, telegráficas ou telefônicas (inc. XII);

é assegurado a todos o acesso à informação e resguardado o sigilo da fonte, quando necessário ao exercício profissional (inc. XIV).

Vemos assim que a Constituição Brasileira respaldou integralmente a liberdade de opinião e de expressão, sem restrições, salvo aquelas que dizem respeito ao direito de pessoas eventualmente atingidas pela opinião, expressão ou informação caluniosa, difamatória ou injuriosa.

Capítulo 37

A liberdade de reunião e de associação

1. O artigo XX da Declaração dos Direitos Humanos

Artigo XX. 1. Todo homem tem direito à liberdade de reunião e associação pacíficas.
2. Ninguém é obrigado a fazer parte de uma associação.

2. A força da associação na poesia de Thiago de Mello

"Folha, mas viva na árvore,
fazendo parte do verde.
Não a folha solta,
bailando no vento
a canção da agonia.
Grão de areia, quase nada,
inútil quando sozinho.
Mas que é terra,
a terra,
quando é grão
fazendo parte do chão,

*esta coisa firme
por onde o homem caminha."*

(Grão de Chão, de Thiago de Mello, poeta brasileiro.)[4]

3. O artigo XX da Declaração em turco

*Madde 20: 1 - Her sahis müslihane toplanma ve dernek kurma ve dernege katilma serbestisine maliktir.
2 - Hiç kimse bir dernege mensup olmaga zorlanamaz.*

4. Informação sobre o idioma

O turco é a língua oficial na Turquia e em Chipre. Na Turquia, são línguas faladas por minorias: o curdo, o árabe, o grego e o armênio.

Em Chipre, não só o turco é língua oficial, como também o grego.

O idioma turco é também falado:

na Geórgia, onde a língua oficial é o georgiano, mas têm falantes o russo, o armênio, o turco e o abkhaze;

na Moldávia (o romeno é a língua oficial). São idiomas falados o russo, o ucraniano e o turco;

na Mongólia — o calca mongólico é o idioma oficial, falando-se ainda o kazakh e o turco.

5. O artigo XX e seu alcance

O artigo 20 é subdividido em 2 parágrafos.

O primeiro parágrafo estatui a liberdade de reunião e de associação pacíficas.

---

[4] MELLO, Thiago de. *Poesia Comprometida com a Minha e a Tua Vida*. Rio de Janeiro, Civilização Brasileira, 1978, p. 13.

O segundo parágrafo diz que ninguém pode ser obrigado a fazer parte de uma associação.

Como colocou Emílio Castelar, escritor espanhol, "a associação das inteligências é um foco de luz mais brilhante que o sol; a associação das forças um elemento de poder invencível".[5]

Na complexa sociedade contemporânea, a liberdade de reunião e de associação constituem condição essencial para a subsistência da democracia.

Se é certo, desde sempre, que "uma andorinha só não faz verão", muito mais verdadeira é esta máxima da sabedoria popular nos dias de hoje.

Como é possível, no mundo moderno, lutar por direitos, protestar contra a injustiça, buscar avanços sociais, a não ser pela união, pelo mutirão, pela soma de esforços, pelas mãos que se juntam, pelas consciências que buscam sintonia em torno da causa comum!

6. O artigo XX da Declaração Universal dos Direitos Humanos em cotejo com a Constituição da República Federativa do Brasil

A vigente Constituição Brasileira não só contempla, em plenitude, as garantias do artigo XX da Declaração Universal dos Direitos Humanos, como até mesmo avança, em comparação com o texto internacional. Senão vejamos:

a) Reunião sem armas.

Todos podem reunir-se pacificamente, sem armas, em locais abertos ao público, independentemente de autorização.

---

[5] Apud "*Dicionário Enciclopédico da Sabedoria*", organizado e coordenado por A. Della Nina. São Paulo, Editora das Américas, 1955, vol. I, p. 366.

Exige-se apenas que a reunião não impeça outra que tenha sido convocada antes, para o mesmo local.

A fim de assegurar a precedência de quem pediu primeiro é exigido aviso prévio à autoridade competente (art. 5º, inciso XVI).

b) Liberdade de associação.

É plena a liberdade de associação para fins lícitos. A criação de associação não depende de autorização. As associações só podem ser dissolvidas por decisão judicial. As entidades associativas, quando expressamente autorizadas, têm legitimidade para representar seus filiados, na Justiça ou fora da Justiça (art. 5º, inc. XVII e ss.).

Capítulo 38

O direito que toda pessoa tem de participar na vida política de seu país. O igual direito de acesso ao serviço público

1. O artigo XXI em português

Artigo XXI. 1. Todo homem tem direito de tomar parte no governo de seu país diretamente ou por intermédio de representantes livremente escolhidos.
2. Todo homem tem igual direito de acesso ao serviço público do seu país.
3. A vontade do povo será a base da autoridade do governo; esta vontade será expressa em eleições periódicas e legítimas, por sufrágio universal, por voto secreto ou processo equivalente que assegure a liberdade de voto.

2. Governo do povo, nos versos do poeta

"*Vem, tornarei o continente indissolúvel,*
farei a mais esplêndida das raças
que o sol jamais clareou,
farei terras magnéticas divinas
com o amor dos camaradas,
com o duradouro amor dos camaradas.

*Hei de plantar o companheirismo
denso como o arvoredo a margear
todos os rios da América,
e ao longo das margens dos grandes lagos
e pelos prados todos
farei cidades inseparáveis
umas com os braços nos ombros das outras
com o bem humano amor dos camaradas.*

*A ti, ó Democracia, de mim
é isto — para te servir, ma femme!
A ti, por ti, vou estes cantos entoando.*

(Walt Whitman, poeta norte-americano).[6]

3. O artigo XXI da Declaração dos Direitos Humanos em norueguês

Artikkel 21. 1. Enhver har rett til a ta del i sitt lands styre, direkte eller gjennom fritt valgte representanter.
2. Enhver har rett til lik adgang til offentlig tjeneste i sitt land.
3. Folkets vilje skal være grunnlaget for offentlig myndighet. Denne vilje skal komme til uttrykk gjennom periodiske og reele valg med allmenn og lik stemmerett og med hemmelig avstemning eller likeverdig fri stemmemate.

4. Informação sobre a língua

O norueguês é falado na Noruega, com duas variações: bokmaal e nynorsk. Na Noruega fala-se também o lapão e o finlandês.

---

[6] WHITMAN, Walt. "Por ti, ó Democracia". **In:** *Folhas das Folhas de Relva.* Tradução de Geir Campos. São Paulo, Brasiliense, 1983, p. 61.

O norueguês tem falantes na Suécia, na Finlândia e enclaves nos Estados Unidos. O número de falantes do norueguês é de aproximadamente 5 milhões de pessoas.

Conforme ensina Ricardo C. Salles, o norueguês é língua da família indo-européia, ramo germânico setentrional ou escandinavo. O norueguês descende do antigo nórdico, língua germânica que foi falada pelos povos escandinavos entre os séculos VII e VIII.

Ainda Ricardo S. Salles acentua que

"embora indissociável da História do povo, poucos povos, como o norueguês, têm na História de sua língua e literatura um reflexo tão perfeito de sua própria História".[7]

5. O artigo XXI e o princípio democrático

O artigo 21 ressalva um elenco de condições fundamentais à prevalência do princípio democrático.

Assim diz o artigo que:

a) todo homem tem o direito de tomar parte no governo de seu país;

b) essa participação pode ser direta ou pode exercitar-se através de representantes livremente escolhidos;

c) todo homem tem igual direito de acesso ao serviço público do seu país;

d) a autoridade do governo terá por base a vontade do povo;

e) a vontade do povo será expressa em eleições periódicas e legítimas;

f) será adotado o sufrágio universal;

---

[7] SALLES, Ricardo C. *O Legado de Babel: as línguas e seus falantes*. Rio, Editora Ao Livro Técnico, 1993, p. 171 e ss.

g) será adotado o voto secreto ou processo equivalente que assegure a liberdade do voto.

Disse com muita razão Confúcio, líder espiritual e filósofo chinês[8]: "Sem a confiança do povo não há governo que subsista".

O artigo 21 usa a expressão ampla "todo homem", o que por si só não pode excluir ninguém.

Assim, parece-nos abusivo que, mesmo ao preso, sejam subtraídos os direitos políticos.

Está fora de cogitação que o preso, não condenado definitivamente, conserva integralmente seus direitos políticos.

A presunção de inocência é uma das franquias da Declaração Universal dos Direitos Humanos. No caso do Direito brasileiro, o princípio é plenamente abrigado pelo nosso ordenamento.

Se em favor de todo acusado existe sempre a presunção de inocência, retirar do preso não condenado o direito de voto é uma violência brutal.

Mesmo contra o preso condenado, a supressão dos direitos políticos, sob a chancela, no caso do Brasil, da permissão geral prevista na Constituição (suspensão ou interdição de direitos), contraria o espírito da Constituição, que tem no respeito à dignidade humana um dos seus fundamentos.

Já é pena mais que gravosa retirar de alguém a liberdade de ir e vir através do encarceramento. A supressão dos direitos políticos, excluindo da cidadania o indivíduo preso, marginaliza ainda mais o condenado, dificultando sua ressocialização. E a ressocialização deve ser busca-

---

[8] Apud "*Dicionário Enciclopédico da Sabedoria*", organizado e coordenado por A. Della Nina. São Paulo, Editora das Américas, 1955, vol. III, p. 146.

da pelo Estado, com empenho, como decorre da Constituição.

Parecem-me absolutamente oportunos os argumentos que arrolamos, em favor do direito de voto do preso, em 1987, na primeira edição de nosso livro "*Crime, tratamento sem prisão*":

"Se o preso é pessoa, se o preso tem direitos e precisa de lutar por esses direitos — um dos caminhos de luta é o da representação política.

Se os presos votassem, a situação das prisões não seria tão dramática quanto é.

Não existe razão para que, além de tantas restrições, o preso seja excluído do grêmio político. O voto também seria uma afirmação de personalidade da maior serventia na preservação da auto-imagem do preso.

Correlato ao direito de voto, é o direito de pertencer a partido político, se o preso assim o desejar".[9]

Por duas vezes, batemos às portas do Tribunal Regional Eleitoral do Espírito Santo, em nome da Pastoral Carcerária, pleiteando o "direito de voto" para os presos, através de habeas-corpus. Uma vez antes da Constituição de 88, com base simplesmente na Declaração Universal dos Direitos Humanos. Outra vez, após a promulgação da Constituição. Infelizmente, nem antes, nem depois, a Justiça acudiu nosso apelo.

Percebemos que devido ao aumento da criminalidade, existe em amplos setores da opinião pública uma grande rejeição à pessoa do preso.

A Campanha da Fraternidade de 1997, liderada pela Igreja Católica e apoiada por outras Igrejas e por mulheres e

---

[9] HERKENHOFF, João Baptista. *Crime, tratamento sem prisão*. Petrópolis, Editora Vozes, 1987, p. 92.

homens de boa vontade, sem qualquer vinculação religiosa, fez do preso o tema da reflexão de Quaresma. Esse fato contribuiu muito para aumentar, em nosso país, a compreensão para com o problema carcerário.

Lutar pela dignidade do preso não é desconhecer a tragédia das vítimas e das famílias das vítimas, sobretudo no caso de crimes em que há violência contra a pessoa. A vítima merece a mais irrestrita solidariedade.

Entretanto, o preso não pode sair da prisão embrutecido, pior do que quando entrou. Se isso acontece, a prisão passa a constituir uma grave ameaça à segurança pública.

Vemos com alegria que a tese de nosso livro, que o pleito de nossos pedidos de habeas-corpus e a voz que erguemos, em São José do Calçado, no interior do Espírito Santo, quando lá exercemos a função de Juiz de Direito (1966-1970), em favor do "voto do preso", ganha adesões cada vez mais amplas.

Está na hora de reconhecer ao preso o direito de votar.

6. O artigo XXI da Declaração Universal dos Direitos Humanos e a Constituição da República Federativa do Brasil

A Constituição Federal votada em 1988 salvaguardou amplamente o art. XXI da Declaração Universal dos Direitos Humanos, eis que desenhou o perfil de uma sociedade democrática.

Diz nossa Constituição que a soberania popular será exercida pelo sufrágio universal e pelo voto direto e secreto, com valor igual para todos.

Estabelece ainda que, nos termos da lei, a soberania popular será efetivada através de três instrumentos da maior importância:

a) o plebiscito;

b) o referendo;

c) a iniciativa popular;

O plebiscito, o referendo e a iniciativa popular são mecanismos da democracia semidireta.

Esses instrumentos podem ser usados tanto para tratar de matérias constitucionais, como de matérias de legislação ordinária.

O plebiscito é o pronunciamento do povo sobre a conveniência ou inconveniência de uma lei a ser feita pelo Parlamento, ou mesmo a respeito de um tema constitucional.

O Ato das Disposições Constitucionais Transitórias (que se segue ao texto da Constituição Federal de 1988) havia estabelecido que no dia 7 de setembro de 1993 o eleitorado definiria, através de plebiscito, a forma e o sistema de governo que deveriam vigorar no país. Emenda constitucional posterior veio a antecipar o plebiscito para 21 de abril de 1992.

O eleitorado preferiu, como forma de governo, a república, rejeitando assim a monarquia constitucional, que era a outra opção.

Entre o parlamentarismo e o presidencialismo, o eleitorado preferiu o sistema presidencial de governo.

A Constituição estabelece também a exigência de plebiscito para a incorporação, subdivisão e desmembramento de municípios.

O plebiscito pode resolver-se, por voto de *sim* ou *não*, a respeito de uma proposta que seja apresentada ao povo.

O plebiscito que se realizou no Brasil quando João Goulart exercia a Presidência da República indagou por *sim* ou *não*, se o eleitorado aprovava o sistema parlamentarista de governo, adotado no país logo depois da renúncia do Presidente Jânio Quadros, como imposição dos militares para a posse do Presidente constitucional João Goulart.

O referendo é uma consulta ao povo a respeito do texto de uma lei ou reforma constitucional, quase sempre posterior à sua elaboração.

A iniciativa popular é o mecanismo que permite ao eleitorado propor uma lei ao Poder Legislativo.

A Constituição Federal prevê a iniciativa popular de leis complementares e ordinárias.

Diz que a iniciativa popular pode ser exercida pela apresentação à Câmara dos Deputados de projeto de lei subscrito por um por cento do eleitorado nacional, no mínimo. Os proponentes devem estar distribuídos por cinco Estados, pelo menos. Em cada um desses Estados a proposta deve ser assinada por não menos de três décimos por cento dos eleitores.

A Constituição Federal consagrou também a iniciativa popular de projetos de lei de interesse específico do município, cidade ou bairros, através de manifestação de, pelo menos, cinco por cento do eleitorado.

Quanto à iniciativa popular de leis, no âmbito dos Estados da Federação, o assunto foi regulado pelas respectivas Constituições Estaduais.

A Constituição Federal não admite a proposta de emendas constitucionais por via de iniciativa popular.

Pela Constituição, o alistamento eleitoral e o voto são obrigatórios para maiores de 18 anos. O alistamento e o voto são facultativos para os analfabetos, os maiores de 70 anos e os maiores de 16 anos e menores de 18 anos.

O voto facultativo para os menores de 16 anos, estabelecido pela Constituição de 1988, consagrou, segundo penso, uma inovação progressista. Embora a medida tenha sido defendida, com vigor, na sessão da Constituinte que a aprovou, pelo octogenário Afonso Arinos, não foi uma benesse dos velhos concedida aos jovens. A franquia, pelo contrário, foi obtida pela luta dos próprios interessados, através de suas organizações representativas, numa longa campanha nacional.[10]

A Carta Magna do país criou um sistema paulatino de alcance da cidadania: aos 16 anos a pessoa pode votar mas não pode ser eleito para cargo algum, pois a idade mínima de elegibilidade é atingida aos 18 anos, quando o cidadão pode ser vereador. Para outros cargos exigem-se idades gradativamente maiores. O voto facultativo aos 16 anos é, assim, como que um vestibular para a cidadania.

Acertou a Constituição, estabelecendo o caráter facultativo do voto aos 16 anos, pois o jovem não deve ser compelido a votar se ainda não se sentir atraído para a participação na vida pública.

Se muitos jovens, aos 16 anos, já participam de grêmios estudantis, associações de moradores, movimentos ecológicos, comunidades eclesiais de base, entidades civis em geral, discutindo, nesses espaços, os problemas de seu bairro, município, Estado ou país, parece bastante razoável que tenham também o direito de votar.

Em regra, não existe a plena maturidade psicológica e ética aos 16 anos. Daí se acertado que a responsabilidade penal só ocorra a partir dos 18 anos. Contudo, a prática política, por si mesma, vai contribuir para o amadurecimento do jovem.

Outra questão fundamental da democracia é a questão dos partidos políticos. O aprimoramento deles parido é fundamental para que se possa realmente ter, no Brasil, um sistema democrático.[11]

---

[10] A idade mínima para o voto, no Brasil, foi sendo reduzida, através dos tempos: 25 anos, na Constituição imperial; 21, na primeira Constituição republicana; 18, na Constituição de 34; e 16, na Constituição de 88.

[11] Um dos atos mais arbitrários do regime militar instituído em 1964 foi, justamente, a extinção dos partidos políticos então existentes.

Diz a Constituição que é livre a criação, fusão, incorporação e extinção de partidos políticos, resguardados o regime democrático, o pluripartidarismo, os direitos fundamentais da pessoa humana e a soberania nacional.

Estabelece a Carta Magna como requisitos dos partidos políticos:

a) caráter nacional;

b) proibição de recebimento de recursos financeiros de entidade ou governo estrangeiros ou de subordinação a estes;

c) prestação de contas à Justiça Federal;

d) funcionamento parlamentar de acordo com a lei;

É assegurado aos partidos políticos autonomia para definir sua estrutura interna, organização e funcionamento. Devem seus estatutos estabelecer normas de fidelidade e disciplina partidárias.

Os partidos têm direito a recursos do fundo partidário e acesso gratuito ao rádio e à televisão, na forma da lei.

É proibida aos partidos a utilização de organização paramilitar.

Questões para debate, pesquisa e revisão (individual e/ou em grupo), relacionadas com a Décima Primeira Parte deste livro

1. Faça um estudo crítico do conjunto da matéria contida nesta Parte da obra.

2. Resuma esta Parte do livro ou algum de seus capítulos.

3. Desenvolva amplamente, com dados adicionais a que consiga ter acesso, um dos capítulos da Décima Primeira Parte deste livro.

4. Faça um estudo comparativo entre os artigos XIII e XIX da Declaração Universal dos Direitos Humanos.

5. Fazer uma pesquisa sobre o seguinte tema: "As mais relevantes contribuições da 'Carta Africana dos Direitos do Homem e dos Povos', na caminhada universal dos Direitos Humanos".

6. Pesquisar quais são os Direitos Humanos mais freqüentemente ou mais violentamente desrespeitados em seu Estado, em seu município, em seu bairro ou em seu local de trabalho.

Décima segunda parte

TRABALHO E SEGURANÇA SOCIAL, FRANQUIAS ESSENCIAIS

A segurança social, os direitos econômicos e culturais. A proteção ao trabalho e a dignificação do trabalhador. O direito a um padrão de vida adequado (artigos XXII a XXV da Declaração).

Capítulo 39

O direito de todos à segurança social. A determinação de que se assegurem a todas as pessoas os direitos econômicos, sociais e culturais indispensáveis à dignidade humana e ao livre desenvolvimento da personalidade

1. O artigo XXII em português

Art. XXII. Toda pessoa, como membro da sociedade, tem direito à seguridade social, destinada a promover a satisfação dos direitos econômicos, sociais e culturais indispensáveis a sua dignidade e ao livre desenvolvimento de sua personalidade, graças ao esforço nacional e à cooperação internacional, tendo em conta a organização e os recursos de cada país.

2. A solidariedade, como traço da alma humana, segundo o poeta

"O coração de todo ser humano
foi concebido para ter piedade,
para olhar e sentir com caridade,
ficar mais doce o eterno desengano.
Para da vida em cada rude oceano
arrojar, através da imensidade,
tábuas de salvação, de suavidade,
de consolo e de afeto soberano."

(Cruz e Souza, poeta brasileiro.)[1]

3. O artigo XXII em sueco

Artikel 22. Envar äger i sin egenskap av samhällsmedlem rätt till social trygghet och är berättigad till att de ekonomiska, sociala och kolturella rättigheter, som äro oundgängliga för hans värdighet och för en fri utveckling av hans personlighet, förverkligas genom nationella ätgärder och mellanfolkligt samarbete med hänsyn tagen till varje stats organisation och resurser.

4. Informação sobre o idioma

O sueco, como nos informa Ricardo C. Salles, é uma língua da família indo-européia, ramo germânico setentrional ou escandinavo.[2] O sueco é falado na Suécia (onde é o

---

[1] Apud *"Dicionário Enciclopédico da Sabedoria"*, organizado e coordenado por A. Della Nina. São Paulo, Editora das Américas, 1955, vol. V, p. 272.
[2] SALLES, Ricardo C. *O Legado de Babel: as línguas e seus falantes.* Rio, Editora Ao Livro Técnico, 1993, p. 175 e ss.

idioma oficial), na Finlândia (onde é oficial, ao lado do finlandês), na Estônia e enclaves nos Estados Unidos e Canadá. Na Suécia e na Finlândia, minorias falam lapão. Na Estônia, a língua oficial é o estoniano, mas também o russo tem falantes.[3]

Cerca de 9 milhões de pessoas falam sueco.

Embora o sueco seja muito parecido com o dinamarquês e o norueguês, somente os falantes do norueguês o compreendem com facilidade, como observa o citado Ricardo Salles.

Tal como o dinamarquês, o sueco descende do antigo nórdico oriental. Do nórdico ocidental descendem o norueguês e o islandês.

5. Explicação sobre o artigo XXII

O artigo 22 da Declaração Universal dos Direitos Humanos estabelece princípios de grande relevância:

a) toda pessoa tem direito à seguridade (ou segurança) social;

b) o que legitima esse direito de cada pessoa é o fato da condição de membro da sociedade;

c) a seguridade social (ou segurança social) é destinada a promover a satisfação dos direitos econômicos, sociais e culturais;

d) esses direitos econômicos, sociais e culturais são definidos como indispensáveis à dignidade humana e ao desenvolvimento da personalidade de toda pessoa;

e) cada Estado deve prover esses direitos, de acordo com sua organização e nos limites de seus recursos;

---

[3] *Almanaque Abril*, edição de 1998. Verbete "Estônia", não constando o autor. Cf. *Almanaque Abril 98*. São Paulo, Editora Abril, Lucila Camargo (diretora de redação e autora da apresentação), p. 368.

f) a cooperação internacional é devida para que se assegurem a todas as pessoas os direitos proclamados no artigo.

Este artigo consagra a solidariedade social como elo que deve cimentar as relações humanas. Protege as pessoas contra uma organização econômico-social que se fundasse no egoísmo e no individualismo. Destaca de tal forma a importância da segurança social que empenha todos os povos no dever de assegurá-la através da cooperação internacional.

6. O artigo XXII da Declaração e a Constituição Brasileira

Os "direitos sociais" integram, na Constituição da República Federativa do Brasil, o Título II, que trata dos "direitos e garantias fundamentais".

Assim, já pela colocação dos "direitos sociais" no elenco dos "direitos e garantias fundamentais", a Constituição dá aos "direitos sociais" a relevância que merecem.

Os "direitos sociais" estão definidos e enumerados no Capítulo II, do Título II, da Constituição.

O primeiro artigo do capítulo dos Direitos Sociais começa dizendo que são direitos sociais a educação, a saúde, o trabalho, o lazer, a segurança, a previdência social, a proteção à maternidade e à infância e a assistência aos desamparados.

Em seguida, a Constituição passa a enumerar os direitos dos trabalhadores urbanos e rurais, prevenindo que essa enumeração não exclui outros direitos que visem à melhoria de sua condição social.

Pelo visto, nossa Constituição sufragou, plenamente, o conteúdo do artigo XXII da Declaração Universal dos Direitos Humanos.

Capítulo 40

O direito de todos ao trabalho e à livre escolha de emprego. O direito a condições justas e favoráveis de trabalho e a remuneração satisfatória que assegure ao trabalhador e à família uma existência digna

1. O artigo XXIII na sua versão oficial, em português

Artigo XXIII. 1. Todo homem tem direito ao trabalho, à livre escolha de emprego, a condições justas e favoráveis de trabalho e à proteção contra o desemprego.
2. Todo homem, sem qualquer distinção, tem direito a igual remuneração por igual trabalho.
3. Todo homem que trabalha tem direito a uma remuneração justa e satisfatória, que lhe assegure, assim como à sua família, uma existência compatível com a dignidade humana, e a que se acrescentarão, se necessário, outros meios de proteção social.
4. Todo homem tem direito a organizar sindicatos e a neles ingressar para proteção de seus interesses.

2. A exaltação poética do trabalho

"Vê como é farta a messe, meu amigo.
Vem conosco iniciar o labor da vindima,
dá-nos a tua mão para a colheita opima,

desde os legumes da horta ao alto e louro trigo.
A alma nutriz da seiva a tudo toca e anima.
Não há pedras no chão, caminha sem perigo.
Dar-te-emos do melhor sem o menor castigo,
o nosso aplauso, o nosso afeto, a nossa estima.
A terra, o tronco, a folha, a flor, o fruto, o galho,
são tudo um só convite, o amável agasalho,
a oferta vegetal do bem que te queremos.
Vê que seara brotou da feliz semeadura.
O trigo da amizade, o vinho da ternura,
as rosas e os jasmins com que te coroaremos."

(Antenor Nascimento Filho, poeta brasileiro.)[4]

3. O artigo XXIII em irlandês

Airteagal 23.
(1) Tá ag gach uile dhuine na ceart chun oibre, chun saoirse maidir le fostaíocht a thoghadh, chun coinníollacha córa sásúla oibre agus chun a cosanta in aghaidh na dífhostaíochta.
(2) Tá ag gach uile dhuine, gan aon idirdhealú, na ceart chun na páighe céanna le haghaidh na hoibre céanna.
(3) Tá ag gach duine a dhéanas obair na ceart chun luach saothair chóir shásúil a bhéarfas go mbeidh aige féin, agus ag a theaghlach, cóir mhaireachtana mar is dír do dhínit an duine, agus ina theannta sin pé caomhaint shóisialach eile is gá.
(4) Tá ag gach uile dhuine na ceart chun ceardchumainn chun a leasa a chosaint.

---

[4] NASCIMENTO FILHO, Antenor. "Messe". Apud *"Dicionário Enciclopédico da Sabedoria"*, organizado e coordenado por A. Della Nina. São Paulo, Editora das Américas, 1955, vol. IV, p. 196.

4. Informação sobre a língua

O irlandês é uma língua do ramo céltico, grupo insular. Com o escocês integra o subgrupo gaélico ou goidélico e das línguas célticas. O irlandês é falado por cerca de 1 milhão de pessoas. A maioria dos falantes do irlandês é bilíngüe.[5] O irlandês é a língua oficial da Irlanda, ao lado do inglês. Na Irlanda, fala-se também o gaélico.

A presença britânica na Irlanda do Norte é um permanente foco de tensões. Em outubro de 1997, o primeiro-ministro inglês vai à Irlanda do Norte e encontra Gerry Adams, líder do IRA. Pela primeira vez, um chefe de governo britânico senta-se à mesa com uma liderança do IRA, desde a divisão da Irlanda. Estes fatos dão esperança de que, finalmente, o povo da Irlanda do Norte tenha reconhecido o seu direito de autodeterminação.

5. Explicação sobre o artigo XXIII

O artigo 23 é integrado por 4 parágrafos.

No primeiro parágrafo, estabelece-se que:

a) toda pessoa tem direito ao trabalho;

b) toda pessoa tem direito à livre escolha do trabalho;

c) toda pessoa tem direito a condições justas e favoráveis de trabalho;

d) toda pessoa tem direito à proteção contra o desemprego.

O segundo parágrafo assegura a toda pessoa, sem qualquer distinção, o direito a igual remuneração por trabalho igual.

---

[5] SALLES, Ricardo C. *O Legado de Babel: as línguas e seus falantes*. Rio, Editora Ao Livro Técnico, 1993, p. 82 e ss.

No terceiro parágrafo, declara-se que:
a) toda pessoa que trabalha tem direito a uma remuneração justa e satisfatória;
b) essa remuneração deve assegurar ao trabalhador e a sua família uma existência compatível com a dignidade humana;
c) a essa remuneração devem ser acrescidos, se necessário, outros meios de proteção social.

O quarto e último parágrafo do artigo 23 diz:
a) que toda pessoa tem o direito de organizar sindicatos;
b) que toda pessoa tem o direito de ingressar em sindicatos para a proteção de seus interesses.

6. O artigo XXIII da Declaração e a Constituição Brasileira

Nossa Constituição abriga, sem restrições, as garantias contidas no artigo XXIII da Declaração Universal dos Direitos Humanos.

A Constituição acolhe o princípio de que toda pessoa tenha direito ao trabalho, ao estatuir que o trabalho é um direito social (art. 6º).

A *"livre escolha do trabalho"* é garantida através da disposição que assegura ser "livre o exercício de qualquer trabalho, ofício ou profissão, atendidas as qualificações profissionais que a lei estabelecer".

O direito a *"condições justas e favoráveis de trabalho"* e a uma *"remuneração que assegure ao trabalhador e a sua família uma existência compatível com a dignidade humana"* é protegido através de diversos dispositivos.

Assim, determina a Constituição (art. 7º e seguintes):
a) que haverá um salário mínimo nacional fixado em lei. Esse salário mínimo deverá atender as necessidades vi-

tais básicas do trabalhador e de sua família, ou seja, deverá ser suficiente para cobrir as despesas com moradia, alimentação, educação, lazer, vestuário, higiene, transporte e previdência social. O salário mínimo deverá ter reajustes periódicos que lhe preservem o poder aquisitivo, isto é, reajustes que cubram a inflação;

b) que haverá um piso salarial proporcional à extensão e à complexidade do trabalho;

c) que o trabalhador terá direito a um décimo terceiro salário, com base na remuneração integral ou no valor da aposentadoria;

d) que o trabalho noturno terá uma remuneração superior à do trabalho diurno.

Capítulo 41

O direito ao repouso e ao lazer. O direito à limitação razoável das horas de trabalho. O direito a férias remuneradas periódicas

1. O artigo XXIV da Declaração Universal dos Direitos Humanos, em português

Artigo XXIV. Toda pessoa tem direito a repouso e lazer, inclusive a limitação razoável das horas de trabalho e a férias periódicas remuneradas.

2. A dignidade do trabalho em versos da tradição asteca

"Trabalha! Corta a lenha e lavra a terra,
planta o cacto e semeia o agave,
e terás o que comer, beber e vestir.
Assim poderás andar de cabeça erguida.
Poderás viver, e ser estimado e louvado.
Assim te apresentarás a teus parentes e a teus próximos.
Um dia unirás tua sorte à de uma mulher.
Que há de ela comer? Que há de ela beber?
Viverá da brisa do tempo?
Tu és seu sustento, seu conforto.
És a águia e és o tigre!"[6]

---

[6] Apud HERSCH, Jeanne, *ob. cit.*, ed. em português, traduzida por Homero de Castro Jobim.

3. O artigo XXIV da Declaração Universal dos Direitos Humanos, em albanês

Neni i 24. Gjithkush ka të drejtë për pushim dhe zbavitje, tue përfshie kufizimin e arsyshëm të orarit të punës dhe pushimin e paguem periodik.

4. Informação sobre a língua

O albanês é uma língua da família indo-européia. Tem aproximadamente 5 milhões de falantes. Desse total, 3 milhões e meio são os falantes do albanês na Albânia e na região de Kosovo (Iugoslávia). Fala-se ainda albanês: no norte da Grécia, no sul da Itália, no oeste da Turquia e nos Estados Unidos (especialmente nas imediações de Boston).[7]

Na Albânia, além do albanês, que é a língua oficial, são falados dialetos regionais, principalmente o guegue e o tosco.[8]

5. Explicação sobre o artigo XXIV

O artigo 24 da Declaração Universal dos Direitos Humanos assegura o direito ao repouso e ao lazer. Especificando a extensão desse direito a Declaração consagra expressamente, em favor de toda pessoa:

a) o direito ao descanso;
b) o direito ao lazer;
c) o direito a limitação razoável da duração da jornada de trabalho;

---

[7] SALLES, Ricardo C. *O Legado de Babel: as línguas e seus falantes*. Rio, Editora Ao Livro Técnico, 1993, p.37 e ss.
[8] *Almanaque Abril*, edição de 1998. Verbete "Albânia", não constando o autor. Cf. *Almanaque Abril 98*. São Paulo, Editora Abril, Lucila Camargo (diretora de redação e autora da apresentação), p. 207 e s.

d) o direito a férias remuneradas periódicas.

Todos estes princípios visam a restaurar as energias do trabalhador. O trabalho, mesmo quando realizado em condições respeitosas da pessoa humana, causa desgaste físico e mental. O descanso e o lazer são indispensáveis para que o trabalho possa ser fonte de alegria e de vida.

Também a limitação da jornada de trabalho, que foi resultado de uma longa luta do movimento operário, é indispensável, pois o ser humano não é máquina que possa trabalhar sem quartel, isto é, sem pouso, sem parada.

6. O artigo XXIV da Declaração Universal e a Constituição Brasileira

Também o artigo XXIV da Declaração Universal dos Direitos Humanos encontra pleno respaldo na Constituição Brasileira.

Diz nossa Carta Magna (art. 7º, inc. XIII e seguintes):

O trabalhador terá direito a uma jornada máxima semanal de quarenta horas.

No caso de trabalho realizado em turnos ininterruptos de revezamento, a jornada máxima é de seis horas, salvo negociação coletiva.

Haverá repouso semanal remunerado, preferencialmente aos domingos.

A remuneração das horas extras será superior em cinqüenta por cento, no mínimo, à remuneração da hora normal.

O trabalhador terá direito a férias anuais remuneradas. A remuneração das férias será superior à normal em, pelo menos, um terço.

Capítulo 42

O direito de todos a um padrão de vida que assegure saúde e bem-estar, inclusive à família

1. O artigo XXV da D.U.D.H. em português

Artigo XXV. 1. Toda pessoa tem direito a um padrão de vida capaz de assegurar a si e a sua família saúde e bem-estar, inclusive alimentação, vestuário, habitação, cuidados médicos e os serviços sociais indispensáveis, e direito à segurança em caso de desemprego, doença, invalidez, velhice ou outros casos de perda dos meios de subsistência em circunstâncias fora de seu controle.
2. A maternidade e a infância têm direito a cuidados e assistência especiais. Todas as crianças, nascidas dentro ou fora do matrimônio, gozarão da mesma proteção social.

2. A orfandade na voz do poeta

"Ser órfão! Não ter na vida
aquilo que todos têm!
É como a ave sem ninho...
É qual semente perdida
que, ao voltar do seu eirado,

*o lavrador descuidado
deixou tombar no caminho."*

(Guerra Junqueiro, poeta português.)[9]

3. A maternidade, numa decisão judicial: despacho libertando Edna, a que ia ser Mãe

"A acusada é multiplicadamente marginalizada: por ser mulher, numa sociedade machista; por ser pobre, cujo latifúndio são os sete palmos de terra dos versos imortais do poeta; por ser prostituta, desconsiderada pelos homens mas amada por um Nazareno que certa vez passou por este mundo; por não ter saúde; por estar grávida, santificada pelo feto que tem dentro de si, mulher diante da qual este Juiz deveria se ajoelhar, numa homenagem à maternidade, porém que, na nossa estrutura social, em vez de estar recebendo cuidados pré-natais, espera pelo filho na cadeia.

É uma dupla liberdade a que concedo neste despacho: liberdade para Edna e liberdade para o filho de Edna que, se do ventre da mãe puder ouvir o som da palavra humana, sinta o calor e o amor da palavra que lhe dirijo, para que venha a este mundo tão injusto com forças para lutar, sofrer e sobreviver.

Quando tanta gente foge da maternidade, quando pílulas anticoncepcionais, pagas por instituições estrangeiras, são distribuídas de graça e sem qualquer critério ao povo brasileiro; quando milhares de brasileiras, mesmo jovens e sem discernimento, são esterilizadas; quando se deve afirmar ao Mundo que os seres têm direito à vida, que é preciso distribuir melhor os bens da Terra e não re-

---

[9] Apud *"Dicionário Enciclopédico da Sabedoria"*, organizado e coordenado por A. Della Nina. São Paulo, Editora das Américas, 1955, vol. V, p. 133.

duzir os comensais; quando, por motivo de conforto ou até mesmo por motivos fúteis, mulheres se privam de gerar, Edna engrandece hoje este Fórum, com o feto que traz dentro de si.

Este Juiz renegaria todo o seu credo, rasgaria todos os seus princípios, trairia a memória de sua Mãe, se permitisse sair Edna deste Fórum sob prisão.

Saia livre, saia abençoada por Deus, saia com seu filho, traga seu filho à luz, que cada choro de uma criança que nasce é a esperança de um mundo novo, mais fraterno, mais puro, algum dia cristão.

Expeça-se incontinenti o alvará de soltura."

João Baptista Herkenhoff, autor deste livro, em decisão que proferiu quando exercia a função de Juiz de Direito no Espírito Santo.[10]

4. O artigo XXV da D.U.D.H. em polonês

Artykul 25. 1. Kasdy czlowick ma prawo do stopy zyciowej zapewniajacej zdrowie i dobrobyt jego i jego rodziny, wlaczajac w to wyzywienie, odziez, mieszkanie, opiekç lekarska i konieczne swiadczenia socjalne, oraz prawo do ubezpiecczenia na wypadek bezrobocia, choroby, niezdolnosci do pracy, wdowienstwa, starosci lub utraty srodków do zycia w inny sposób od niego niezalezny.

2. Matka i dziecko maja prawo do specjalnej opeki i pomocy. Wszystkie dzieci, zarówno malzenskie jak i pozamalzenskie, korzystaja z jednakowej ochrony spolecznej.

---

[10] HERKENHOFF, João Baptista. *Crime, Tratamento sem Prisão*. Porto Alegre, Livraria do Advogado Editora, 1998, p. 173 e ss.

5. Informação sobre a língua

O polonês é uma língua do ramo eslavo ocidental, como nos informa Ricardo C. Salles.

Fala-se polonês na Polônia, na República Tcheca, na Eslováquia, em núcleos de imigrantes na Europa ocidental (França, Bélgica, Inglaterra) e em enclaves de imigração nos Estados Unidos, Canadá e Austrália.

Tem cerca de 42 milhões de falantes, na Polônia, e cerca de 10 milhões, fora do território polonês. É a décima segunda língua indo-européia mais falada no mundo.[11]

Na Polônia, além do polonês, que é a língua oficial, fala-se também o alemão.

6. Explicação sobre o artigo XXV

O artigo 25 da Declaração Universal dos Direitos Humanos é formado de dois parágrafos.

No primeiro parágrafo, são previstas três ordens de garantias, em favor da pessoa humana:

a) direito que toda pessoa tem a um padrão de vida que lhe assegure, a si e a sua família, saúde e bem-estar, inclusive alimentação, vestuário, habitação, cuidados médicos e os serviços sociais indispensáveis;

b) direito a segurança nas hipóteses de desemprego, doença, invalidez, viuvez, velhice e outros casos de perda dos meios de subsistência em circunstâncias fora de controle.

No segundo parágrafo, há princípios complementares e fundamentais:

• a maternidade e a infância têm direito a cuidados e assistência especiais;

---

[11] SALLES, Ricardo C. *O Legado de Babel: as línguas e seus falantes*. Rio, Editora Ao Livro Técnico, 1993, p. 113 e ss.

- todas as crianças, nascidas dentro ou fora do matrimônio, gozarão da mesma proteção legal.

7. O artigo XXV da Declaração Universal dos Direitos Humanos e a Constituição Brasileira

As franquias proclamadas pelo artigo XXV da Declaração Universal dos Direitos Humanos são contempladas por dois capítulos distintos da Constituição Brasileira:

pelo capítulo que trata dos direitos sociais (art. 6º e seguintes);

pelo capítulo que cuida da família, da criança, do adolescente e do idoso (art. 226 e ss.).

No capítulo dos direitos sociais, as seguintes disposições vão ao encontro do art. XXV da Declaração Universal dos Direitos Humanos:

- Os dependentes dos trabalhadores terão direito a salário-família.
- A gestante terá direito a uma licença de cento e vinte e dias, sem prejuízo do emprego e do salário.
- Haverá seguro-desemprego, no caso de desemprego involuntário.
- O trabalhador tem direito à aposentadoria.
- Haverá seguro contra acidentes de trabalho, a cargo do empregador, sem excluir a indenização a que este está obrigado, quando incorrer em dolo ou culpa.
- Haverá um fundo de garantia por tempo de serviço.

A nosso ver, o FGTS (Fundo de Garantia por Tempo de Serviço), ao lado da indenização por despedida que a Constituição prevê, e ao lado da estabilidade, que a lei complementar poderá restituir, comporia um sistema de segurança do emprego.

No capítulo que cuida da família, da criança, do adolescente e do idoso, as seguintes disposições estão em con-

sonância com o art. XXV da Declaração Universal dos Direitos Humanos:
 • Entende-se como entidade familiar a comunidade formada por qualquer dos pais e seus descendentes.
 • O Estado assegurará assistência à família na pessoa de cada um dos que a integram, criando mecanismos para coibir a violência no âmbito de suas relações.
 • Os filhos maiores têm o dever de ajudar e amparar os pais na velhice, carência ou enfermidade.
 • A família, a sociedade e o Estado têm o dever de amparar as pessoas idosas, assegurando sua participação na comunidade, defendendo sua dignidade e bem-estar e garantindo-lhes o direito à vida.
 • Os programas de amparo aos idosos serão executados preferencialmente em seus lares.
 • Aos maiores de sessenta e cinco anos é garantida a gratuidade dos transportes coletivos urbanos.
 • É dever da família, da sociedade e do Estado assegurar à criança e ao adolescente, com absoluta prioridade, o direito à vida, à saúde, à alimentação, à educação, ao lazer, à profissionalização, à cultura, à dignidade, ao respeito, à liberdade e à convivência familiar e comunitária, além de colocá-los a salvo de toda forma de negligência, discriminação, exploração, violência, crueldade e opressão.
 • O Estado promoverá programas de assistência integral à saúde da criança e do adolescente, admitida a participação de entidades não governamentais.
 • O direito de proteção especial assegurado à criança e ao adolescente abrangerá os seguintes aspectos:
  idade mínima de 14 anos para admissão ao trabalho;
  garantia de direitos previdenciários e trabalhistas;
  garantia de pleno e formal conhecimento da atribuição de ato infracional, igualdade na relação processual e defesa técnica por profissional habilitado;

obediência aos princípios de brevidade, excepcionalidade e respeito à condição peculiar de pessoa em desenvolvimento, quando da aplicação de qualquer medida privativa da liberdade;

estímulo do Poder Público, através de assistência jurídica, incentivos fiscais e subsídios ao acolhimento, sob a forma de guarda, de criança ou adolescente órfão ou abandonado;

programas de prevenção e atendimento especializado à criança e ao adolescente dependente de entorpecentes e drogas afins;

punição severa, pela lei, de abuso, violência e exploração sexual da criança e do adolescente;

igualdade de direitos e qualificações para os filhos, havidos ou não da relação de casamento, ou havidos por adoção, proibida qualquer designação discriminatória relativa à filiação;

inimputabilidade penal em favor de menores de dezoito anos, sujeitos contudo às normas da legislação especial;

atribuição aos pais do dever de assistir, criar e educar os filhos menores.

Questões para debate, pesquisa e revisão (individual e/ou em grupo), relacionadas com a Décima Segunda Parte deste livro

1. Faça um estudo crítico do conjunto da matéria contida nesta Parte da obra ou de algum de seus capítulos.

2. Resuma esta Parte do livro e destaque os pontos que lhe pareçam mais relevantes.

3. Desenvolva amplamente esta questão: A proteção do trabalho e a dignificação do trabalhador.

4. Através de entrevistas, pesquisar, discutir e tirar conclusões: até que ponto o neoliberalismo ameaça os Direitos Humanos e constitui um obstáculo ao avanço da Humanidade, especialmente dos países pobres, neste campo?

5. Faça um estudo comparativo entre os artigos 22 e 23 da Declaração Universal dos Direitos Humanos.

Décima terceira parte

EDUCAÇÃO, CULTURA, ORDEM SOCIAL JUSTA: OS VÔOS DA CONDIÇÃO HUMANA

O direito à instrução e à participação na vida cultural. O direito a uma ordem social e internacional que assegure a efetiva vigência da declaração universal dos direitos humanos. Os deveres para com a comunidade. A cláusula de salvaguarda contra a invocação de supostos direitos visando a fraudar a própria Declaração (artigos XXVI a XXX da Declaração).

Capítulo 43

O direito de todos à instrução e à gratuidade dela pelo menos nos graus elementares e fundamentais. A obrigatoriedade da instrução elementar. O direito que todos devem ter de acesso à educação técnico-profissional

1. O artigo XXVI da D.U.D.H., em português

Artigo XXVI. 1. Todo homem tem direito à instrução. A instrução será gratuita, pelo menos nos graus elementares e fundamentais. A instrução elementar será obrigatória. A instrução técnico-profissional será acessível a todos, bem como a instrução superior, esta baseada no mérito.

2. *A instrução será orientada no sentido do pleno desenvolvimento da personalidade humana e do fortalecimento do respeito pelos direitos do homem e pelas liberdades fundamentais. A instrução promoverá a compreensão, a tolerância e a amizade entre todas as nações e grupos raciais ou religiosos, e coadjuvará as atividades das Nações Unidas em prol da manutenção da paz.*

3. *Os pais têm prioridade de direito na escolha do gênero de instrução que será ministrada a seus filhos.*

2. Horizontes da educação, nos versos do poeta-profeta

*"Desde a mais tenra idade
Inicia teu filho
No amor
Aos horizontes largos.
E ensina-lhe
A criar
Amplos horizontes interiores,
Preciosos, sobretudo,
Se a vida reduzi-lo
A uma nesga de céu."*

(Dom Hélder Câmara, Bispo brasileiro, Bispo universal.)[1]

3. O artigo XXVI da D.U.D.H., em bretão

Mellad c'hwec'h warn-ugent (26)
1. Pep den en deus gwir da gaout deskadurezh. Digoust e tle bezañ an deskadurezh, da vihanañ an deskadurezh

---

[1] CÂMARA, Dom Hélder. *O Deserto é Fértil*. Rio, Civilização Brasileira, 1975, 2ª edição, p. 62.

kentañ ha diazez. Ret ha dleet eo ar gelennadurezh kentañ. D'an holl e tle bezañ kinniget ar gelennadurezh teknikel ha micherel, d'an holl e vo roet tu d'ober studioù uhel hervez o dellid.

2. Pal an deskadurezh eo diorren personelezh mab-den ha lakaat doujañ muioc'h gwirioù mab-den hag ar frankizioù diazez. Drezi e klaskor kreskiñ ar c'hengompren, an habaskted hag ar vignoniezh etre an holl vroadoù hag an holl strolladoù a ouenn pe a relijion disheñvel, hag ivez kas war-raok obererezh ar Broadoù-Unanet evit derc'hel ar peoc'h.

3. An tadoù ha mammoù, da gentañ, o deus gwir da zibab an doare deskadurezh a vo roet d'o bugale.

4. Informação sobre a língua

Segundo ensina Ricardo C. Salles, o bretão é uma língua do ramo céltico, grupo insular, integrante, junto com o galês, do subgrupo bretônico e das línguas célticas.

Os bretões eram celtas, originários da Europa continental. Com a expansão das tribos germânicas, migraram para as ilhas britânicas. Com as invasões germânicas das ilhas britânicas, retornaram às terras continentais.

A Bretanha, departamento da França, é o domínio lingüístico do bretão. Aproximadamente 1 milhão de pessoas falam bretão. Desse milhão de falantes, 700 mil têm o bretão como primeira língua e o francês como segunda língua. Outros 300 mil falantes têm o francês como primeira língua, e o bretão como segunda.

Não se tem uma exata cifra do número de pessoas que só falam bretão: 10 mil segundo alguns autores; 100 mil, segundo outros.

Fora da Bretanha, conhecem o bretão, mas não o falam, cerca de 500 mil pessoas.[2]

5. Explicação sobre o artigo XXVI da D.U.D.H.

O artigo 26 começa por um enunciado geral e abrangente, estabelecendo o direito à instrução (ou educação) como um direito universal.

Depois estatui o artigo que a educação seja gratuita, pelo menos nos graus elementares e fundamentais.

Determina, em seguida, o art. 26 que a educação elementar seja obrigatória.

Finalmente, fechando o inciso 1 do artigo, proclama-se que todos devem ter direito à educação técnico-profissional. Quanto à educação superior, seja o acesso subordinado ao mérito.

O inciso II do artigo 26 fixa as diretrizes filosóficas da educação:

a) que a educação seja orientada no sentido do pleno desenvolvimento da personalidade humana;

b) que a educação fortaleça o respeito aos direitos humanos e às liberdades fundamentais;

c) que a educação promova a compreensão, a tolerância e a amizade entre todas as nações, grupos raciais ou religiosos;

d) que a educação seja coadjuvante das atividades das Nações Unidas em prol da manutenção da paz.

O inciso III arremata o artigo 26 determinando que os pais tenham prioridade na escolha do gênero de educação a ser ministrada aos filhos.

---

[2] SALLES, Ricardo C. *O Legado de Babel: as línguas e seus falantes*. Rio, Editora Ao Livro Técnico, 1993, p. 73 e ss.

Quando exerci a função de Juiz de Direito, na comarca de São José do Calçado, no extremo sul do Espírito Santo, baixei portaria (1966) obrigando os pais a matricularem seus filhos na escola, sob pena de instauração de processo contra os desobedientes.[3] A comarca, na época, abrangia três municípios: São José do Calçado, Bom Jesus do Norte e Apiacá.

A pressão, que pretendi exercer como magistrado, não era tanto sobre os pais, mas sobretudo sobre o Poder Público.

É um raciocínio fácil de ser compreendido, sobretudo para quem conhece a Sociologia do Poder, nas cidades interioranas, e o papel do Juiz de Direito, dentro dessas comunidades.

Podemos construir um silogismo:

1 - o Juiz baixou uma portaria obrigando os pais a matricularem seus filhos na escola;

2 - se não houver vagas suficientes, a portaria não pode ser cumprida;

3 - logo os Poderes Públicos (Governo estadual e Prefeituras) têm de providenciar vaga para todas as crianças, uma vez que não podem desrespeitar a ordem do Juiz.

A portaria produziu um crescimento substancial da matrícula escolar. Aproximadamente 30%, segundo dados da época.[4]

Jaspers colocou muito bem que "o futuro depende da atividade política e pedagógica".[5] Aliás, as duas atividades

---

[3] Cf. *Pela Justiça, em São José do Calçado*. São José do Calçado/ES, 1971. Impresso na Escola de Artes Gráficas da União dos Lavradores de Vala do Souza.
[4] Cf. os arquivos do jornal "*A Ordem*".
[5] Apud CUNHA, Fernando Whitaker da. *Democracia e Cultura*. Rio, Forense, 1973, p. 409.

se correlacionam. A atividade política vai exercer influência na atividade pedagógica e vice-versa.

Os bispos brasileiros elegeram a educação como tema da Campanha da Fraternidade de 1998. No texto-base da Campanha, os bispos ponderaram que a educação é tarefa da família e da escola. Mas como é possível — indagam os bispos numa apóstrofe incisiva — como é possível garantir aos filhos as bases de uma personalidade equilibrada e segura, no contexto em que vivemos? Como é possível proporcionar uma educação adequada e os horizontes de uma vida digna, participativa e de esperança num contexto crescente de miséria, insegurança, instabilidade, ausência de pai ou mãe?[6]

Comentando o texto da Campanha da Fraternidade, escreveu Frei Betto no jornal "Correio da Cidadania":

"Os professores ganham mal, as escolas carecem de equipamentos adequados, não se investe na formação do corpo docente, muitos alunos, devido à pobreza, são obrigados a conciliar trabalho e estudo, ou a abandonar o estudo para ajudar na subsistência da família".[7]

Dizendo de sua própria biografia escolar, observou Frei Betto:

"Passei 22 anos nos bancos escolares e saí sem saber costurar, cozinhar, consertar eletrodomésticos e fazer pequenos reparos. E nunca se abordaram situações-limites da vida: dor, doença, falência, ruptura afetiva, sexualidade, morte, espiritualidade. Na escola católica, falava-se de religião, segundo a doutrina, e não da experiência de Deus, na linha da vivência.

---

[6] Cf. o texto oficial da *Campanha da Fraternidade*, p. 17. O texto integral da Campanha, além de poder ser adquirido em livrarias, pode ser acessado via Internet, no endereço *"Cidadanet"* (www.cidadanet.org.br).
[7] BETTO, Frei. *"Brasil: Educação ou Barbárie"*. **In:** Correio da Cidania. São Paulo, ano III, n. 82, semana de 7 a 14 de março de 1998, p. 2.

Aprendi literatura. A ler livros. Só que hoje é imprescindível uma disciplina que ensine a ver TV. Sem olho crítico diante da TV, tornamo-nos vulneráveis à massificação consumista, por um lado, e à imbecilização, por outro".

6. O artigo XXVI da Declaração Universal dos Direitos Humanos e a Constituição Brasileira

A Constituição da República Federativa do Brasil destina à educação a seção I, do capítulo III (Da educação, da cultura e do desporto), do título VIII (Da ordem social).

A seção começa com o art. 205:

"A educação, direito de todos e dever do Estado e da família, será promovida e incentivada com a colaboração da sociedade, visando ao pleno desenvolvimento da pessoa, seu preparo para o exercício da cidadania e sua qualificação para o trabalho".

O art. 206 estabelece os princípios que regem a educação:

I - igualdade de condições para o acesso e permanência na escola;

II - liberdade de aprender, ensinar, pesquisar e divulgar o pensamento, a arte e o saber;

III - pluralismo de idéias e de concepções pedagógicas e coexistência de instituições públicas e privadas de ensino;

IV - gratuidade do ensino público em estabelecimentos oficiais;

V - valorização dos profissionais do ensino, garantido, na forma da lei, planos de carreira para o magistério público, com piso salarial profissional e ingresso exclusivamente por concurso público de provas e títulos, assegurado regime jurídico único para todas as instituições mantidas pela União;

VI - gestão democrática do ensino público, na forma da lei;

VII - garantia de padrão de qualidade.

A Constituição assegurou, plenamente, as determinações da Declaração Universal dos Direitos Humanos, no que se refere à educação, embora haja um abismo entre o texto constitucional e a realidade brasileira.

Abordamos amplamente o tema da educação na Constituição, inclusive com remissões históricas, no nosso livro "Dilemas da Educação".[8]

---

[8] HERKENHOFF, João Baptista. *Dilemas da Educação — dos Apelos Populares à Constituição*. São Paulo, Cortez Editora/Autores Associados, 1989.

Capítulo 44

O direito que todos devem ter de participar livremente da vida cultural da comunidade. O direito de fruição das artes. O direito de participação no progresso científico. O direito do autor à proteção dos interesses morais e materiais decorrentes de qualquer produção científica, literária ou artística

1. O artigo XXVII da D.U.D.H., em português

Artigo XXVII. 1. Todo homem tem o direito de participar livremente da vida cultural da comunidade, de fruir as artes e de participar do progresso científico e de seus benefícios.

2. Todo homem tem direito à proteção dos interesses morais e materiais decorrentes de qualquer produção científica, literária ou artística da qual seja autor.

2. A multiplicidade cultural brasileira, nos versos do parnasiano

*"Tens, às vezes, o fogo soberano
do amor; encerras na cadência, acesa
em requebros e encantos de impureza,
todo o feitiço do pecado humano.
Mas, sobre essa volúpia, erra a tristeza*

273

dos desertos, das matas e do oceano:
bárbara poracé, banzo africano,
e soluços de trova portuguesa.
És samba e jongo, chiba e fado, cujos
acordes são desejos e orfandades
de selvagens, cativos e marujos,
e em nostalgias e paixões consistes,
lasciva dor, beijo de três saudades,
flor amorosa de três raças tristes."

(Olavo Brás Martins dos Guimarães Bilac, poeta brasileiro).[9]

3. O artigo XXVII no idioma zulu

Isigaba 27
Wonke umuntu unelungelo elikhululekile lokuzimbandakanya empilweni yamasiko omphakathi, athokozele amakhono, ahlomule entuthukweni yezesayensi nasezinzuzweni zayo.

Wonke umuntu unelungelo lokuvikeleka kwezifiso ezisemqoka ezingumphumela womkhiqizo wezobusayensi, wombhalo okukanye wekhono elithize abengumsunguli wako.

4. Informação sobre a língua

O zulu, ao lado do xhosa e do sesoto são dialetos bantu falados na África do Sul. Nesse país, também se falam línguas indianas: tâmil, hindi, gujarati e telugu. As línguas oficiais na África do Sul são o africâner e o inglês.

---

[9] BILAC, Olavo. Apud *"Dicionário Enciclopédico da Sabedoria"*, organizado e coordenado por A. Della Nina. São Paulo, Editora das Américas, 1955, vol. IV, p. 397.

O regime de segregação racial imperante na África do Sul (apartheid), iniciado em 1948, termina oficialmente em 1994, com a realização da primeira eleição multirracial no país.

As forças dominantes da África do Sul tiveram de ceder à formidável pressão internacional contra o "apartheid", pressão essa que foi fundamental para fortalecer a reação interna contra o regime segregacionista.

Mas o fim do "apartheid", por si mesmo, embora expressiva vitória da ideologia dos Direitos Humanos, não teve o poder de sepultar as terríveis desigualdades sociais e econômicas que separam brancos e negros.

A África do Sul é um país rico, mas carente de Justiça, como o Brasil. É o maior produtor mundial de ouro. Possui grandes reservas de diamante, cromita, urânio, antimônio, platina e carvão.[10]

Toda esta riqueza porém flui em benefício da minoria branca.

5. Explicação sobre o artigo XXVII

O artigo 27 contém duas disposições distintas.

No inciso 1, afirma-se que todo ser humano tem o direito de participar da vida cultural da comunidade, de usufruir o benefício e o prazer das artes e de gozar das vantagens que advêm do progresso científico.

De pouco vale para o gênero humano a produção da cultura, a construção das artes, a edificação dos avanços científicos, se todas as benesses decorrentes são privilégio de uma pequena fração da sociedade.

---

[10] *Almanaque Abril*, edição de 1998. Verbete "África do Sul", não constando seu autor. Cf. *Almanaque Abril 98*. São Paulo, Editora Abril, Lucila Camargo (diretora de redação e autora da apresentação), p. 204.

Assusta-nos sobretudo pensar que o progresso científico capaz de curar doenças, prolongar a vida, poupar sofrimentos também depende de atos de comércio, tanto nos planos nacionais, quanto no plano internacional.

Quando o artigo fala em participação na vida cultural e nas artes deve ser entendido que não se trata de uma participação passiva, uma "relação de consumo". Participar da cultura e da arte não é apenas participar do usufruto da cultura e da arte. É mais que isso. É participar, como agente criador, da cultura e da arte.

O inciso 2 do art. 27 cuida da proteção dos interesses morais e materiais decorrentes de qualquer produção ou criação, no campo da Ciência, da Literatura e das Artes em geral. É a salvaguarda do chamado "direito do autor".

O trabalho humano é sempre sagrado. Essa sacralidade alcança também o trabalho intelectual, as criações do espírito.

O autor nunca pode ser prejudicado nos direitos que advêm do seu trabalho. Mas quando o trabalho interessa ao conjunto das coletividades nacionais ou da coletividade humana, deve o Poder Público interferir (ou os organismos de cooperação e solidariedade internacional, conforme o caso) para que, sem prejuízo do autor, satisfeitos seus direitos, seja o fruto de suas mãos e de sua inteligência repartido e partilhado em benefício da sociedade.

6. O artigo XXVII da D.U.D.H. à face da C.F. do Brasil

O direito de participar da cultura, das artes, dos benefícios da ciência começa a ser recepcionado pela Constituição brasileira quando, no seu art. 1º, estatui que a República tenha fundamento, dentre outros valores, na "dignidade da pessoa humana".

É o princípio da "dignidade da pessoa humana" que embasa, não só esses direitos, como muitos outros agasalhados pela Constituição.

A construção de uma sociedade livre, justa e solidária, a erradicação das marginalizações e a promoção do bem de todos, sem preconceitos (art. 2º da Constituição), também exigem a democracia cultural, o acolhimento das artes populares, a socialização da ciência.

O art. 5º, no seu inc. IX, vem em socorro do art. 27 da Declaração Universal, ao estabelecer que é livre a expressão da atividade intelectual, artística e científica.

Outros incisos do art. 5º respaldam o artigo da D.U.D.H., que estamos examinando:

XIV - o direito universal de acesso à informação;

XXVII, XXVIII, letras "a" e "b", e XXIX - a proteção ampla dos direitos autorais.

Tratando dos "direitos culturais", o art. 215 e seus parágrafos disciplina que:

"o Estado garantirá a todos o pleno exercício dos direitos culturais e o acesso às fontes da cultura nacional, e apoiará e incentivará a valorização e a difusão das manifestações culturais".

"O Estado protegerá as manifestações das culturas populares, indígenas e afro-brasileiras, e das de outros grupos participantes do processo civilizatório nacional."

"Constituem patrimônio cultural brasileiro os bens de natureza material e imaterial, tomados individualmente ou em conjunto, portadores de referência à identidade, à ação, à memória dos diferentes grupos formadores da sociedade brasileira."

Vemos assim que o art. 27 da Declaração Universal dos Direitos Humanos está em plena consonância com a Constituição da República Federativa do Brasil.

Capítulo 45

O direito de todos a uma ordem social e internacional na qual os direitos humanos tenham efetiva vigência

1. O artigo XXVIII da Declaração Universal dos Direitos Humanos, em português

Artigo XXVIII. Todo homem tem direito a uma ordem social e internacional em que os direitos e liberdades estabelecidos na presente Declaração possam ser plenamente realizados.

2. Vocação de Roma endereçada à paz e à defesa dos humildes, segundo Virgílio

"Outros trabalharão com mais arte o duro bronze, outros lavrarão melhor os mármores, outros discutirão com maior eloqüência ou desenvolverão melhor o movimento dos astros. Em troca, tu, ó Roma, teu dever é governar o mundo e impor um regime de paz: proteger os humildes e dominar os soberbos."[11]

---

[11] VIRGÍLIO. *Eneida*. Final do sexto livro. Apud *Antologia de Vidas Célebres, VI volume*. Seleção, organização, tradução e notas de Yolanda Lhullier dos Santos e Cláudia Santos. São Paulo, Editora Logos, 1960, p. 11.

3. O artigo XXVIII da Declaração Universal dos Direitos Humanos, no idioma basco

28. atala
Pertsona guztiei dagokien eskubidea da, Aldarrikapen honetan azaldutako eskubide eta askatasunak era eraginkorrean garatuko dituen gizarte mailako eta nazioarteko ordena ezar dadin.

4. Informação sobre o idioma basco

O basco é a língua falada pelos povos bascos. São cerca de 600 mil falantes nas províncias bascas espanholas e 90 mil nas províncias bascas francesas. O basco já teve um domínio geográfico maior, mas recuou em face do avanço do francês e do espanhol. Os bascos distinguem-se dos povos vizinhos pela língua própria, por uma cultura própria, pela solidariedade étnica e por um profundo desejo de independência que vem sendo sufocado pela força. O sentimento nacionalista do povo basco reflete-se na persistência e sobrevivência de sua língua. É a única língua na Europa ocidental que não pertence ao ramo indo-europeu.

Todo o apoio para que eu pudesse penetrar no idioma e na cultura basca, durante a permanência na França, foi fraternalmente proporcionado a mim pelo Padre Salvador Martinon que me fez a tradução de vários textos e me ofereceu copioso material de pesquisa.

Através dele pude compreender a grandeza histórica e humana do povo basco, a Justiça de sua luta e a beleza de suas tradições.[12]

---

[12] A tradução feita pelo Padre Salvador Martinon não corresponde exatamente ao texto das páginas das Nações Unidas na Internet. O artigo I, por exemplo, foi assim traduzido pelo Padre Salvador Martinon: *I. Gizaki guziak jaiotzen dira aske, duintasun eta eskubide berekin. Bazoitzak badu bere zentzua eta bere kontzientzia eta haurrideak bezala behar dute denek elkarrekin bizi.*

5. Explicação sobre o artigo XXVIII da Declaração Universal dos Direitos Humanos

Este artigo deixa bem claro que os direitos e liberdades proclamados pela Declaração Universal não se realizam dentro apenas dos limites geográficos de cada país.

Somente uma ordem internacional socialmente justa pode permitir a vigência universal dos direitos humanos.

Relações de dependência política, de submissão geográfica regional, de exploração internacional tornam impossível o acolhimento pleno dos direitos humanos nos países vitimados por essas relações de injustiça.

A ordem social, para não ser desordem social, deve colimar a civilização. A civilização, no ensino de Aristóteles, é destinada a elevar a vida à perfeição da vida, ou o viver ao bem viver.[13]

Na esteira do pensamento de Aristóteles, Leonel Franca releva que a civilização é "criação social destinada a assegurar à vida humana o seu desenvolvimento pleno e harmonioso".[14]

Abordamos amplamente este tema na Décima Quarta Parte deste livro enfocando a situação dos países do Hemisfério Sul, ou seja, países pobres do mundo.

6. O artigo XXVIII da Declaração Universal dos Direitos Humanos e a Constituição da República Federativa do Brasil

O art. 4º de nossa Constituição diz que a República Federativa do Brasil rege-se, nas relações internacionais, pelos seguintes princípios:

---

[13] ARISTÓTELES. *A Política*. São Paulo, Atenas Editora, 1955, passim.
[14] FRANCA, Leonel. *A Crise do Mundo Moderno*. Rio, Editora Agir, 1951, p. 43.

I - independência nacional;
II - prevalência dos direitos humanos;
III - autodeterminação dos povos;
IV - não-intervenção;
V - igualdade entre os Estados;
VI - defesa da paz;
VII - solução pacífica dos conflitos;
VIII - repúdio ao terrorismo e ao racismo;
IX - cooperação entre os povos para o progresso da humanidade;
X - concessão de asilo político.

Ainda o parágrafo único desse artigo dispõe que "a República Federativa do Brasil buscará a integração econômica, social e cultural dos povos da América Latina, visando à formação de uma comunidade latino-americana de nações".

Assim sendo, conclui-se que a Constituição brasileira acolheu, sem restrições, o artigo 28 da Declaração Universal dos Direitos Humanos.

Capítulo 46

Os deveres de todos para com a comunidade. O exercício dos direitos e liberdades sujeitos apenas às limitações da lei, em respeito aos direitos alheios e com vistas a satisfazer as justas exigências da moral, da ordem pública e do bem-estar de uma sociedade democrática

1. O artigo XXIV da Declaração Universal dos Direitos Humanos, em português

Artigo XXIX. 1. Todo homem tem deveres para com a comunidade, na qual o livre e pleno desenvolvimento de sua personalidade é possível.

2. No exercício de seus direitos e liberdades, todo homem estará sujeito apenas às limitações determinadas pela lei, exclusivamente com o fim de assegurar o devido reconhecimento e respeito dos direitos e liberdades de outrem e de satisfazer às justas exigências da moral, da ordem pública e do bem-estar de uma sociedade democrática.

3. Esses direitos e liberdades não podem, em hipótese alguma, ser exercidos contrariamente aos objetivos e princípios das Nações Unidas.

2. O sonho dos direitos reciprocamente respeitados, da solidariedade e da confiança na China do Século XIV

*"Cidadela de Kao-yeou;
como é longa a tua escarpa!
Sobre a escarpa semearam trigo
e junto dela plantaram amoreiras.
Outrora eras mais sólida que o ferro;
e te tornaste campo que se lavra e semeia.
Meu único anelo é que, por mil, por dez mil anos,
todo o horizonte dos quatro mares para nós
seja a fronteira!
Como as amoreiras são umbrosas
e vastos os campos de trigo...
Oh, que não haja mais escarpas nem mais fossos!"*

(Kie Hi-sseu, poeta chinês.
Tradução de Homero de Castro Jobim.)[15]

3. O artigo XXIX da Declaração Universal dos Direitos Humanos, em servo-croata

Clan 29. *(1) Svako ima duznost prema zajednini koja jedino omogucava slobodno i puno razvijanje njegove licnosti.*

(2) U vrsenju svojih prava i sloboda svako moze biti podvrgnut samo onim ogranicenjima koja su predvidena zakonom u cilju obezbedenja nuznog priznanja i postovanja prava i sloboda drugih i u cilju zadovoljenja pravicnih zahteva morala javnog poretka i opsteg blagostanja u demokratskom drustvu.

---

[15] Colhido em: HERSCH, Jeanne, organizadora. *O direito de ser homem.* Rio, Editora Conquista, 1972. Tradução de Homero de Castro Jobim, p. 447 e 448.

(3) Ova prava i slobode ni u kom slucaju ne mogu se izvrsavati protivno ciljevima i nacelima Ujedinjenih nacija

4. Informação sobre a língua

O servo-croata é uma língua indo-européia do grupo eslavo. São também línguas eslavas o russo, o polonês, o tcheco, o macedônio, o búlgaro etc. O servo-croata tem 21 milhões de falantes: na Bósnia-Herzegovina, na Croácia e na Iugoslávia (tanto na Sérvia como no Montenegro, que são as duas repúblicas que formam a Nova Federação Iugoslava).

O servo-croata é falado em enclaves de imigração, no Brasil, mais exatamente no Estado de Minas Gerais, conforme assinala Ricardo C. Salles.[16]

5. Explicação sobre o artigo XXIX da Declaração Universal dos Direitos Humanos

O artigo XXIX, no seu parágrafo introdutório, coloca a reciprocidade entre direitos e deveres.

As pessoas devem usufruir dos direitos consagrados pela Declaração Universal e de outros direitos que decorrem de uma ordem democrática. Mas o gozo desses direitos impõe às pessoas também o cumprimento de deveres para com a comunidade. A Declaração rechaça, dessa forma, o individualismo, o egoísmo, a alienação, o hedonismo, a irresponsabilidade social.

No parágrafo 2 do artigo fica declarado que, no exercício dos direitos e das liberdades, o ser humano só estará

---

[16] SALLES, Ricardo C. *O Legado de Babel: as línguas e seus falantes*. Rio, Editora Ao Livro Técnico, 1993, p. 121 e ss.

sujeito às limitações da lei. Essas limitações da lei, acrescenta o parágrafo, têm por finalidade assegurar o respeito aos direitos alheios, bem como satisfazer as justas exigências da moral, da ordem pública e do bem-estar de uma sociedade democrática.

Esse parágrafo estabelece que as relações estejam subordinadas ao império da lei ou, em outras palavras, estejam sob a égide do "Estado de Direito", no qual direitos e deveres são claramente estabelecidos, não deixando lugar para o arbítrio, o autoritarismo, a prepotência.

Finalmente o último parágrafo do artigo declara que direitos e liberdades não possam, em hipótese alguma, ser exercidos em desacordo com os objetivos e princípios das Nações Unidas.

Esses objetivos e princípios das Nações Unidas são aqueles explicitados no preâmbulo e completados na enunciação dos artigos da Declaração Universal dos Direitos Humanos. São também aqueles previstos na Carta das Nações Unidas.

Não são objetivos das Nações Unidas aqueles que, em determinado momento histórico, possam ser fixados pelos órgãos das Nações Unidas, contra os objetivos e princípios que justificaram a própria criação da ONU. Assim, não são objetivos das Nações Unidas, por exemplo, objetivos militares que o Conselho de Segurança imponha, para fazer prevalecer uma determinada política do poder.

Mesmo os órgãos das Nações Unidas estão sujeitos aos princípios fundadores e inspiradores das Nações Unidas. Se um órgão como o Conselho de Segurança, que não representa a comunhão das nações, segue uma rota contrária aos ideais das Nações Unidas e aos ideais da Declaração Universal dos Direitos Humanos, merece, por esse desvio, a reprovação da comunidade internacional.

6. O artigo XXIX da Declaração Universal dos Direitos Humanos e a Constituição da República Federativa do Brasil

A reciprocidade entre direitos e deveres é consagrada pela própria designação do Capítulo I, Título II, de nossa Constituição: "Dos direitos e deveres individuais e coletivos".

A designação do capítulo, por si só, impõe uma interpretação do conjunto dos artigos relacionados com os "direitos individuais e coletivos". A cada direito corresponde um dever, como reverso da medalha. Os direitos também constituem deveres. Lutar pelos direitos é um dever. Se temos direitos haveremos de respeitar os direitos alheios.

Quanto ao princípio da limitação dos direitos pela lei é expressamente previsto no art. 5º, inc. II, da Constituição:

"ninguém será obrigado a fazer ou deixar de fazer alguma coisa senão em virtude de lei".

Capítulo 47

A cláusula de salvaguarda contra a invocação de supostos direitos visando a fraudar a própria Declaração

1. O artigo XXX da Declaração Universal dos Direitos Humanos, em português

Artigo XXX. Nenhuma disposição da presente Declaração pode ser interpretada como o reconhecimento a qualquer Estado, grupo ou pessoa, do direito de exercer qualquer atividade ou praticar qualquer ato destinado à destruição de quaisquer dos direitos e liberdades aqui estabelecidos.

2. A paz como a percebeu o santo-poeta

Senhor, fazei de mim um instrumento de vossa paz!
Para onde há ódio, que eu traga o amor
Para onde há ofensa, que eu traga o perdão
Para onde há discórdia, que eu traga a união
Para onde há erro, que eu traga a verdade
Para onde há dúvida, que eu traga a fé
Para onde há desespero, que eu traga a esperança

Para onde há trevas, que eu traga a luz
Para onde há tristeza, que eu traga a alegria.

(Prece de São Francisco de Assis.)[17]

3. O artigo XXX da Declaração Universal dos Direitos Humanos, em dinamarquês

Artilel 30.

Intet i denne erklæring ma fortolkes som givende nogen stat, gruppe eller enkeltperson hjemmel til at indiade sig pâ nogen virksomhed eller foretage nogen handling, der tilsigter at nedbryde nogen af de heri opregnede rettigheder og friheder.

4. Informação sobre a língua

O dinamarquês é língua do ramo germânico setentrional ou escandinavo. Tem cerca de 5 milhões e meio de falantes na Dinamarca e seus territórios ultramarinos, norte da Alemanha e enclaves nos Estados Unidos.

O dinamarquês, assim como o sueco, descende do antigo nórdico oriental, tudo como nos informa Ricardo C. Salles.[18]

5. Explicação sobre o artigo XXX da Declaração Universal dos Direitos Humanos

O artigo 30 contém uma disposição que visa a evitar uma fraude. Seria chocante que qualquer pessoa, grupo ou

---

[17] Apud CÂMARA, Dom Hélder. *O Deserto é Fértil*. Rio, Civilização Brasileira, 1975, 2ª edição, p. 105.
[18] SALLES, Ricardo C. *O Legado de Babel: as línguas e seus falantes*. Rio, Editora Ao Livro Técnico, 1993, p. 150 e ss.

Estado viesse a invocar princípios contidos no texto da Declaração Universal dos Direitos Humanos para negar o sentido e a finalidade da própria Declaração.

O artigo 30 contém uma salvaguarda geral contra qualquer desvio de interpretação que pusesse em cheque todo o avanço da Humanidade para chegar ao texto da Declaração Universal dos Direitos Humanos. Este texto é um esforço de boa vontade de pessoas, grupos, concepções filosóficas, povos, um esforço para alcançar um mínimo consensual que representa uma carta de referência do que deva ser entendido por Direitos Humanos. Não se pode tolerar que eventuais desvios hermenêuticos destruam toda a obra civilizatória representada pela aprovação, assinatura e proclamação da Declaração Universal dos Direitos Humanos, bem como pela subseqüente adesão implícita dada ao documento por todos os Estados que vieram a integrar a ONU.

6. O artigo XXX da Declaração Universal dos Direitos Humanos e a Constituição da República Federativa do Brasil

A Constituição brasileira não tem nenhuma cláusula semelhante à contida no artigo 30 da Declaração Universal dos Direitos Humanos. Isto é explicável. O artigo 30 tem atinência com a lógica interna da própria Declaração.

Mas, de certa forma, o princípio encontra guarida na interpretação que se deve fazer do texto constitucional.

O artigo 1º, de nossa Constituição, estabelece que a República tem como fundamentos a soberania, a cidadania, a dignidade da pessoa humana, os valores sociais do trabalho e da livre iniciativa, o pluralismo político.

O artigo 3º da Constituição da República Federativa do Brasil diz que são objetivos fundamentais desta: construir uma sociedade livre, justa e solidária; garantir o desenvolvimento nacional; erradicar a pobreza e a marginalização e reduzir as desigualdades sociais e regionais; promover o bem de todos, sem preconceitos de origem, raça, sexo, cor, idade e quaisquer outras formas de discriminação.

Ora, nenhum artigo da Constituição pode ser interpretado como se contivesse comando que contrarie esses princípios fundantes da organização social e política do país.

Questões para debate, pesquisa e revisão (individual e/ou em grupo), relacionadas com a Décima Terceira Parte deste livro

1. Faça um estudo crítico do conjunto da matéria contida nesta Parte da obra ou limite esse estudo a algum de seus capítulos.

2. Resuma esta Parte do livro e assinale: a) os pontos com os quais concordou com mais ênfase; b) os pontos dos quais discordou ou relativamente aos quais tem alguma objeção ou reparo a fazer. Fundamente a resposta.

3. Desenvolva esta questão: Ordem internacional e efetiva vigência dos Direitos Humanos.

4. Faça um estudo comparativo entre os artigos 26 e 27 da Declaração Universal dos Direitos Humanos.

5. O racismo em face dos Direitos Humanos: desenvolver este tema.

6. A intolerância religiosa e os Direitos Humanos: discutir esta questão.

7. Fazer uma pesquisa sobre a UNESCO, recorrendo a livros, revistas e jornais.

8. Fazer um quadro de correspondência entre os artigos da Declaração Universal dos Direitos Humanos e os artigos da Constituição Brasileira de 1988.

9. Ver quais os "direitos sociais", previstos na Constituição Federal Brasileira de 1988, que dependem de regulamentação e que ainda não foram regulamentados.

10. Entrevistar militantes de organizações de direitos humanos sobre a situação de respeito aos Direitos Humanos no seu Estado ou município.

Décima quarta parte
DIREITOS HUMANOS E JUSTIÇA NAS RELAÇÕES ECONÔMICAS INTERNACIONAIS

Capítulo 48

A questão dos Direitos Humanos no Hemisfério Sul

1. Uma abordagem específica, sem prejuízo da pertinência da abordagem geral

Nos países do que tradicionalmente se chamou "Terceiro Mundo", sem prejuízo da validade de certas análises universais, os Direitos Humanos exigem também a análise por uma perspectiva própria.

Um livro produzido na América Latina, no Brasil, não se poderia furtar ao enfrentamento do tema. É o que tentaremos fazer.

2. Os mecanismos injustos do comércio exterior. As desvantagens sofridas pelos países do Terceiro Mundo

O Terceiro Mundo ou Hemisfério dos pobres (Hemisfério Sul), pela grande maioria dos países que o integram, caracteriza-se por ser exportador de produtos primários e importador de produtos industrializados. Os produtos primários são vendidos a baixo preço. Os produtos industrializados são caros. A balança de pagamentos, em conseqüência, é, em regra, desfavorável aos países pobres.

Mesmo quando o país exporta produtos industrializados, como é o caso do Brasil, sua situação de dependência é mantida por força de mecanismos injustos de comércio internacional e pelo império do dólar como medida de valor.

3. Balança comercial: o caso brasileiro

O Brasil é um país rico que muito produz e muito exporta. Entretanto, como acontecia com os antigos lavradores das fazendas brasileiras (quando não havia legislação trabalhista), estamos sempre devendo. Nossa dívida é eterna.

Num pronunciamento feito em 1985, na Suíça, o Cardeal Paulo Evaristo Arns declarava que, nos dois anos precedentes, a balança comercial brasileira apresentara um superávit de um bilhão de dólares por mês. Mas esse dinheiro, observava o Cardeal, servira unicamente para pagar os juros da dívida. Não podemos continuar assim, arrematava.[1]

4. A atualidade do problema

De tal forma a questão da injustiça das regras do comércio exterior e a questão da opressiva dívida externa dos países do Hemisfério Sul é omitida, pela grande imprensa, que pode parecer ao observador desavisado que este assunto ficou para trás, matéria resolvida, problema arquivado.

Raramente, articulistas se ocupam do tema. Mas a dívida externa continua a oprimir as nações supostamente devedoras, inclusive o Brasil.

Em artigo publicado em 23 de março de 1998, na Tribuna da Imprensa, Conrado Pereira denuncia que o Gover-

---

[1] Entrevista concedida ao jornal "La Liberté", edição de 9 de outubro de 1985. Republicada em *Déclaration de Berne. Pour un développement solidaire*. Novembro de 1985, n. 81.

no Federal desviou 632 milhões de dólares do Fundo de Marinha Mercante (FMM) para abater a dívida externa brasileira. Os recursos do FMM são originários da cobrança do adicional de 25% sobre o valor do frete das importações brasileiras. O presidente da Confederação Nacional dos Transportes Aquaviários condenou a medida, por sua ilegalidade e por ser contrária aos interesses do país. O valor do desvio é equivalente a 0,63% da dívida externa total de 188 bilhões 452 milhões de dólares, segundo dados do Banco Central.[2]

O jornalista Hélio Fernandes observou que nunca seria possível pagar uma "dívida externa", que cresce geometricamente, com exportações que crescem apenas aritmeticamente. O resultado é que os banqueiros, que nos impuseram a dívida, estão agora comprando as grandes empresas nacionais (usinas siderúrgicas, centrais hidroelétricas, Vale do Rio Doce) usando os "dólares podres" do endividamento externo, com grande prejuízo para o Brasil (artigo publicado em 21 e 22 de março de 1998).[3]

Fazendo coro ao pronunciamento do Cardeal Arns, que é de 1985, Angélica Wiederhecker, em matéria publicada no Jornal do Brasil, edição de 30 de março de 1998, mostra que a situação, na sua essência, não mudou.

Escreve Angélica Wiederhecker:

"O governo federal já consumiu R$ 17,44 bilhões em receita de privatização no abatimento da dívida pública desde o início efetivo do Programa Nacional de Privatização, em 1991, até o ano passado. O montante, registrado em levantamento do Ministério da Fazenda sobre os resultados

---

[2] PEREIRA, Conrado. "Governo desvia US$ 632 milhões do FMM para a dívida externa". **In:** *Tribuna da Imprensa*. Rio de Janeiro, edição de 23 de março de 1998.
[3] FERNANDES, Hélio. "O escândalo das privatizações-doações e o continuado empobrecimento do Brasil". **In:** *Tribuna da Imprensa*. Rio de Janeiro, edição de 21 e 22 de março de 1998.

do programa, nos últimos sete anos, pouco contribuiu para amenizar o crescimento da dívida da União. Somente no ano de 1997, o Tesouro Nacional amargou uma conta de juros nominais (incluída a inflação) de R$ 26,7 bilhões.

Este total é bem superior ao resultado global da venda de empresas estatais federais ao longo do período compreendido entre 1991 e 1997, que foi de R$ 22,59 bilhões. A maior parte deste montante foi utilizada para abater dívida (R$ 92,01%)".[4]

---

[4] WIEDERHECKER, Angélica. "*Juros aumentam a dívida*". Jornal do Brasil, edição de 30 de março de 1998, caderno de Economia, p. 13.

Capítulo 49

Dívida externa, fonte negadora dos Direitos Humanos

1. Dívida externa, responsável principal pela fome e pelos problemas sociais existentes nos países do Terceiro Mundo

A dívida externa força os governos do Terceiro Mundo a adotar políticas recessivas. Essas políticas por si só violam os Direitos Humanos porque provocam, em cadeia, situações que geram afrontas à dignidade das pessoas.

O teólogo Jürgen Moltmann observou, num artigo publicado em 1990, que três tônicas diferentes inspiram os Direitos Humanos no mundo contemporâneo:

os países capitalistas do Atlântico Norte, após a derrota do Fascismo e do Nazismo, timbram nos "direitos individuais";

os países socialistas dão relevo aos "direitos econômico-sociais";

no seio da população pobre do Terceiro Mundo emerge a reclamação pelo "direito à existência, à vida e à sobrevivência".[5]

---

[5] MOLTMANN, Jürgen. "Direitos Humanos, Direitos da Humanidade e Direitos da Natureza". **In:** *Concilium*, n. 228 - 1990/2. Tradução de Bertilo Brod.

Se a maioria dos países socialistas está passando por transformações que já não autorizam a generalização feita por Jürgen Moltmann, a observação, relativamente ao Terceiro Mundo, permanece plenamente atual.

O principal Direito Humano, nos países do Terceiro Mundo, é o direito a relações de Justiça, no comércio internacional.

Este não é um Direito Humano individual, mas um Direito Humano dos Povos do Terceiro Mundo.

2. O crescimento e a eternização da dívida externa, no Brasil e no Terceiro Mundo em geral

No caso do Brasil, grande parte da chamada dívida externa foi contraída durante a ditadura que teve início em 1964.

A dívida externa brasileira é hoje 50 vezes superior à dívida deixada pelo presidente constitucional João Goulart, derrubado em 1º de abril de 1964.

Empréstimos posteriores ao período da ditadura destinaram-se a pagar juros e fazer reescalonamento da dívida.

No conjunto dos países do Terceiro Mundo, a dívida cresceu de 113 bilhões de dólares em 1973, para 895 bilhões de dólares em 1984, conforme dados do Banco Mundial.[6]

Rudolf Strahm, antigo conselheiro econômico junto à Conferência das Nações Unidas para o Comércio e o Desenvolvimento, demonstra como são cruéis e injustos os mecanismos que eternizam e aumentam a dívida dos países do Terceiro Mundo.

Diz esse autor:

---

[6] STRAHM, Rudolf H. *Pourquoi sont-ils si pauvres?* Nouvelle édition entièrement remaniée. Adapté de l'allemand par Maria Pereboom et la Déclaration de Berne. Boudry (Suisse), Editions de la Baconnière, 1986, p.92.

"Obtendo cada ano um crédito novo de 100 milhões de dólares, por um período de 10 anos, a juros de 10%, os países em desenvolvimento, depois de 10 anos, chegam a um ponto tal que o pagamento dos juros das dívidas em curso e o reembolso das dívidas vencidas ultrapassa os novos créditos (...) O serviço da dívida (reembolso + juros) é, assim, mais elevado que o novo crédito obtido".[7]

3. Países em desenvolvimento ou países condenados a perpétuo subdesenvolvimento?

O livro de Rudolf Strahm, que acabamos de citar, é extremamente bem documentado e suas afirmações sempre se fundamentam em fontes seguras. Apenas temos uma pequena discordância para com o autor. Não gostamos do termo "países em vias de desenvolvimento". Sabemos que esta expressão é extremamente corrente. Certamente, foi em nome desse uso reiterado que Rudolf Strahm a adotou. Mas a expressão, a meu ver, constitui um eufemismo. Dá a idéia de que os países se dividem em dois grupos: a) países já desenvolvidos; b) países em vias de desenvolvimento, ou seja, países que se encontram na mesma direção dos países desenvolvidos, apenas retardatários nessa trajetória que, entretanto, será realizada.

Essa divisão não é verdadeira e a própria substância dos textos de Rudolf Strahm o demonstram. Há, na verdade, economias dominantes e economias dominadas, economias

---

[7] STRAHM, Rudolf H., *Pourquoi sont-ils si pauvres?*, obra já citada, p. 97. Segundo o texto em francês:
"En obtenant chaque année un nouveau crédit de 100 millions d'une durée de 10 ans et à 10% d'intérêt, les pays en développement en arrivent, après 10 ans, au point où le paiement des intérêts des dettes en cours et le remboursement des dettes échues dépassent les nouveaux crédits. (...) Le service de la dette (remboursement + intérêts) est alors plus élevé que le nouveau crédit obtenu".

que exploram injustamente outras economias e economias que são exploradas. Há relações de opressão e, conseqüentemente, opressores e oprimidos.

A permanecerem de pé as regras vigentes na economia internacional, a grande maioria dos países do Terceiro Mundo não chegará jamais à condição de "país desenvolvido". Assim, não é cientificamente exato que os países estejam "em vias de desenvolvimento". Muito pelo contrário, estão em vias de um empobrecimento cada vez maior. A distância entre ricos e pobres, em vez de diminuir, aumenta. E este é o maior escândalo de nossa era, em matéria de "Direitos Humanos".

4. Os juros extorsivos da dívida externa

Sem citar dados estatísticos precisos como aqueles de que se utiliza Rudolf Strahm, D. Paulo Evaristo Arns disse que, tendo em conta os juros extorsivos, já pagamos por duas vezes nossa dívida.[8]

Os juros opressivos cobrados pelos Bancos credores são fator essencial para a eternização da dívida.

Dados da "Organização de Cooperação e Desenvolvimento Econômico" demonstram que:

"De 1978 a 1984, a taxa de juros praticada nas dívidas a longo prazo, na modalidade de *taxas variáveis*, passou de 8,4 para 11,5%, em média, para o conjunto dos países em desenvolvimento. A taxa média de juros para o conjunto das dívidas dos países em desenvolvimento (inclusive taxas do Banco Mundial e outros bancos de desenvolvimento) passou de 6,3 para 9%.[9]

---

[8] D. Paulo Evaristo Arns, na entrevista citada, na nota de rodapé n. 148.
[9] Cf. STRAHM, Rudolf H., *Pourquoi sont-ils si pauvres?*, obra já citada, p. 99. Segundo o texto em francês:

No caso do Brasil, a variação das taxas foi ainda mais chocante. Conforme declarou o Cardeal Paulo Evaristo Arns em 1985, na Suíça, o Brasil contraiu a maior parcela dos empréstimos a juros de 4%. Em 1985, eles se elevavam a 8% e já tinham estado a 21%.[10]

Duas circunstâncias devem ser consideradas para um julgamento ético e jurídico desses empréstimos:

em primeiro lugar, deve-se pensar que esses juros elevados são pagos a peso de dólar, moeda que é medida de valor, diferentemente do que ocorre com empréstimos em moeda que a inflação corrói;

em segundo lugar, o aumento das taxas é decidido arbitrariamente pelos credores, que têm uma espada de Dâmocles a pesar sobre a cabeça dos países devedores.

Atendendo essas duas circunstâncias, tais juros caracterizariam um crime previsto na generalidade dos Códigos Penais nacionais, a agiotagem. Mas os países do Terceiro Mundo, como o Brasil, não têm força política para mandar sentar no banco dos réus, como criminosos, os banqueiros internacionais que nos lesam.

A condenação ainda é mais veemente, tanto à luz da Ética, quanto à luz do Direito, quando se considera que não é tolerável o forte tripudiar sobre o fraco.

5. Empréstimos contraídos sem a participação do povo

Os empréstimos, durante os governos militares latino-americanos, foram contraídos sem qualquer participação do

---

"De 1978 à 1984, le taux d'intérêt pratiqué pour les dettes à long terme à taux variables a passé de 8,4 à 11,5% en moyenne pour l'ensemble des pays en développement. Le taux d'intérêt moyen pour l'ensemble des dettes des pays en développement (y compris les prêts de la Banque mondiale et d'autres banques de développement) a passé de 6,3 à 9%".

[10] D. Paulo Evaristo Arns, na entrevista citada, na nota de rodapé n. 148.

povo, sem qualquer discussão pública. Destinaram-se a obras faraônicas que deram sustentação política às ditaduras militares.

No nosso país, milhões de brasileiros encantaram-se com a promessa de um "Brasil Gigante" e com obras de impacto como a Rodovia Transamazônica, que seria a conquista do Brasil para os brasileiros.

Não poupa palavras D. Paulo Evaristo Arns, quando denuncia que os empréstimos, contratados pelo regime militar, destinaram-se a fins militares. Quarenta bilhões de dólares, observa o Cardeal, foram engolidos na construção de seis centrais nucleares, das quais nenhuma funciona atualmente.[11]

Também examinando o destino dado ao dinheiro tomado de empréstimo, diz Rudolf Strahm:

"O Brasil, além de seus esforços de industrialização rápida e do objetivo de importar armas, apelou para o dinheiro estrangeiro a fim de financiar as gigantescas barragens de Itaipu e Carajás, a usina de Açominas e as centrais nucleares de Angra. Esses projetos gigantescos, ou só puderam ser explorados muitos anos depois da data prevista, ou não tiveram utilização racional".[12]

Foi principalmente graças a essas obras, financiadas com dólares estrangeiros, que as ditaduras latino-americanas tiveram o apoio de uma parte da sociedade.

O outro sustentáculo das ditaduras foi a televisão, instalada em grandes redes, nos principais países da América

---

[11] D. Paulo Evaristo Arns, na entrevista citada, na nota de rodapé n. 148.
[12] STRAHM, Rudolf H., *Pourquoi sont-ils si pauvres?*, obra já citada, p. 95. Segundo o texto em francês:
"Le Brésil, en plus de ses efforts d'industrialisation rapide et de ses importations d'armes, a surtout fait appel à l'argent étranger pour financer les gigantesques barrages d'Itaipu et de Carajas, l'aciérie de Açominas, des centrales nucléaires d'Angra. Or, ces projets géants n'ont pu être exploités que plusieurs années après la date prévue ou ne peuvent être utilisés rationellement".

Latina. O capital estrangeiro e os governos militares deram cabal apoio financeiro a essas redes de televisão, inclusive possibilitando-lhes a tecnologia da televisão em cores. A televisão penetrou nos mais recônditos espaços do Continente Americano, servindo ao projeto transnacional.

Enquanto a tortura e o assassinato eram praticados diuturnamente, no Brasil, na Argentina, no Chile e noutros países, os lares eram invadidos pela propaganda colorida do modelo político e econômico imposto à América Latina.

Os empréstimos que permitiram a implantação e a sustentação dos regimes de exceção são dinheiro manchado de sangue. A dívida externa latino-americana, na dimensão que assumiu, resultou, na sua origem contábil, de empréstimos destinados a apoiar as ditaduras.

6. As relações desiguais no comércio internacional

Examinando um outro aspecto da dívida, as relações desiguais no comércio internacional, diz Susan George:

"Os países devedores não obtêm um justo preço por seus produtos, o que desencoraja as exportações. No fim das contas é a economia mundial que se debilita. Não resta aos países devedores outra solução que não a de reduzir as importações para criar excedentes comerciais. Só assim podem reembolsar os bancos.

Por esse mecanismo, primeiro é a gordura que derrete, depois são os músculos e os ossos".[13]

---

[13] GEORGE, Susan. *Jusqu'au cou. Enquête sur la dette du tiers monde.* Traduit de l'anglais par Pierre Saint-Jean, William Desmond et l'auteur. Paris, Editions La Découverte, 1989, p. 90.

Eis o texto citado, segundo a tradução francesa:

"Les pays débiteurs n'obtiennent pas un juste prix pour leurs produits et on les empêche d'exporter. Au bout du compte, c'est l'économie mondiale qui s'en retrouve affaiblie: les pays débiteurs n'ont d'autre solution que de réduire

Rudolf Strahm também aponta, no seu livro, as causas da degradação da balança de pagamentos pela ação das multinacionais:

— a remessa de lucros das filiais para as matrizes, no Exterior, atinge hoje cifras nunca dantes imaginadas;

— as filiais das empresas estrangeiras contribuem para aumentar o déficit da balança de pagamentos quando importam equipamentos, energia, peças de reposição;

— a remessa de taxas de patentes e de licenças das filiais para as matrizes agravam a situação;

— as multinacionais situadas nos novos países industrializados tomam empréstimos no estrangeiro, o que aumenta ainda o serviço da dívida.[14]

O mesmo autor arremata suas conclusões dizendo que: "a capacidade de pagamento dos países em vias de industrialização, fortemente endividados, tem sido diminuída pela remessa de lucros realizada pelas empresas multinacionais, como também pelo pagamento de patentes e outras licenças a essas mesmas empresas".[15]

---

leurs importations, afin de créer des excédents commerciaux qui leur permettent de rembourser les banques. D'abord c'est la graisse qui fond, ensuite, ce sont les muscles et les os".

[14] STRAHM, Rudolf H., *Pourquoi sont-ils si pauvres?*, obra já citada, p. 95. Segundo o texto em francês:

- "Les repatriements de bénéfices des filiales d'entreprises étrangères sont plus élevés qu'on l'a jamais pensé.

- Les filiales d'entreprises étrangères font augmenter les importations: biens d'équipement, énergie, pièces de rechange, ce qui accroît le déficit de la balance de paiements.

- Le repatriement des frais de brevets et de licences des filiales vers leur maison-mère agrave également la situation.

- Les multinationales situées dans les nouveaux pays industrialisés empruntent à l'étranger, ce qui accroît encore le service de la dette".

[15] STRAHM, Rudolf H., obra citada, p. 91.

O tópico referido, em francês, está assim escrito:

"La capacité de paiement des pays en voie d'industrialisation fortement endettés a été amoindrie par le repatriement des profits réalisés par les entreprises

Em vista dessas observações judiciosas e fundamentadas relacionadas com as empresas multinacionais, a conclusão não nos parece ser a de fechar as portas dos países do Terceiro Mundo, inclusive o Brasil, à entrada de tais empresas. A economia mundial tende à intercomunicação e não ao isolamento.

Entretanto, regras têm de ser estabelecidas, quer no interior de cada país, quer pelo conjunto dos países do Terceiro Mundo, de modo a impedir a espoliação internacional dos países pobres pelos países ricos.

No Brasil, uma das bandeiras do presidente João Goulart, deposto em 1º de abril de 1964, era justamente regular a remessa de lucros para o Exterior.

7. Fome, negação fundamental dos Direitos Humanos

A fome é negação dos Direitos Humanos, num aspecto fundamental.

Rudolf Strahm e Susan George demonstram que está na lógica da manutenção da dívida a redução das massas empobrecidas dos povos devedores a uma situação literal de fome.[16]

Uma Comissão de Inquérito do Congresso Brasileiro, que investigou as causas da miséria absoluta, concluiu, em 1991, que mais de 70 milhões de brasileiros não tinham o que comer. Isto acontece num país de dimensão continental e com uma tão grande mão-de-obra disponível.[17]

---

multinationales ainsi que par le paiement des brevets et autres licences à ces mêmes entreprises".

[16] STRAHM, Rudolf, *ob. cit.*, p. 43 e seguintes. GEORGE, Susan, *ob. cit.*, p. 90 e ss.

[17] Cf. "*Informativo Dívida Externa*". Editado por um grupo de instituições do movimento popular, dentre os quais o "Centro de Educação Popular do Instituto Sedes Sapientiae". Porto Alegre, RS, novembro/dezembro de 1991.

Uma das conseqüências mais visíveis da subnutrição crônica tem sido o surgimento de toda uma geração (já são milhões de brasileiros entre 15 e 18 anos) que atinge no máximo 1,60 metros de altura, ficando abaixo dos padrões internacionais. É o chamado "homem gabiru" que vive do lixo dos centros urbanos.[18]

Não se trata da baixa estatura decorrente de razões genéticas, pois esta não compromete o conjunto da saúde. A pessoa pode ter, obviamente, baixa estatura e excelente inteligência, bem como todas as demais condições de higidez física e mental.

Na hipótese aqui referida, trata-se da baixa estatura que provém pura e simplesmente da desnutrição e que assim sacrifica o desenvolvimento global do indivíduo.

Também o Cardeal Arns, na denúncia que fez na Suíça e que já citamos, disse que o serviço da dívida iria tornar ainda mais faminto o povo brasileiro, à vista de que dois terços da população, na data de suas declarações (1985) sofriam já de má nutrição.[19]

Rudolf Strahm critica o modelo de produção destinada à exportação, adotado pelos países do Terceiro Mundo, por pressão do Banco Mundial e outras agências internacionais. O autor demonstra que esse modelo tira o pão da boca dos pobres:

"As culturas de exportação trazem freqüentemente prejuízo à produção alimentar destinada à auto-subsistência. (...) As classes dominantes e os governos dos países em desenvolvimento procuram obter divisas a fim de poder pagar bens de importação. (...) Os agricultores obtêm preços tão baixos por seus produtos destinados à alimentação que

---

[18] Idem, ibidem.
[19] D. Paulo Evaristo Arns, na entrevista que registramos, na nota de rodapé n. 148.

se tornam surdos a todo apelo de aumento da produção. O Banco Mundial, o Fundo Monetário Internacional e outras agências de desenvolvimento forçam os países em desenvolvimento a aumentar suas exportações. Coagindo os países devedores a adotar essa política, asseguram a amortização e o pagamento dos juros da dívida externa".[20]

Vicente Leclercq destacou tendências alarmantes, sobretudo a partir de janeiro de 1983. Nessa data o FMI aplicou pela primeira vez, no Brasil, seu pacote de ajustamento estrutural. Uma das prioridades estabelecidas pelo Fundo Monetário Internacional foi a de reduzir o consumo interno, não obstante a capacidade da indústria brasileira e o consumo, já então, reduzido de alimentos, se considerado o tamanho de nossa população.[21]

O sociólogo Herbert de Souza, o Betinho, falecido em agosto de 1997, propôs um desafio aos seus contemporâneos. Que em mutirão vençamos o flagelo da fome.

Dentro da realidade brasileira de hoje, milhões não têm as condições mínimas para "ser pessoa"; não são também cidadãos.

Josué de Castro já havia denunciado, no seu tempo, a fome como "problema social". Graciliano Ramos, nos seus romances, retratou a fome como problema político. A fome

---

[20] STRAHM, Rudolf, *ob. cit.*, p. 43. Confira-se o texto em francês:

"Les cultures d'exportation portent souvent préjudice à la production alimentaire d'autosubsistance. (...) Les classes dominantes et les gouvernements des pays en développement cherchent à obtenir des devises afin de pouvoir payer des biens d'importation. (...) Les paysans obtiennent des prix si bas pour les produits vivriers qu'ils sont sourds à tout appel d'augmentation de production. La Banque mondiale, le Fonds monétaire international et d'autres agences de développement ont contraint des pays en développement à augmenter leurs exportations afin d'assurer l'amortissement et le paiement des intérêts de leurs dettes".

[21] Cf. *"Politique d'ajustement structurel et politique agricole au Brésil. 1980-1985"*. Communication aux Journées d'étude, Réseau Stratégies Alimentaires, Paris, 10 juin 1985.

não brota do céu. A fome tem causas na terra, nas injustiças imperantes. Josué e Graciliano sofreram exílio e prisão por dizer uma verdade tão óbvia.

Mas essa situação não é inevitável. Se ficamos de braços cruzados, tudo vai continuar assim.

Mas se a vida profética de Betinho, Josué de Castro, Graciliano Ramos tiverem a força de nos acordar, nós venceremos a suprema negação do Direito que é a fome.

8. A dívida externa, decisão calculada, provoca a injusta distribuição interna da renda

Susan George observa que a dívida externa é a causa principal da má distribuição de renda nos países do Terceiro Mundo. A mesma autora demonstra que a dívida externa não é casual, nem é fruto de circunstâncias fora de controle. A dívida externa é uma decisão calculada e sórdida dos donos do mundo.[22]

Segundo dados do CEPAL, órgão ligado às Nações Unidas, nos últimos 10 anos foram repassados 275 bilhões de dólares da América Latina aos países credores. Isso equivale a 60% da dívida da América Latina. Entretanto, o montante da dívida que os bancos exigem, em vez de diminuir, subiu para 445 bilhões de dólares.[23]

O IV Congresso Latino-Americano de Economistas concluiu que a Dívida Externa foi o fator que causou o maior impacto gerador de miséria na América Latina, nos anos 80.[24]

O Bispo francês D. Jacques Gaillot publicou um livro por ocasião da Guerra do Golfo (1991). Manifestou-se con-

---

[22] GEORGE, Susan. *Jusqu'au cou. Enquête sur la dette du tiers monde*. Obra já citada, p. 211 e 380.
[23] *"Informativo Dívida Externa"*, citado, mesmo ano e mês.
[24] Idem, ibidem.

tra a solução militar do conflito. Examinou a globalidade do problema em causa, e não apenas suas aparências, propagadas em todas as línguas pelos supostos donos do mundo. D. Gaillot afirmou que não era Saddam Hussein que ameaçava a ordem do mundo. A grande ameaça à ordem mundial e à paz advém das desigualdades extremas que se perpetuam, nas relações internacionais.[25]

9. A dívida externa e a esterilização de mulheres no Terceiro Mundo. A questão da população, no Brasil

Agora, não contentes com a morte pela fome, os potentados econômicos do mundo querem esterilizar as mulheres no Terceiro Mundo. Vozes de Bispos e de líderes já se levantaram em denúncia. No Brasil, o tema foi objeto de sucessivos pronunciamentos da CNBB.

A propósito diz o jornal "Informativo Dívida Externa", publicado por um grupo de instituições populares, que 25 milhões de mulheres brasileiras em idade reprodutiva teriam sido esterilizadas por políticas de "planejamento familiar".[26]

Cabe observar que se trata de uma estimativa. A esterilização é sempre clandestina, pelo que não há estatísticas seguras.

O problema do Brasil não é excesso de população. Temos duas vezes e meia a superfície da Índia. Entretanto, nossa população é seis vezes menor.

---

[25] GAILLOT, Mgr. Jacques. *Lettre ouverte à ceux qui prêchent la guerre et la font faire aux autres*. Paris, Albin Michel, 1991, p. 29.
[26] "*Informativo Dívida Externa*", no número, ano e mês já citados. O jornal é publicado pelas seguintes entidades: CEPIS - Centro de Educação Popular do Instituto Sedes Sapientiae; MST - Movimento dos Trabalhadores Rurais sem Terra; CRAB - Comissão Regional dos Atingidos por Barragens; Pró-Central de Movimentos Populares; CUT -Regional Oeste de Santa Catarina; CAMP - Centro de Assessoria Multiprofissional; DESER - Departamento Sindical de Estudos Rurais.

10. A ilegitimidade da dívida externa: razões econômicas, políticas, éticas e jurídicas

A dívida externa dos países latino-americanos é injusta, a meu ver, por 5 motivos:

1º) porque a parte relativa ao período dos governos militares foi contraída sem conhecimento do povo. É como alguém que emprestasse dinheiro a uma criança, impossibilitada de discernir, e pretendesse depois cobrar o empréstimo aos pais;

2º) porque essa parte da dívida teve o objetivo político de sustentar os regimes militares latino-americanos, com a finalidade econômica de saquear nossas riquezas e nos escravizar. Uma outra razão foi aplicar os excedentes financeiros dos países ricos. Se os objetivos são injustos, o meio para alcançar o fim é também injusto, segundo princípio ético-jurídico tradicional;

3º) porque os empréstimos posteriores aos governos militares destinaram-se a rolar a dívida e a pagar juros. Se a dívida principal é injusta, as dívidas acessórias, complementares, também são injustas;

4º) porque outro fator da dívida externa são as regras injustas e opressivas do comércio exterior;

5º) porque só podemos pagar a dívida e os juros da dívida com a fome do povo, o que a torna ilegítima, segundo a palavra de João Paulo II, na encíclica "Centesimus Annus":

"Não é lícito pedir e exigir um pagamento quando esse pagamento resulta em impor, realmente, escolhas políticas de natureza a impelir à fome e ao desespero populações inteiras".[27]

---

[27] JEAN-PAUL II. *Centesimus Annus*. Texte complet présenté et annoté par les jésuites des *Cahiers*. Paris, Cahiers, Spécial, mai 1991, p. 50.

João Paulo II analisou apenas esta última parte da questão porque tem tratado do assunto numa perspectiva mais global, mundial. No caso brasileiro e no de outros países latino-americanos, há argumentos mais contundentes do que apenas este argumento humanitário de que um Estado devedor não pode pagar a dívida com a fome do seu povo.

O Cardeal Paulo Evaristo Arns, Arcebispo de São Paulo, disse numa mensagem dirigida à Conferência sobre a Dívida Externa, que se reuniu em Havana, em 30 de julho de 1985:

"O problema da dívida externa é fundamentalmente político, mais que financeiro. Como tal deve ser abordado. O que está em jogo não são as boas contas dos credores internacionais, mas a vida de milhões de pessoas que não podem suportar nem a ameaça permanente de medidas repressivas, nem o desemprego, fonte de indigência e de morte".[28]

Na Suíça, o Cardeal foi ainda mais fulminante:

"Deve-se parar de pagar aos ricos deste mundo com o sangue e a miséria de nosso povo".[29]

A questão é política e ética, como diz o Cardeal Arns. E é também jurídica, como demonstramos, pois são rigorosamente nulos os atos que geraram a dívida.

11. Repúdio à dívida externa num encontro internacional de Direitos Humanos

Por ocasião da 26ª Sessão do Instituto Internacional de Direitos Humanos, que se realizou em Strasbourg, na França, tivemos ocasião de obter o apoio de participantes de ou-

---

[28] D. Paulo Evaristo Arns. Apud GEORGE, Susan, *Jusqu'au cou*, livro já citado, p. 207.
[29] D. Paulo Evaristo Arns, entrevista publicada na Suíça, já citada, na nota n. 148.

tros países para a seguinte moção que apresentamos, a respeito deste assunto:

"Os abaixo-assinados, cidadãs e cidadãos de países do Terceiro Mundo, presentes na 21ª Sessão do Instituto Internacional de Direitos Humanos, ocorrida em Strasbourg, na França, no período de 27 de junho a 27 de julho de 1990, tornam pública a seguinte posição:

    a) entendem os subscritores deste documento que os Direitos Humanos dos povos do Terceiro Mundo são permanentemente violados pelas regras que presidem às relações econômicas e políticas entre os países do Terceiro Mundo e os países ricos;

    b) as regras dessas relações econômicas e políticas são injustas porque oprimem nossos povos e nos mantêm num estado contínuo de pobreza;

    c) nossos povos não podem continuar passando fome, sem saúde e sem escolas, privados dos serviços sociais básicos, como decorrência das relações de exploração vigentes na vida internacional;

    d) é inútil ou quase inútil toda a luta pelos Direitos Humanos, em nossos países, se as relações do comércio internacional não sofrerem radical mudança, se não forem alteradas as atuais regras que sugam nossas riquezas naturais e estabelecem a miséria no seio dos nossos povos;

    e) mesmo a luta ecológica, que sensibiliza a opinião pública dos países ricos, mantém conexão com a questão econômica pois as agressões à natureza, nos países de Terceiro Mundo, resultam, em muitos casos, da falta de alternativas de sobrevivência dos nossos povos;

    f) a dívida externa dos países do Terceiro Mundo é injusta, atenta contra os Direitos Humanos e merece nosso repúdio;

    g) acreditamos que os participantes deste Encontro, provenientes dos países ricos, são pessoas portadoras de sensibilidade ética. Apelamos para a sensibilidade ética desses companheiros para que atuem nos seus países, de modo que ocorram as decisões políticas necessárias para mudar as atuais relações econômicas opressivas em relação aos povos do Terceiro Mundo".[30]

A consciência de Justiça está a exortar os países que se dizem credores a proceder com os países supostamente devedores, segundo a apóstrofe fulminante do profeta Neemias:

"Devolvam hoje mesmo seus campos, vinhas, olivais e casas. Perdoem também a penhora em dinheiro, trigo, vinho e óleo, que vocês tomaram deles".[31]

Questões para debate, pesquisa e revisão (individual e/ou em grupo), relacionadas com a Décima Quarta Parte deste livro

1. Faça um estudo crítico do conjunto da matéria contida nesta Parte da obra ou limite esse estudo a algum de seus capítulos.

2. Resuma esta Parte do livro e assinale: a) os pontos com os quais concordou com mais ênfase; b) os pontos dos quais discordou ou relativamente aos quais tem alguma objeção ou reparo a fazer. Fundamente a resposta.

3. Desenvolva esta questão: Ordem econômica internacional e efetiva vigência dos Direitos Humanos.

---

[30] A íntegra da moção foi publicada no *Jornal de Opinião*. Belo Horizonte, edição de agosto de 1990.
[31] Neemias, 5,11. *Bíblia Sagrada*. Tradução de Ivo Storniolo e outro, já citada.

4. Que matéria abordada nesta Parte do livro pareceu-lhe mais interessante ou relevante? Fazer sobre essa matéria um debate ou pequeno seminário.

5. Fazer uma pesquisa sobre a questão da dívida externa brasileira, reunindo dados absolutamente atuais. Entreviste pessoas, para alcançar este objetivo. Procure dados e fontes que normalmente, ou não são mencionados na grande imprensa, ou são mencionados de maneira acidental e sem qualquer destaque. Tente descobrir a razão pela qual hoje, na grande imprensa, fala-se em "dívida pública", sem distinguir "dívida pública interna" e "dívida pública externa".

Décima quinta parte
CONCLUSÃO

Capítulo 50
Os objetivos deste livro

1. Este livro como integrante de uma trilogia

Este livro, como foi explicado, embora possa ser lido, com proveito, isoladamente, integra uma trilogia.

O primeiro objetivo deste livro foi concluir a trilogia que me propus escrever. Comecei com "Gênese dos Direitos Humanos". Publiquei depois "Direitos Humanos — a construção universal de uma utopia". Finalmente, "Direitos Humanos: uma idéia, muitas vozes" fecha o itinerário projetado.

2. A demonstração da hipótese da existência de um núcleo comum dos Direitos Humanos e do contraste de sua percepção diferenciada

Este livro finaliza um longo trabalho de pesquisa. Segui, como linha metodológica de pesquisa, formular previamente hipóteses de trabalho. Depois, através da investigação científica, verificar se a hipótese tinha sido confirmada ou rejeitada.

Com relação a este livro a hipótese foi formulada nos seguintes termos:

"Não obstante haja um núcleo comum de Direitos Humanos, estes são percebidos, de forma diferente, no discurso dos dominantes e no discurso dos dominados; há outrossim uma percepção diferenciada das enunciações, segundo a posição de classe, cultura, nacionalidade ou lugar social, em sentido amplo, do destinatário, decodificador ou receptor da mensagem".

Creio que esta hipótese foi demonstrada na obra que estamos a encerrar.

Pelos nossos olhos passaram autores dos mais diversos países, declarações de direitos de povos e continentes, o legado de religiões e filosofias. Vimos também aqui e ali o testemunho das tradições populares.

Parece-me rigoroso concluir pela constatação da existência de um "núcleo comum" de Direitos Humanos.

Este "núcleo comum", no campo dos Direitos Humanos, corresponde aos "universais lingüísticos" descobertos por Chomsky, no campo da Lingüística.[1]

Sem prejuízo da existência desse "núcleo comum", há uma "percepção diferenciada" dos Direitos Humanos.

Os Direitos Humanos são concebidos de uma forma peculiar pelos povos indígenas, pelos povos africanos, vítimas seculares da opressão. Não são percebidos por esses povos da mesma forma que são percebidos pelos povos europeus, pelos povos que se lançaram à conquista de terras e à submissão de outros povos.

Também variáveis como "classe, cultura, nacionalidade ou lugar social" influenciam na maneira de perceber os Direitos Humanos. O desenvolver dos temas, no curso das páginas deste livro, suponho tenha demonstrado esta assertiva.

---

[1] CHOMSKY, Avram Noam. *Language and Mind*. New York, Harcourt, Bruce & Worl, 1968, passim.

3. A percepção dos Direitos Humanos, a partir das línguas

Artigos da Declaração Universal dos Direitos Humanos apareceram, nesta obra, em várias línguas.

Nosso propósito foi demonstrar, simbolicamente, que o grito por Justiça, Liberdade, Dignidade Humana, Solidariedade expressa-se através das mais diversas línguas faladas no mundo. Não só através destas línguas, escolhidas para simbolizar o universo das línguas, mas através de centenas de outras não registradas neste texto.

Gostaríamos de colocar nesta obra algumas línguas que têm vários milhões de falantes. Mas o programa que utilizamos no computador não possibilitou a impressão dos respectivos caracteres.

Também não foi nosso propósito fazer uma pesquisa lingüística dos Direitos Humanos. (Nem temos os atributos exigidos para isso.) Outro estudioso poderá debruçar-se sobre essa tarefa que, a meu ver, poderia trazer uma grande contribuição ao entendimento dos Direitos Humanos. Quantas nuances de percepção não advêm da expressão lingüística do pensamento!

De qualquer forma, essa multiplicidade de línguas enunciando os Direitos Humanos vem em socorro da hipótese em torno da qual girou este livro — um núcleo comum de Direitos Humanos, uma percepção diferenciada dos Direitos Humanos.

4. Os Direitos Humanos na celebração da poesia

O artista, o poeta tem uma percepção mais aguda e mais profunda do mundo e das coisas, se comparado ao cientista, ao pesquisador. O caminho da poesia leva à essência do fenômeno humano.

Também as vozes dos poetas, poetas e profetas, poetas de vários países, essas vozes ajudam na compreensão dos Direitos Humanos, como ideal que pulsa nas diversas latitudes.

E a linguagem da poesia é de tal forma universal que mesmo o poeta brasileiro abre as janelas do mundo.

Da mesma forma que aconteceu, com relação às línguas, a presença da poesia tem o sentido simbólico da busca de horizontes acima de fronteiras. Não houve a preocupação de abarcar poetas do mundo inteiro. Os que comparecem neste livro representam um coro universal de vozes.

5. Uma busca sem fronteiras das fontes disponíveis

Pela bibliografia final, pode o leitor ter uma idéia do esforço despendido na elaboração desta obra. Nessa bibliografia só constam livros, artigos e documentos efetivamente consultados e citados no correr da obra. Há uma quantidade ainda maior de livros e artigos também lidos, embora não expressamente citados. A citação implica numa seleção de fontes. Ao compulsar essa bibliografia, observe também de quantas línguas faladas no mundo nos aproximamos, na tentativa de alcançar uma abrangência universal.

6. Uma reflexão final conclusiva

Os Direitos Humanos, na sua linha central, foram uma construção da Humanidade, de uma imensa multiplicidade de culturas.

Como não são estáticos, a elaboração deles continua no fluxo da História.

Embora haja um núcleo comum de Direitos Humanos, eles são percebidos diferentemente pelas culturas que se espalham pelo mundo e também por pessoas, classes, povos, segundo as circunstâncias que marcam a condição humana.

Consolidar a idéia de certos Direitos Humanos fundamentais é uma exigência para que a Humanidade possa sobreviver, sem se desnaturar.

A divergência relativamente a certos Direitos Humanos é um óbice difícil de ser transposto. Mas há necessidade de que pelo menos certos Direitos Humanos essenciais tenham vigência universal.

Creio que, no meio do debate entre o *universalismo* dos Direitos Humanos e o *relativismo cultural* com que devam ter tratados, há uma posição intermediária.

Parece-me que as conclusões de Viena (25 de junho de 1993) endereçam-se neste sentido. Viena afirma a universalidade dos direitos humanos, sua indivisibilidade, sua interdependência e sua inter-relação. Mas Viena reconhece que devem ser consideradas as particularidades nacionais e regionais, bem como condições históricas, culturais e religiosas para compreender o significado desses mesmos direitos universais.

Flávia Piovesan aborda com extraordinário brilho a questão no seu livro "Direitos Humanos e o Direito Constitucional Internacional".[2]

Vimos, no decorrer deste livro e na própria trilogia que agora se completa, ser possível a convergência em torno de um catálogo mínimo de Direitos Humanos. O acatamento a certas normas fundamentais tem um grande enraizamento na cultura dos mais diversos povos. Ainda que essas normas fundamentais não tenham tido aceitação ple-

---

[2] PIOVESAN, Flávia. *Direitos Humanos e o Direito Constitucional Internacional*. São Paulo, Max Limonad, 1997 (2ª edição), p. 167 e ss.

na, no interior de muitas nações, de muitas culturas e de muitas épocas históricas, houve sempre a voz que bradou em favor do acolhimento dessas normas fundamentais, ali mesmo onde o desrespeito à pessoa humana estava sendo praticado.

Para exemplificar: a tortura e o racismo são intoleráveis, atentam contra a essência da dignidade humana. Um imenso esforço educacional deve ser feito, ao lado do esforço político, para que a tortura e o racismo sejam inteiramente proscritos da face da Terra.

Temos que prevenir a sobrevivência de uma cultura anti-humana, ao lado da cultura humana pela qual lutamos.

Às vezes essa cultura anti-humana estabelece uma tal ruptura de diálogo e compreensão que mundos antagônicos se organizam. A cultura anti-humana tem seus códigos próprios, estabelece um isolamento em face do conjunto da espécie humana.[3]

Não será pela guerra, ou pela imposição que se prevenirá a ocorrência desse fenômeno de rejeição de princípios fundamentais de Humanismo e de Direito. O caminho será o diálogo, o intercâmbio de idéias, a discussão franca, a tentativa de entender a opinião que nos pareça absurda, a educação para os Direitos Humanos e o empenho no sentido do crescente avanço do "Direito Internacional dos Direitos Humanos".

---

[3] Louis Pouwels e Jacques Bergier observaram o fenômeno aqui mencionado, com relação ao Nazismo. Cf. POUWELS, Louis & Jacques Bergier. *O Despertar dos Mágicos*. São Paulo, Difusão Européia do Livro, 1972, especialmente p. 290 e ss. Agradeço a minha ex-aluna Nurimar Vieira o empréstimo, que me fez, deste livro.

Questões para debate, pesquisa e revisão (individual e/ou em grupo), relacionadas com a Décima Quinta Parte deste livro

1. Redija uma conclusão da obra diversa da que foi redigida pelo autor.

2. No conjunto do livro, tente assinalar: a) os pontos com os quais concordou com mais ênfase; b) os pontos dos quais discordou ou relativamente aos quais tem alguma objeção ou reparo a fazer. Fundamente a resposta.

3. Que matéria abordada no livro pareceu-lhe mais interessante ou relevante? Fazer sobre essa matéria um pequeno seminário.

4. Universalismo relativismo cultural em matéria de Direitos Humanos. Desenvolva esta questão.

5. A Conferência de Direitos Humanos de Viena, reunida em 1993: fazer um balanço do que representou, recorrendo a pesquisas suplementares, inclusive recortes de jornal.

6. Fazer uma pesquisa sobre desrespeito aos Direitos Humanos ou sobre luta em defesa dos Direitos Humanos, a partir de recortes de jornal.

7. A cidade é a morada de grande parte dos seres humanos, neste final de milênio. Naqueles países onde as forças mais conservadoras tiveram poder para impedir a reforma agrária, o problema das cidades tornou-se ainda mais dramático.

Mas a cidade não é uma entidade abstrata, fora do conflito de classes e alheia às injustiças estruturais que massacram grande parte da humanidade. Não existem grandes problemas na cidade para os que podem habitar uma residência condigna, locomover-se de carro ou em transporte coletivo de qualidade, ter acesso aos serviços essenciais — educação, saúde etc. O problema das cidades é o problema dos que são excluídos da cidade. A cidade é a síntese das negações de humanismo que, escandalosamente, dão a tônica do nosso tempo.

Quem está fora da cidade? Quem foi expulso dos espaços nobres ou de razoável conforto para as periferias longínquas? Quem convive com o lixo e vive do lixo? São pessoas sem nome e sem face, com direitos negados, marginalizadas, embora portadoras da mesma substância espiritual que nos irmana a todos. Milhões de crianças estão abandonadas nos guetos das grandes cidades do mundo, especialmente no Hemisfério Sul.

Essa anomalia acontece, não obstante afirme a "Declaração Universal dos Direitos da Criança" que a criança, por falta de maturidade física e mental, necessita de proteção e cuidados especiais, inclusive a devida proteção da lei, tanto antes quanto depois do nascimento, a fim de que possa desfrutar dos direitos inerentes ao ser humano e inerentes a ela, criança.

a) Discuta as idéias que o autor colocou, no texto acima, para sua reflexão.

b) Procure dados e informações sobre a Conferência de Istambul que discutiu (1996) o destino das cidades.

c) Juntando os esforços requeridos nas letras "a" e "b", tente elaborar um texto ou promova um debate ou seminário. Coloque a situação de sua própria cidade, no campo das reflexões.

ANEXO

Entrevista: A JUSTIÇA AO ALCANCE DE TODOS

Vívia Fernandes

Há 20 anos, o juiz de direito João Baptista Herkenhoff ajudou a fundar a Comissão de Justiça e Paz da arquidiocese de Vitória-ES, da qual foi o primeiro presidente. Essa poderia ser mais uma entre as muitas atividades desenvolvidas por esse capixaba natural de Cachoeiro de Itapemirim, não fosse pela constatação que faria nos anos seguintes e que influenciou decisivamente a sua forma de atuação profissional. Atuando na comissão, o "professor" Herkenhoff — como é carinhosamente chamado — pôde confirmar suas suspeitas quanto à face elitista e conservadora da Justiça no Brasil, que não existe para a grande massa de brasileiros, marginalizada pela exclusão social, mas está a serviço das classes sociais mais privilegiadas.

Desde então, Herkenhoff transformou-se num crítico contumaz não apenas no modo como o Poder Judiciário brasileiro está estruturado, mas também do modelo de aprendizado do Direito e da forma como as leis são aplicadas no País. Hoje, aos 58 anos, depois de vários títulos acadêmicos e de 18 livros publicados — o último deles com o título *Para onde vai o Direito? Reflexões sobre o papel do Direito e do jurista* (Livraria do Advogado Editora, 1996, Porto Alegre) —, Herkenhoff destila todo o seu senso crítico em relação ao que julga ser "as velhas concepções de Direito" em palestras e cursos por todo o Brasil, além de cumprir estudos acadêmicos nos Estados Unidos e na França. Apesar de exibir uma agenda repleta de compromissos, ele abriu espaço para receber FAMÍLIA CRISTÃ no apartamento onde mora, em Vitória, e concedeu a seguinte entrevista:

FAMÍLIA CRISTÃ - Numa sociedade tão complexa como a nossa, o senhor acha que o Direito tem desempenhado sua função?
João Baptista Herkenhoff - *Não. Ou pelo menos, não a função que poderia desempenhar. Estamos vendo, freqüentemente, o Direito de ser esmagado pelo arbítrio, pela prepotência e pelo domínio de poucos. Os massacres do Pará e do Carandiru são episódios claros disso, mas esses são apenas dois casos de repercussão internacional. Na verdade, o Direito é esmagado diariamente, quando inúmeros trabalhadores se encontram à margem da lei, sem carteira assinada, sem salário digno e sem usufruírem de parcela do fruto do seu próprio trabalho.*

FC - Qual seria, então, o papel do Direito nesta sociedade?
Herkenhoff - *Vejo o Direito com um papel contestador e libertador. Encaro também o jurista não como homem da ordem, mas como homem da contradição. Ou seja, diante de uma sociedade que esmaga a pessoa humana, o Direito deve surgir como antítese disso.*

FC - Na sua avaliação, por que os juristas (ou uma grande parte deles) não estão exercendo o seu verdadeiro papel?
Herkenhoff - *Felizmente, há uma parte considerável de juristas comprometida com as lutas do povo, mas existe*

também um outro setor conservador e é este que, em geral, tem voz nos meios de comunicação. É muito mais cômodo ficar do lado do poder, pois isso pode significar compensação econômica ou cargos. Contrapor-se ao poder exige que se assuma uma posição de luta. No meu caso, esse engajamento crítico em relação à Justiça foi uma questão de consciência, inclusive fruto de uma reflexão cristã. Muito contribuiu para isso o fato de ter sido um dos fundadores da Comissão de Justiça e Paz da arquidiocese de Vitória. Garanto que, ali, aprendi mais Direito do que na própria universidade, pois tive contato direto com os marginalizados, com aqueles que batiam na porta pedindo justiça e respeito à sua dignidade e com os que sofriam nas prisões.

FC - O senhor começa seu último livro falando sobre o peso do ideário positivista no Direito. Que influência ele tem na aplicação do Direito no Brasil?

Herkenhoff - *A tradição positivista é muito forte no nosso país e o positivismo jurídico prevalece nos tribunais e no Direito brasileiros. Quem está contra a ordem estabelecida é tachado de subversivo. Então, esse ideário sacraliza essa ordem, que é o altar sobre o qual o jurista celebra o seu direito. Ele nega constantemente os conflitos, partindo de idéias falsas como a de que todos são iguais perante a lei. Na prática, não há igualdade, mesmo legal, num mundo tão desigual, tão distorcido e de tantas diferenças entre ricos e pobres como o nosso. Sendo assim, essa abordagem positivista da realidade favorece a manutenção do* status quo *e, num certo sentido, também a impunidade, pois é muito próprio dos juristas conservadores interpretarem a lei de acordo com certas conveniências. Com isso, o que vemos normalmente é uma impunidade seletiva.*

325

FC - Como assim?

Herkenhoff - *Por exemplo, há um princípio que afirma que a inocência de uma pessoa deve ser presumida até que sua culpa seja efetivamente provada. Ora, esse princípio é aplicado de modo muito diverso no Brasil, dependendo de quem seja o acusado. Os ricos normalmente têm esse direito garantido, o que não acontece com as pessoas mais humildes. Mais ainda: até a definição dos crimes no Brasil é permeada por uma visão de classe. Os delitos que os poderosos cometem, muitas vezes, não são definidos como tais. Isso é fruto de um espírito conservador que começa nas próprias faculdades de Direito e pode ser visto tanto no currículo escolar como nos livros de Direito. Isso perpassa todo o arcabouço jurídico do País, invade os tribunais e impregna a própria lei. Há toda uma estrutura que prepara o jurista para ser um agente da ordem, mas de uma ordem apenas aparente, porque o que vemos, na realidade, é uma desordem social que também é perpetuada por certas decisões do Poder Judiciário.*

FC - É difícil sair disso?

Herkenhoff - *É uma luta que deve ser travada em vários fronts. É preciso, primeiro, transformar as escolas de Direito para se construir um pensamento jurídico renovador. Temos de buscar contradições no Direito e as leis estão cheias de contradições. Nossa Constituição diz coisas extraordinárias como "todos são iguais perante a lei" ou que a ordem social se baseia no respeito à dignidade humana. Estes são os princípios norteadores da construção de uma nova sociedade, mas ela também estabelece franquias de segurança para os que têm poder. A lei não é um edifício íntegro e harmônico. As mesmas contradições presentes na sociedade estão presentes na legislação. Então, diante das contradições das leis, o jurista tem de tomar um partido. Ele* *não pode ficar em cima do muro ou se deixar encantar pelas benesses do poder.*

FC - A neutralidade, então, é uma utopia?
Herkenhoff - *O juiz tem de ser neutro diante das partes, mas não diante de valores. As partes em conflito esperam dele isenção para que atue como o fiel da balança e isso é inerente à missão do juiz. Agora, esse dever ético não pode ser confundido com uma neutralidade de valores.*

FC - A discussão da impunidade tem merecido destaque particularmente na questão da luta pela terra no Brasil. Qual a responsabilidade do Poder Judiciário nesses conflitos?
Herkenhoff - *Faz-se necessária a mudança da lei no sentido de dar instrumentos para que tais delitos sejam devidamente apurados e os culpados punidos. São necessários também alterações da legislação que trata da questão agrária e uma nova mentalidade dos juízes, mas esse não é um problema que diz respeito só ao Poder Judiciário. Há ainda a responsabilidade da própria polícia. Em abril, foi enviado ao Congresso Nacional o Plano de Direitos Humanos, que acho uma iniciativa muito importante. Não estou dizendo que o governo pode lavar as mãos por ter concebido esse plano, mas, a meu ver, ele traz um progresso que é chamar para a órbita federal os crimes contra os direitos humanos. O poder dos latifundiários nas polícias estaduais e no próprio Poder Judiciário é muito grande e isso compromete qualquer tentativa de investigação mais isenta.*

FC - Como o senhor avalia a polêmica sobre a competência da Justiça Militar em julgar crimes praticados por militares?
Herkenhoff - *Não tem cabimento manter a questão como está. Sou a favor do projeto que tramita no Congresso Nacional estabelecendo que os crimes cometidos por policiais*

militares contra civis devem ser julgados pela Justiça comum. Do contrário, o que prevalece é o sentido de classe, o espírito de corpo. Numa democracia, não se pode tolerar uma Justiça restrita a um pequeno grupo sob o risco de se estimular a impunidade. Neste sentido, nunca é desejável que um eventual crime praticado por alguém seja julgado por membros da sua corporação.

FC - O senhor é favorável ao controle externo do Poder Judiciário?
Herkenhoff - *Não pode haver nenhum poder acima do bem e do mal, porém acho que esse controle externo deve ser feito com critério. Para isso, podemos nos basear em experiências de outros países, como os da Europa, adaptando-as à realidade brasileira. Vejo o controle externo do Judiciário como alguma coisa que também pode contribuir para o melhor funcionamento da Justiça.*

FC - De que forma esse controle deveria ser exercido?
Herkenhoff - *Acredito que o controle deve ser muito mais macro do que micro e um dos primeiros passos é arejar o Poder Judiciário, começando pelos concursos públicos, que devem ser mais abertos. Hoje, eles são feitos nos próprios tribunais à moda da casa, voltado para um círculo pequeno de pessoas, o que resulta freqüentemente na aprovação de parentes, filhos, sobrinhos e netos dos próprios membros dos tribunais. Esse nepotismo é intolerável, imoral e precisa terminar.*

FC - Numa situação de conflito entre a lei e a Justiça, o senhor defende a prevalência da Justiça. Neste caso, o controle externo funcionaria para corrigir os possíveis erros?
Herkenhoff - *Indiretamente, sim. Esse controle permitiria que se recrutassem melhor os juízes e melhorasse a*

máquina do Poder Judiciário. Conseqüentemente, a qualidade da interpretação que os juízes farão das leis também será melhor. Como já disse, o Direito é uma faca de dois gumes que pode acabar gerando injustiça. Por isso, defendo que a ética na Justiça deve prevalecer como valor maior.

FC - Nos massacres do Carandiru e de Eldorado do Carajás, a impunidade parece que vai prevalecer. Isso não ajuda a denegrir ainda mais a imagem do Judiciário?
Herkenhoff - *Sem dúvida, mas temos de fazer uma avaliação mais completa. Sabemos que, pela legislação brasileira, toda a apuração de um crime começa com o inquérito policial. A Constituição de 1988 abriu um espaço, a meu ver, importantíssimo, que é o controle externo da polícia a ser exercido pelo MP (Ministério Público). Lamentavelmente, no Brasil, muitas pessoas não sabem nem o que é o Ministério Público e desconhecem o seu poder. Não sabem que ele não depende do Poder Executivo e tem uma independência maior, assegurada pela Constituição. Então, eu vejo um papel muito importante do MP em matérias como essas que você citou e acho que ele tem uma culpa muito grande, quando não chega a uma apuração correta dos fatos.*

FC - Qual deve ser a posição do Judiciário frente a esses massacres?
Herkenhoff - *A posição tem de ser de total repúdio e apuração rigorosa de responsabilidades, processando as pessoas que praticaram esses crimes. A penalização e a responsabilização são importantes como ações que desautorizam novos massacres. Há, contudo, uma coisa ainda mais relevante, que é não deixar que tais massacres aconteçam.*

FC - Mas como a Justiça pode fazer isso diante da lentidão que todos conhecemos?
Herkenhoff - *Esse é um outro vício antigo que precisa ser debelado. Justiça tardia não é Justiça. Já no seu tempo, Rui Barbosa dizia que as causas judiciais no Brasil não contam sua duração por ano, mas por qüinqüênio. Agora, como é possível fazer uma Justiça rápida? Várias mudanças precisam ser feitas. É necessário informatizar os tribunais, acabar com uma porção de atos protelatórios e mudar a própria mentalidade dos juízes, advogados e promotores. Como disse, é preciso arejar a Justiça, simplificá-la, para apressar o andamento das causas sem prejuízo do chamado contraditório, ou seja, do debate e da apresentação de provas pelas partes. Agora, uma coisa é o contraditório; outra é a protelação da Justiça, a fabricação desnecessária de entraves que fazem com que uma causa dure anos. Uma causa tem de ser decidida com rapidez: no máximo, em três meses.*

REFERÊNCIAS BIBLIOGRÁFICAS

ABÉLÈS, Marc. "Aînesse et générations à Ochollo-Ethiopie méridionale". **In:** *Age, Pouvoir et Société en Afrique Noir.* Marc Abélès & outros. Paris, Éditions Karthala, 1985.

ABOU, Selim. *Droits de l'homme et relativité des cultures.* Conferências pronunciadas no "Collège de France", maio de 1990.

AKROFI, C. A. *Twi Mmebusem, Twi Proverbs.* Londres, Macmillan, 1958.

ALVES, Castro. *Poesias Completas.* São Paulo, Companhia Editora Nacional, 1966.

ANDRADE, Mário de. *Poesia.* Organização e apresentação de Dantas Motta. Rio, Livraria Agir Editora, 1961.

ANDRIA, N. d'. *La démocratie athénienne, son origine, son évolution et sa constitution définitive au siècle de Périclès.* Paris, Montchrestien, 1935.

ARCINIEGAS, German. "L'Amérique ensevelie". Tradução para o francês feita por Pierre Guillaumin. **In:** *Magazine Littéraire.* Paris, n. 296, edição de fevereiro de 1992.

ARISTÓTELES. *A Política.* São Paulo, Atenas Editora, 1955.

AUERBACH, Jerold S. *Unequal Justice — Lawyers and Social Change in Modern America*. New York, Oxford University Press, 1976.

BALMARY, Marie. "Les Lois de l'Homme". **In:** *Études*. Paris, Assas Editions, tome 375, n. 1-2, juillet-août 1991, p. 53.

BARBOSA, Vivaldo Vieira & outros. *Tendências do Pensamento Jurídico*. (Coletânea). Rio, Fundação Getúlio Vargas, 1976.

BECCARIA, Cesare. *Des délits et des peines*. Traduit par Maurice Chevallier. Préface de Robert Badinter. Paris, Flammarion, 1991.

BERQUE, Jacques & outros. *L'Islam, la philosophie et les sciences*. Paris, Unesco, 1986.

BETTO, Frei. "Brasil: Educação ou Barbárie". **In:** *Correio da Cidania*. São Paulo, ano III, n. 82, semana de 7 a 14 de março de 1998, p. 2.

BIRKET-SMITH, Kaj. *História da Cultura*. Tradução de Oscar Mendes. São Paulo, Edições Melhoramentos, 3ª edição, s/ ano.

BOLLE, Pierre-Henri. "De quelques aspects de la revision du Code Penal Suisse. Relecture de certains passages d'un avant-projet de reforme". **In:** *Archives de Politique Criminelle*, n. 13, 1991. "Centre de Recherches de Politique Criminelle", de Paris, e Edições A. Padoue, também de Paris.

BONTE, Pierre. "Structures d'âge, organisation familiale et systèmes de parenté em Afrique de l'est". **In:** ABÉLÈS, Marc et allie. *Age, Pouvoir et Société en Afrique Noir*. Paris, Éditions Kathala, 1985.

BRAGA, Newton. *Poesia e Prosa*. Rio de Janeiro, Editora do Autor, s/ ano.

BURNS, Edward MacNall. *História da Civilização Ocidental*. Porto Alegre, Editora Globo, 1965, vols. I e II.

CÂMARA, Dom Hélder. *O Deserto é Fértil*. Rio, Civilização Brasileira, 1975, 2ª edição.

CAMARGO, Lúcia, diretora de redação. *Almanaque Abril*, edição de 1998, diversos verbetes. Não consta o nome dos autores dos verbetes.

CAMPOS, Geir. *Canto de Peixe & outros Cantos*. Rio, Civilização Brasileira, 1977.

CAVALCANTI FILHO, José Paulo & outros. *Em Defesa da Vida — Vale a Pena a Pena de Morte?* São Paulo, Edições Paulinas, 1993.

CENTRO DE DERECHOS HUMANOS DE LA OFICINA DE LAS NACIONES UNIDAS EN GINEBRA. *Carta Internacional de Derechos Humanos*. Printed at United Nations, Geneva, July 1988.

CCFD (Comité Catholique contre la Faim et pour le Développement). *Brésil — une Terre pour la Vie*. Paris, IPG (impression), 1991.

CCFD. *Soirée de Prière. Plaquette de Carême*. Paris, CCFD, 1992.

CCFD. *Voyage d'Immersion en Tunisie du 22 février au 3 mars 1991 - Dossier documentaire*. Paris, CCFD, 1991.

CENTRO BÍBLICO CATÓLICO (Tradução dos originais mediante a versão dos Monges de Maredsous, da Bélgica). *Bíblia Sagrada*. São Paulo, Editora Ave Maria, 1982.

CENTRO DE EDUCAÇÃO POPULAR DO INSTITUTO SEDES SAPIENTIAE. *"Informativo Dívida Externa"*. Porto Alegre, RS, novembro/dezembro de 1991.

CHARLES, Raymond. *L'âme musulmane*. Paris, Flammarion, 1958.

CHARLES, Raymond. *Le Droit Musulman*. Paris, Presses Universitaires de France, 1982.

CHAUCHARD, Paul. *A Linguagem e o Pensamento*. Tradução de Carlos Ortiz. São Paulo, Difusão Européia do Livro, 1967.

CHAUNU, Pierre. *Histoire de l'Amérique Latine*. Paris, Presses Universitaires de France, 1991.

CHOMSKY, Avram Noam. *Language and Mind*. New York, Harcourt, Bruce & Worl, 1968.

CICÉRON. *Des Lois*. Livro I, 10 e 11. Trad. de Ch. Appuhn. (De Legibus). Paris, Garnier, 1954.

COLLANGE, Jean-François. *Théologie des Droits de l'Homme*. Paris, Les Éditions du CERF, 1989.

CUNHA, Fernando Whitaker da. *Democracia e Cultura*. Rio, Forense, 1973.

DALLARI, Dalmo de Abreu. *O Renascer do Direito*. São Paulo, José Bushatsky Editor, 1976.

DOBROWOLSKI, Sílvio. "A pena de morte — Considerações acerca de propostas pela sua reintrodução no país". **In:** BOMFIM, B. Calheiros (organizador e autor da apresentação). *Pena de Morte*. Rio, Editora Destaque, s/ ano, p. 199 e ss.

DUVIOLS, Pierre. *La Lutte contre les Religions Autochtones dans le Pérou colonial*. Paris, Lima, 1971.

FENET, Alain & outros. *Droits de l'Homme — Droits des Peuples*. Paris, Presses Universitaires de France, 1982.

FERNANDES, Hélio. "O escândalo das privatizações-doações e o continuado empobrecimento do Brasil". **In:** *Tribuna da Imprensa*. Rio de Janeiro, edição de 21 e 22 de março de 1998.

FERREIRA, Pinto. *Comentários à Constituição Brasileira*. São Paulo, Saraiva, 1989, 1º vol.

FILLIOZAT, Jean. *Les Philosophies de l'Inde*. Paris, Presses Universitaires de France, 1987.

FRANCA, Leonel. *A Crise do Mundo Moderno*. Rio, Editora Agir, 1951.

GAILLOT, Mgr. Jacques. *Lettre ouverte à ceux qui prêchent la guerre et la font faire aux autres*. Paris, Albin Michel, 1991.

GANDHI. *Tous les hommes sont frères*. Textes choisis par Krishna Kripalani, traduis en français par Guy Vogelweith. Paris, Gallimard, 1969.

GASPARD, Françoise, & Claude Servan-Schreiber. *La Fin des immigrés*. Paris, Seuil, 1984.

GEORGE, Susan. *Jusqu'au cou. Enquête sur la dette du tiers monde*. Traduit de l'anglais par Pierre Saint-Jean, William Desmond et l'auteur. Paris, Editions La Découverte, 1989.

GEREMEK, BronIslaw. *L'image des pauvres et des vagabunds dans la littérature européenne du XVe au XVIIe siècle*. Flammarion, 1991.

GIBRAN, Gibran Khalil. *O Profeta*. Tradução e apresentação de Mansour Challita. Prefácio de Austregésilo de Athayde. Rio de Janeiro, Associação Cultural Internacional Gibran, s/ ano.

GOFFREDO, Gustavo Sénéchal de. "Direitos Humanos e Nova Ordem Econômica Internacional: a Trajetória do Terceiro Mundo". **In:** *Direitos Humanos — um Debate Necessário*. Antônio Carlos Ribeiro Fester & outros. São Paulo, Editora Brasiliense, 1989, vol. II.

GRIOTTERAY, Alain. *Les Immigrés: le choc*. Plon, Tribune Libre, 1984.

GROUSSET, René. *Histoire de la Philosophie Orientale. Inde - Chine - Japon*. Paris, Nouvelle Librairie Nationale, 1923.

HERSCH, Jeanne, organizadora. *O direito de ser homem*. Tradução de Homero de Castro Jobim. Rio, Editora Conquista, 1972.

HERSCH, Jeanne. *Le Droit d'être un Homme*. Paris, Unesco/ Lattès, 1990.

HÉSIODE. *Les travaux et les jours*. Trad. P. Mazon. Paris, Les Belles Lettres, 1928.

JEAN-PAUL II. *Centesimus Annus*. Texte complet présenté et annoté par les jésuites des Cahiers. Paris, Cahiers, Spécial, mai 1991, p. 50.

JEANNIÈRE, A. *La pensée d'Héraclite d'Éphèse, avec la traduction intégrale des fragments*. Paris, Aubier-Montaigne, 1959.

JOUVE, Edmond. *Le Droit des Peuples*. Paris, Presses Universitaires de France, 1986.

KHAWAM, René. *Le Coran*. Texto integral, tradução da vulgata árabe. Paris, Maisonneuve/Larose, 1990.

LACCHÉ, Luigi. *La giustizia per i galantuomini. Ordine e libertà nell'Italia liberale: il dibattito sul carcere preventivo (1865-1913)*. Milan, Dott.A. Giuffrè Editore, 1990.

LE GALLOU, Jean-Yves & Le Club de l'Horloge. *La Préference nationale: réponse à l'immigration*. Albin Michel, 1985.

LIMA, Degislando Nóbrega de. "Breve levantamento histórico". **In:** CAVALCANTI FILHO, José Paulo & outros. *Em Defesa da Vida — Vale a Pena a Pena de Morte?* São Paulo, Edições Paulinas, 1993, p. 14 e ss.

LINS, Pedro Estellita Carneiro. *A Civilização e sua Soberania*. Joinville, Typ. Boehm, s/ ano.

MANGABEIRA, João. *Rui, o Estadista da República*. São Paulo, 1946.

MARQUES, J. B. de Azevedo. *Democracia, Violência e Direitos Humanos*. São Paulo, Cortez Editora, 1984.

MARTY, François. *La Bénédiction de Babel*. Paris, Editions du Cerf/La Nuit surveillée, 1990.

MELLO, Thiago de. *Poesia Comprometida com a Minha e a Tua Vida*. Rio de Janeiro, Civilização Brasileira, 1978.

MOLTMANN, Jürgen. "Direitos Humanos, Direitos da Humanidade e Direitos da Natureza". **In:** *Concilium*, n. 228 - 1990/2. Tradução de Bertilo Brod.

NERUDA, Pablo. Poema "Esperança". **In:** *O Rio Invisível*. Tradução de Rolando Roque da Silva. Rio, Editora Bertrand, 1987, p. 19.

NINA, A. Della. (Organização e coordenação.) *"Dicionário Enciclopédico da Sabedoria"*. São Paulo, Editora das Américas, 1955.

NOIRIEL, Gérard. *Le droit d'asile en Europe*. Calmann-Lévy, 1991.

OKAMURA, T. "Précis de droit". Tokyo. Hogaku-tsuron, 1899. Apud HERSCH, Jeanne. *Le Droit d'être un Homme*. Paris, Unesco/Lattès, 1990.

PEREIRA, Conrado. "Governo desvia US$ 632 milhões do FMM para a dívida externa". **In:** *Tribuna da Imprensa*. Rio de Janeiro, edição de 23 de março de 1998.

PEREIRA, Loris Rocha. *Minhas serestas*. Belém, CEJUP, 1990, vol. I.

PIOVESAN, Flávia. *Direitos Humanos e o Direito Constitucional Internacional*. São Paulo, Max Limonad, 1997, 2ª edição.

PISAPIA, Gian Domenico. "Le Nouveau Code de Procédure Penale Italien". **In:** *Archives de Politique Criminelle*, n. 13. "Centre de Recherches de Politique Criminelle". Editions A. Pedone, 1991, Paris.

POUWELS, Louis & Jacques Bergier. *O Despertar dos Mágicos*. São Paulo, Difusão Européia do Livro, 1972.

PRADO, Antônio Boaventura Santos. "Apresentação". **In:** *Como combater a tortura — Relatório do Colóquio Internacional realizado em Genebra, 1983*. François de Vargas, relator. Tradução de Eglê Malheiros. Florianópolis, Universidade Federal de Santa Catarina e OAB de Santa Catarina, 1986.

RÉSEAU STRATÉGIES ALIMENTAIRES. "*Politique d'ajustement structurel et politique agricole au Brésil. 1980-1985*". Communication aux Journées d'étude, Paris, 10 juin 1985.

RODRIGUES, Padre Jocy. *Declaração Universal dos Direitos Humanos*. Apresentação de D. Hélder Câmara. Petrópolis, Editora Vozes (imprimiu), 1978.

RONZA, Paolo de. *Manuale di Diritto dell'esecuzione penale*. Padoue Cedam - Casa Editrice Dott. Antonio Milani, 1989.

ROUSSEAU, J.-J. *Discours sur l'origine et les fondements de l'inégalité parmi les hommes*. 1755.

ROUSSEAU. *Économie Politique* (1755). Textes choisis par Yves Vargas. Paris, Presses Universitaires de France, 1986.

ROUSSEAU. "Do contrato social (ou Princípios do Direito Político)". Tradução de José Eduardo Campos de Oliveira Faria. **In:** *Textos clássicos de Filosofia do Direito*. Coordenação: Prof. Anacleto de Oliveira Faria. São Paulo, Revista dos Tribunais, 1981, p. 98 e ss.

SALLES, Ricardo C. *O Legado de Babel: as línguas e seus falantes*. Rio, Editora Ao Livro Técnico, 1993.

SINACEUR, M. A. "Déclaration Islamique Universelle des Droits de l'Homme". Présentation. **In:** FENET, Alain & outros. *Droits de l'Homme — Droits des Peuples*. Paris, Presses Universitaires de France, 1982.

SIQUEIRA, Elizabeth Madureira, COSTA, Lourença Alves da & CARVALHO, Cathia Maria Coelho. *O Processo Histórico de Mato Grosso*. Editora Guaicurus, Cuiabá, 1990.

STASI, Bernard. *L'Immigration: une chance pour la France.* Robert Laffont, Parler franc, 1984.

STORNIOLO, Ivo & Euclides Martins Balancin (Introdução, notas e tradução). *Bíblia Sagrada — Edição Pastoral.* São Paulo, Edições Paulinas.

STRAHM, Rudolf H. *Pourquoi sont-ils si pauvres?* Nouvelle édition entièrement remaniée. Adapté de l'allemand par Maria Pereboom et la Déclaration de Berne. Boudry (Suisse), Editions de la Baconnière, 1986.

TAGUIEFF, Pierre-André (sous la direction de). *Face au Racisme.* La Découverte, collection "Essais", 1991. 2 vols. 1. Les moyens d'agir. 2. Analyses, hypothèses, perspectives.

TOCORA, Fernando. *Politica criminal en America Latina.* Bogotá, Ediciones Libreria del Profesional, 1990.

TRINDADE, Antônio Augusto Cançado. *Tratado de Direito Internacional dos Direitos Humanos — Volume I.* Porto Alegre, Sergio Antonio Fabris Editor, 1997.

TRUYOL, Antonio. "Estudo preliminar". **In:** *Los Derechos Humanos — Declaraciones y Convenios Internacionales.* Madrid, Editorial Tecnos, 1974.

VIRGÍLIO. "Eneida". Final do sexto livro. Apud *Antologia de Vidas Célebres, VI volume.* Seleção, organização, tradução e notas de Yolanda Lhullier dos Santos e Cláudia Santos. São Paulo, Editora Logos, 1960.

WACHTEL, Nathan. *La Vision des Vaincus. Les Indiens du Pérou devant la Conquête Espagnole.* Paris, Gallimard, 1971.

WEIL, Patrick. *La France et ses étrangers. L'aventure d'une politique de l'immigration. 1938-1991*. Préface de Marceau Long. Paris, Calmann-Lévy, 1991.

WEST, E. W. "Sacred books of de East", vol. 24, cap. 29. Apud HERSCH, Jeanne et allie. *Le droit d'être un homme*.

WHITMAN, Walt. *Folhas das Folhas de Relva*. Tradução de Geir Campos. São Paulo, Brasiliense, 1983.

WIEDERHECKER, Angélica. "*Juros aumentam a dívida*". Jornal do Brasil, edição de 30 de março de 1998, caderno de Economia, p. 13.

WING-TSIT, Chan. *A sourse book of Chinese Philosophy*. New York, Columbia University Press, 1963.

WYVEKENS, Anne. "Justice Penale et Environnement Local: le milieu ouvert et l'insertion locale des juridictions". **In:** *Archives de Politique Criminelle*, n. 13. "Centre de Recherches de Politique Criminelle". Editions A. Pedone, 1991, Paris.

YAMANE, Hiroko. "Bilan des approches pour la protection des Droits de l'Homme en Asie". **In:** *Droits de l'Homme — Droits des Peuples*. Alain Fenet & outros. Paris, Presses Universitaires de France, 1982.

ÍNDICE

Apresentação 5

Primeira parte

Introdução 7

Capítulo 1
Direitos humanos: um coro universal de vozes 7
1. Histórico da trilogia dos Direitos Humanos 7
2. A fidelidade à pesquisa original e os objetivos didáticos 8
3. A dimensão poética e as vozes de línguas faladas nos mais diversos quadrantes do mundo 9
4. Diversas formas de utilização da obra 10
5. Significado da obra 11
6. Um coro universal 11

Capítulo 2
Enfoques da pesquisa 13
1. Localização científica 13
2. Hipóteses de trabalho 14

Segunda parte

Linhas definidoras do trabalho 17

Capítulo 3

Plano da obra 17
1. Finalidade deste capítulo 17
2. Divisão do livro em partes 17
3. A primeira parte 17
4. A segunda parte 18
5. A terceira parte 18
6. Da quarta à nona parte 18
7. Da décima à décima terceira parte 19
8. Décima quarta parte 19
9. Décima quinta parte 20

Capítulo 4

Diretrizes que serão adotadas no desenvolvimento do trabalho 21
1. "Direitos humanos — uma idéia, muitas vozes": o que isto quer dizer? 21
2. A recepção da idéia de Direitos Humanos pela Constituição do Brasil 22
3. A explicação do núcleo de cada artigo e dos considerandos da Declaração Universal dos Direitos Humanos 23
4. A Declaração, sua estrutura e seu título. A Carta Internacional de Direitos Humanos, os pactos e outros documentos reguladores das questões de Direitos Humanos 23

Capítulo 5
Estudo do preâmbulo e de cada um dos artigos da Declaração Universal 24

1. O critério adotado por este livro para o estudo dos Direitos Humanos: a ordem de enumeração dos artigos, na Declaração, e o agrupamento pela semelhança temática 24
2. A semelhança temática a partir das idéias centrais dos dispositivos 24

Capítulo 6
Conteúdo do preâmbulo e dos artigos. Explicitação dos fundamentos para a divisão temática adotada 26

1. O estudo do preâmbulo e da proclamação solene 26
2. A liberdade, a igualdade e a fraternidade 26
3. O direito à vida, à liberdade e à segurança pessoal. A repulsa à escravidão, à servidão e ao tráfico de escravos, em quaisquer de suas formas 26
4. A tortura é intolerável. Ser homem é ser pessoa 27
5. A igualdade perante a lei, o direito de igual proteção da lei e o direito ao socorro da Justiça 27
6. O direito a uma Justiça justa 27
7. A privacidade e a inviolabilidade do ser humano 28
8. Liberdade de pensamento, consciência, religião, expressão pública de crenças e idéias, reunião e associação 29
9. Segurança social, direitos econômicos, direitos culturais 29
10. Instrução como direito de todos, orientada para o pleno desenvolvimento da personalidade e o fortalecimento dos Direitos Humanos 30
11. A Décima Quarta e a Décima Quinta Parte 30

Terceira parte

Os grandes Documentos de Direitos Humanos 33

Capítulo 7

A Declaração Universal dos Direitos Humanos e sua estrutura geral. Declaração Universal dos Direitos Humanos ou Declaração Universal dos Direitos do Homem? 33

1. A Declaração Universal dos Direitos Humanos e sua aprovação pela ONU 33
2. Estrutura geral da Declaração 34
3. Declaração Universal dos Direitos Humanos ou Declaração Universal dos Direitos do Homem? 35

Capítulo 8

A Declaração Universal dos Direitos Humanos e a Carta Internacional dos Direitos Humanos 37

1. A Declaração Universal dos Direitos Humanos e a Carta Internacional dos Direitos Humanos 37
2. Os Pactos de Direitos Humanos 38
3. O Pacto Internacional de Direitos Econômicos, Sociais e Culturais 39
4. O Pacto Internacional de Direitos Civis e Políticos e seu Protocolo Facultativo 40
5. Outros documentos reguladores da questão dos Direitos Humanos 43
6. A Declaração Universal dos Direitos Humanos como documento portador de amplo respaldo na comunidade internacional 44
7. Órgãos gestores da questão dos Direitos Humanos no seio da Organização das Nações Unidas 46

Quarta parte

O preâmbulo da Declaração Universal: compromisso com valores éticos 49

Capítulo 9

Explicação introdutória sobre o preâmbulo e a proclamação solene da Declaração Universal dos Direitos Humanos 50

1. Texto integral do preâmbulo da Declaração Universal dos Direitos Humanos, na sua versão oficial em português 50
2. O preâmbulo na voz do poeta 52
3. Introdução ao preâmbulo da Declaração Universal dos Direitos Humanos 53
4. O primeiro considerando: reconhecimento da dignidade humana como fundamento da liberdade, da justiça e da paz 54
5. O desprezo pelos Direitos Humanos resultou na barbárie, a liberdade é o sonho do homem comum 54
6. Os Direitos Humanos sob o império da lei 55
7. Relações amistosas entre os povos 55
8. Valores e compromissos acolhidos pela Carta das Nações Unidas: dignidade da pessoa humana, igualdade entre homens e mulheres, progresso social 55
9. O respeito aos Direitos Humanos como compromisso dos membros das Nações Unidas 56
10. Compreensão universal dos Direitos Humanos como essencial à sua efetividade 56
11. A proclamação solene da Declaração Universal dos Direitos Humanos 56
12. A discussão sobre o valor imperativo do preâmbulo 57
13. Alguns preâmbulos de Declarações de Direitos anteriores à Declaração Universal dos Direitos Humanos 58

Capítulo 10

Percepção diferenciada da idéia de Direitos Humanos, segundo os receptores 61

1. A idéia mais geral de Direitos Humanos 61
2. A particularização da idéia de Direitos Humanos 61

Capítulo 11

O preâmbulo da Declaração Universal dos Direitos Humanos conforme a percepção dos diversos povos e culturas 65

1. A diversidade de povos e culturas espalhados pelo mundo reflete-se fielmente no preâmbulo das diversas declarações de direitos 65
2. A leitura do preâmbulo da Declaração Universal, a partir de uma concepção própria de mundo e de ser humano 66

Capítulo 12

O preâmbulo sintetiza a filosofia da Declaração Universal dos Direitos Humanos 68

1. Valores jurídicos e humanos presentes na Declaração Universal dos Direitos Humanos e no seu preâmbulo 68
2. A paz e a solidariedade universal como os valores que dão a tônica do preâmbulo. Contribuição de diferentes povos e culturas na formulação milenar desses valores. Percepção do mundo a partir da idéia de paz e solidariedade 69

Capítulo 13

O preâmbulo da Declaração Universal dos Direitos Humanos e o preâmbulo da Constituição da República Federativa do Brasil 71

1. Semelhanças entre o preâmbulo da Declaração Universal dos Direitos Humanos e o da Constituição Brasileira de 1988 71

2. A Constituição do Brasil avança, no seu preâmbulo, em relação à Declaração Universal dos Direitos Humanos 72

Quinta parte

Fraternidade, liberdade, igualdade 77

Capítulo 14

Introdução ao estudo dos artigos I e II da Declaração 77

1. O artigo I da Declaração Universal dos Direitos Humanos, segundo a versão oficial em português 77
2. A fraternidade, tal como celebrada por Newton Braga 77
3. O artigo I da Declaração Universal dos Direitos Humanos, em francês 78
4. Informação sobre a Língua Francesa 78
5. Explicação prévia sobre o artigo I 79
6. O artigo II da Declaração Universal dos Direitos Humanos, segundo o texto oficial em português 80
7. A liberdade e a igualdade, no canto do poeta 80
8. O artigo II da Declaração Universal dos Direitos Humanos, em espanhol 82
9. Informação sobre a Língua Espanhola 82
10. Palavra introdutória sobre o artigo II 83

Capítulo 15

Percepção dos artigos, segundo a peculiaridade de culturas e situações diferenciadas 86

1. As Cartas Africana, Islâmica, Americana, Indígena e Universal dos Povos abrigam os conteúdos dos artigos I e II da Declaração Universal, mas há nuances de percepção que devem ser compreendidas 86

2. A percepção dos artigos I e II da Declaração Universal, segundo a ótica cultural africana 86

3. A percepção islâmica dos artigos I e II da Declaração Universal dos Direitos Humanos 87

4. A percepção dos artigos I e II pelos países pobres e pelos mais pobres dos países pobres 90

5. A percepção dos artigos I e II da Declaração Universal pelos Povos Indígenas 93

6. A percepção dos artigos I e II da Declaração nos Estados Unidos e na Europa de hoje 93

7. A percepção da igualdade, liberdade e demais valores da Declaração, pelos que se opõem à sociedade, como constituída, e pelos excluídos em geral 98

Capítulo 16

Os artigos I e II da Declaração Universal dos Direitos Humanos e a Constituição da República Federativa do Brasil 101

1. A disciplina, pela Constituição Brasileira, das matérias abrangidas pelos dois primeiros artigos da Declaração Universal dos Direitos Humanos 101

2. O Brasil acolheu os preceitos dos artigos I e II da Declaração Universal dos Direitos Humanos 102

Sexta parte

O respeito à vida e a rejeição das servidões 105

Capítulo 17

Introdução aos artigos III e IV 105

1. O artigo III da Declaração Universal dos Direitos Humanos, em português 105

2. A exaltação da vida e da liberdade, nos versos do poeta .. 105
3. O artigo III da Declaração Universal dos Direitos Humanos, em italiano 106
4. Informação sobre a língua 107
5. Explicação introdutória sobre o artigo III 107
6. O artigo IV da Declaração Universal dos Direitos Humanos, em português 108
7. A reprovação da escravidão nos versos fulminantes de Castro Alves 108
8. O artigo IV da Declaração Universal dos Direitos Humanos, em inglês 110
9. Informação sobre a Língua Inglesa 110
10. Introdução ao artigo IV 111

Capítulo 18

Percepção dos artigos III e IV, segundo a peculiaridade de culturas e situações diferenciadas 114

1. O direito à vida 114
2. A pena de morte 118
3. O aborto 125
4. O repúdio à escravidão e à servidão 128
5. A subordinação dos direitos individuais às exigências sociais 129
6. Valores presentes nos artigos III e IV da Declaração Universal dos Direitos Humanos 130

Capítulo 19

A Constituição brasileira em face dos artigos III e IV da Declaração Universal dos Direitos Humanos 132

1. Igualdade, segurança, liberdade, escravidão e servidão, na Constituição Brasileira 132
2. Pena de morte no Brasil 133

Sétima parte

A dignificação do "ser pessoa" e a execração da tortura ... 137

Capítulo 20

Introdução aos artigos V e VI 137

1. O artigo V da Declaração Universal dos Direitos
   Humanos, em português 137
2. A rejeição da tortura nos versos que a Associação
   "Cristãos contra a Tortura", com sede central na França,
   transformou em hino oficial da instituição 137
3. O artigo V da Declaração Universal dos Direitos
   Humanos, em esperanto 138
4. Informação sobre o esperanto 138
5. Explicação inicial a respeito do artigo V 139
6. O artigo VI da Declaração Universal dos Direitos
   Humanos, em português 140
7. A ternura do poeta pelo nome, um atributo essencial
   do "ser pessoa" 140
8. O artigo VI da Declaração Universal dos Direitos
   Humanos, no idioma pipil 141
9. Informação sobre o idioma 141
10. Introdução ao artigo 142

Capítulo 21

Percepção diferenciada dos artigos V e VI da Declaração 143

1. A percepção diferenciada, pelas diversas culturas,
   da matéria a que se referem os artigos V e VI da
   Declaração Universal 143
2. Valores presentes nos artigos V e VI da Declaração
   Universal dos Direitos Humanos 145

Capítulo 22

A Constituição Brasileira de 1988 à face da tortura e o reconhecimento de todo ser humano como pessoa 146

1. A tortura e o castigo ou tratamento cruel, desumano ou degradante 146
2. A Constituição Brasileira e o reconhecimento de todo ser humano como pessoa 147

Oitava parte

A proteção da lei e a defesa dos direitos 151

Capítulo 23

Introdução ao estudo dos artigos VII e VIII da Declaração Universal dos Direitos Humanos 151

1. O artigo VII em português 151
2. A igualdade exaltada na poesia 151
3. Artigo 7 em alemão 152
4. Informação sobre a Língua Alemã 152
5. Explicação preliminar sobre o artigo VII 154
6. O artigo VIII em português 156
7. A exaltação da Justiça, na apóstrofe do evangelista Mateus 156
8. O artigo VIII em indonésio 156
9. Informação sobre o idioma indonésio 157
10. Exame preliminar da matéria 157

Capítulo 24

Como as diferentes culturas percebem o núcleo das idéias contidas nos artigos VII e VIII da Declaração Universal dos Direitos Humanos 158

1. A igualdade perante a lei e a igual proteção da lei 158
2. O amparo judicial dos direitos 160
3. O princípio da igualdade perante a lei e da igualdade na proteção da lei e suas exigências contemporâneas 161
4. Apontando para o futuro, no amparo judicial de direitos ... 163

Capítulo 25

A Constituição Brasileira e os artigos VII e VIII da Declaração Universal dos Direitos Humanos 165

1. Nossa Constituição acolhe as disposições dos artigos VII e VIII da Declaração Universal dos Direitos Humanos 165
2. O artigo III, inciso IV, da Constituição, e sua importância .. 165
3. A abrangência e relevância do artigo V 165

Nona parte

Tribunais independentes e imparciais 167

Capítulo 26

Introdução aos artigos IX, X e XI 167

1. O artigo IX, em português (versão oficial) 167
2. O artigo IX na versão do poeta 167
3. O artigo IX em malaio 168
4. Informação sobre o malaio 168
5. Palavra preliminar sobre o artigo IX 168
6. O artigo X em português 173

7. O direito a tribunal independente, no canto do poeta 173
8. O artigo X em holandês 173
9. Informação sobre a língua 174
10. Consideração introdutória 174
11. O artigo XI em português 175
12. A pena injusta em versos de Camões 176
13. O artigo XI da Declaração Universal dos Direitos
    Humanos em tagalog 176
14. Informação sobre a língua 176
15. A título de introdução ao artigo XI 177

Capítulo 27

Percepção diferenciada dos artigos IX a XI, segundo a peculiaridade das diversas culturas 179

1. Universalidade dos valores de Justiça, particularidade
   de suas expressões concretas ,... 179
2. A universalidade dos valores de Justiça, primeira
   abordagem deste capítulo 179
3. A particularidade das expressões concretas de Justiça,
   segunda abordagem deste capítulo 180

Capítulo 28

Os artigos IX, X e XI da Declaração Universal dos Direitos Humanos e a Constituição Brasileira de 1988 183

1. O acolhimento dos artigos IX, X e XI da Declaração
   Universal dos Direitos Humanos pela Constituição
   Brasileira 183
2. O artigo IX da Declaração Universal e a Constituição
   do Brasil 183
3. O artigo X da Declaração Universal e a nossa
   Constituição 184
4. O artigo XI da Declaração e a Constituição Brasileira 185

Décima parte

As garantias da pessoa humana no espaço sagrado da individualidade 189

Capítulo 29

A defesa da privacidade. A proteção da família, do lar, da correspondência, da honra e da reputação 189

1. Artigo XII em português (versão oficial) 189
2. A voz do poeta 189
3. Artigo XII em luganda 190
4. Informação sobre a língua 190
5. Sentido e abrangência do artigo 12 191
6. Vida privada, reduto sagrado da pessoa 191
7. Inviolabilidade da correspondência 191
8. Também a correspondência do preso é inviolável 191
9. A Constituição Brasileira e as garantias do art. XII da Declaração Universal dos Direitos Humanos 192

Capítulo 30

A liberdade de locomoção e de residência dentro das fronteiras de cada Estado. O direito de deixar qualquer Estado, inclusive o próprio, e a este regressar 193

1. O artigo XIII, segundo a versão oficial, em português 193
2. A residência e a casa como o poeta a sente e vivencia 193
3. O artigo XIII em arabela (Peru) 194
4. Informação sobre a língua 194
5. Explicação do artigo XIII 195
6. O artigo XIII da D.U.D.H. e a CF brasileira 196

Capítulo 31
O Direito de Asilo 197
1. O artigo XIV da Declaração dos Direitos Humanos (versão oficial em língua portuguesa) 197
2. O direito de asilo, como o poeta o vê 197
3. O artigo XIV em mixteco (México) 198
4. Informação sobre a língua 198
5. Introdução ao artigo XIV 198
6. O artigo XIV da Declaração de Direitos Humanos e a Constituição Brasileira 199

Capítulo 32
O direito à nacionalidade, à mudança de nacionalidade e à proteção contra a privação arbitrária da nacionalidade 201
1. O art. XV na vernácula e oficial versão portuguesa 201
2. A nacionalidade na pena do escritor 201
3. O artigo XV em nahuatl (México) 202
4. Informação sobre a língua 202
5. Explicação preliminar sobre o artigo XV 202
6. A Constituição Brasileira e o art. XV da D.U.D.H. 203

Capítulo 33
O direito ao casamento e à fundação de uma família. O direito que a família tem à proteção da sociedade e do Estado 205
1. A versão oficial do artigo XVI 205
2. Os filhos, na poesia 205
3. O artigo XVI em catalão 206
4. Informação sobre a língua 207
5. Explicação prévia sobre o artigo XIV 207

6. O direito ao casamento e a igualdade entre os cônjuges ... 208
7. O princípio do livre consentimento 210
8. Família, núcleo da sociedade, tem direito à proteção do Estado 211
9. A Constituição Brasileira e o artigo XVI da Declaração Universal dos Direitos Humanos 211

Capítulo 34

O direito de todos à propriedade. O direito que toda pessoa tem de não ser privada arbitrariamente da propriedade 213

1. O artigo XVII em português 213
2. O artigo XVII na língua dendi 213
3. Informação sobre a língua dendi 213
4. O direito de morar na singeleza e doçura da música popular brasileira 214
5. Introdução ao artigo XVII 215
6. A diversa percepção do direito de propriedade 217
7. A Constituição Federal e o artigo XVII da Declaração Universal dos Direitos Humanos 218

Décima primeira parte

As liberdades do ser pensante, crente, participativo 221

Capítulo 35

A liberdade de pensamento, consciência e religião. A liberdade de manifestação da crença 221

1. O artigo XVIII da Declaração Universal (em português) . 221
2. O direito à discordância exaltada pelo bispo poeta 221

3. O artigo XVIII em romeno 222
4. Informação sobre a língua 222
5. O amplo sentido do artigo XVIII 223
6. A liberdade religiosa 223
7. Liberdade de pensamento, consciência, religião e manifestação da crença na Constituição Brasileira 224

Capítulo 36
A liberdade de opinião e expressão. A liberdade de procurar, receber e transmitir informações e idéias por quaisquer meios e independentemente de fronteiras 225
1. O artigo XIX da D.U.D.H. 225
2. A liberdade cantada pelo poeta 225
3. O artigo XIX da Declaração Universal em húngaro 226
4. Informação sobre a língua 226
5. A abrangência do artigo XIX 227
6. A Constituição Brasileira e as franquias que o artigo XIX da Declaração Universal dos Direitos Humanos assegura 227

Capítulo 37
A liberdade de reunião e de associação 229
1. O artigo XX da Declaração dos Direitos Humanos 229
2. A força da associação na poesia de Thiago de Mello 229
3. O artigo XX da Declaração em turco 230
4. Informação sobre o idioma 230
5. O artigo XX e seu alcance 230
6. O artigo XX da Declaração Universal dos Direitos Humanos em cotejo com a Constituição da República Federativa do Brasil 231

Capítulo 38

O direito que toda pessoa tem de participar na vida política de seu país. O igual direito de acesso ao serviço público 233

1. O artigo XXI em português 233
2. Governo do povo, nos versos do poeta 233
3. O artigo XXI da Declaração dos Direitos Humanos em norueguês 234
4. Informação sobre a língua 234
5. O artigo XXI e o princípio democrático 235
6. O artigo XXI da Declaração Universal dos Direitos Humanos e a Constituição da República Federativa do Brasil 238

Décima segunda parte

Trabalho e segurança social, franquias essenciais 245

Capítulo 39

O direito de todos à segurança social. A determinação de que se assegurem a todas as pessoas os direitos econômicos, sociais e culturais indispensáveis à dignidade humana e ao livre desenvolvimento da personalidade 245

1. O artigo XXII em português 245
2. A solidariedade, como traço da alma humana, segundo o poeta 246
3. O artigo XXII em sueco 246
4. Informação sobre o idioma 246
5. Explicação sobre o artigo XXII 247
6. O artigo XXII da Declaração e a Constituição brasileira . 248

Capítulo 40

O direito de todos ao trabalho e à livre escolha de emprego. O direito a condições justas e favoráveis de trabalho e a remuneração satisfatória que assegure ao trabalhador e à família uma existência digna 249

1. O artigo XXIII na sua versão oficial, em português 249
2. A exaltação poética do trabalho 249
3. O artigo XXIII em irlandês 250
4. Informação sobre a língua 251
5. Explicação sobre o artigo XXIII 251
6. O artigo XXIII da Declaração e a Constituição Brasileira 252

Capítulo 41

O direito ao repouso e ao lazer. O direito à limitação razoável das horas de trabalho. O direito a férias remuneradas periódicas 254

1. O artigo XXIV da Declaração Universal dos Direitos Humanos, em português 254
2. A dignidade do trabalho em versos da tradição asteca 254
3. O artigo XXIV da Declaração Universal dos Direitos Humanos, em albanês 255
4. Informação sobre a língua 255
5. Explicação sobre o artigo XXIV 255
6. O artigo XXIV da Declaração Universal e a Constituição Brasileira 256

Capítulo 42

O direito de todos a um padrão de vida que assegure saúde e bem-estar, inclusive à família 257

1. O artigo XXV da D.U.D.H. em português 257
2. A orfandade na voz do poeta 257

3. A maternidade, numa decisão judicial: despacho libertando Edna, a que ia ser Mãe 258
4. O artigo XXV da D.U.D.H. em polonês 259
5. Informação sobre a língua 260
6. Explicação sobre o artigo XXV 260
7. O artigo XXV da Declaração Universal dos Direitos Humanos e a Constituição Brasileira 261

Décima terceira parte

Educação, cultura, ordem social justa: os vôos da condição humana 265

Capítulo 43
O direito de todos à instrução e à gratuidade dela pelo menos nos graus elementares e fundamentais. A obrigatoriedade da instrução elementar. O direito que todos devem ter de acesso à educação técnico-profissional 265

1. O artigo XXVI da D.U.D.H., em português 265
2. Horizontes da educação, nos versos do poeta-profeta 266
3. O artigo XXVI da D.U.D.H., em bretão 266
4. Informação sobre a língua 267
5. Explicação sobre o artigo XXVI da D.U.D.H. 268
6. O artigo XXVI da Declaração Universal dos Direitos Humanos e a Constituição Brasileira 271

Capítulo 44

O direito que todos devem ter de participar livremente da vida cultural da comunidade. O direito de fruição das artes. O direito de participação no progresso científico. O direito do autor à proteção dos interesses morais e materiais decorrentes de qualquer produção científica, literária ou artística 273

1. O artigo XXVII da D.U.D.H., em português 273
2. A multiplicidade cultural brasileira, nos versos do parnasiano 273
3. O artigo XXVII no idioma zulu 274
4. Informação sobre a língua 274
5. Explicação sobre o artigo XXVII 275
6. O artigo XXVII da D.U.D.H. à face da C.F. do Brasil 276

Capítulo 45

O direito de todos a uma ordem social e internacional na qual os direitos humanos tenham efetiva vigência 278

1. O artigo XXVIII da Declaração Universal dos Direitos Humanos, em português 278
2. Vocação de Roma endereçada à paz e à defesa dos humildes, segundo Virgílio 278
3. O artigo XXVIII da Declaração Universal dos Direitos Humanos, no idioma basco 279
4. Informação sobre o idioma basco 279
5. Explicação sobre o artigo XXVIII da Declaração Universal dos Direitos Humanos 280
6. O artigo XXVIII da Declaração Universal dos Direitos Humanos e a Constituição da República Federativa do Brasil 280

Capítulo 46

Os deveres de todos para com a comunidade. O exercício dos direitos e liberdades sujeitos apenas às limitações da lei, em respeito aos direitos alheios e com vistas a satisfazer as justas exigências da moral, da ordem pública e do bem-estar de uma sociedade democrática ... 282

1. O artigo XXIV da Declaração Universal dos Direitos Humanos, em português 282
2. O sonho dos direitos reciprocamente respeitados, da solidariedade e da confiança na China do Século XIV 283
3. O artigo XXIX da Declaração Universal dos Direitos Humanos, em servo-croata 283
4. Informação sobre a língua 284
5. Explicação sobre o artigo XXIX da Declaração Universal dos Direitos Humanos 284
6. O artigo XXIX da Declaração Universal dos Direitos Humanos e a Constituição da República Federativa do Brasil 286

Capítulo 47

A cláusula de salvaguarda contra a invocação de supostos direitos visando a fraudar a própria Declaração 287

1. O artigo XXX da Declaração Universal dos Direitos Humanos, em português 287
2. A paz como a percebeu o santo-poeta 287
3. O artigo XXX da Declaração Universal dos Direitos Humanos, em dinamarquês 288
4. Informação sobre a língua 288
5. Explicação sobre o artigo XXX da Declaração Universal dos Direitos Humanos 288
6. O artigo XXX da Declaração Universal dos Direitos Humanos e a Constituição da República Federativa do Brasil 289

Décima quarta parte

Direitos Humanos e Justiça nas relações econômicas internacionais 293

Capítulo 48

A questão dos Direitos Humanos no Hemisfério Sul 293

1. Uma abordagem específica, sem prejuízo da pertinência da abordagem geral 293
2. Os mecanismos injustos do comércio exterior. As desvantagens sofridas pelos países do Terceiro Mundo 293
3. Balança comercial: o caso brasileiro 294
4. A atualidade do problema 294

Capítulo 49

Dívida externa, fonte negadora dos Direitos Humanos 297

1. Dívida externa, responsável principal pela fome e pelos problemas sociais existentes nos países do Terceiro Mundo 297
2. O crescimento e a eternização da dívida externa, no Brasil e no Terceiro Mundo em geral 298
3. Países em desenvolvimento ou países condenados a perpétuo subdesenvolvimento? 299
4. Os juros extorsivos da dívida externa 300
5. Empréstimos contraídos sem a participação do povo ......; 301
6. As relações desiguais no comércio internacional 303
7. Fome, negação fundamental dos Direitos Humanos 305
8. A dívida externa, decisão calculada, provoca a injusta distribuição interna da renda 308
9. A dívida externa e a esterilização de mulheres no Terceiro Mundo. A questão da população, no Brasil 309

10. A ilegitimidade da dívida externa: razões econômicas, políticas, éticas e jurídicas 310
11. Repúdio à dívida externa num encontro internacional de Direitos Humanos 311

Décima quinta parte

Conclusão 315

Capítulo 50

Os objetivos deste livro 315
1. Este livro como integrante de uma trilogia 315
2. A demonstração da hipótese da existência de um núcleo comum dos Direitos Humanos e do contraste de sua percepção diferenciada 315
3. A percepção dos Direitos Humanos, a partir das línguas . 317
4. Os Direitos Humanos na celebração da poesia 317
5. Uma busca sem fronteiras das fontes disponíveis 318
6. Uma reflexão final conclusiva 318

Anexo: A justiça ao alcance de todos 323

Referências bibliográficas 331